# AUSTRO-HUNGARY

何蓉

著

霸占中东欧的纸老虎

中国国际广播出版社

茜茜公主

茜茜公主经常佩戴的首饰"茜茜之星"

香布仑宫

弗朗茨·约瑟夫

小约翰·施特劳斯

莫扎特

贝多芬维也纳故居

维也纳金色大厅

奥匈帝国短剑

奥匈帝国军官头盔

奥匈帝国士兵

匈牙利圣史蒂芬王冠

奥匈帝国银币

维也纳万国博览会圆顶大厅罗托纳达

维也纳国家歌剧院

**圣卡尔教堂**
圣卡尔教堂是欧洲最伟大的巴洛克建筑之一，是哈布斯堡王朝权力与地位的象征

# 前　言

　　青山巍巍、碧水蜿蜒的奥地利在今日是一个平静而富足、悠然而美丽的共和国，帝国时代的光辉像是失落的宝石，只在华彩的乐章与史诗般的建筑中熠熠生辉。20世纪的两次世界大战使奥地利文化的精华大量流失，多瑙河畔的历史更添几分悲剧色彩。

　　悲剧是人类真实的生存状况。帝国时代的奥地利的悲剧，首先在于没有形成一个明确的"奥地利"概念。1804年，在拿破仑一世叱咤风云的时代，神圣罗马帝国皇帝弗朗茨二世宣布自己兼任"奥地利皇帝"，代表欧洲旧势力向拿破仑挑战。挑战失败之后，拿破仑建立了莱茵联邦，神圣罗马帝国在1806年寿终正寝。因此，"奥地利帝国"完全是在外部威胁之下诞生的，又因为欧洲势力均衡的需要而得以留存，其版图包括今天的奥地利、匈牙利、捷克、斯洛伐克、斯洛文尼亚和克罗地亚等国以及意大利、波兰、罗马尼亚的一些地区，其民族构成极为复杂，主要是德意志人、马扎尔人、捷克人、斯洛文尼亚人、小俄罗斯人、意大利人、克罗地亚人、塞尔维亚人、斯洛伐克人、波兰人、罗马尼亚人等，还有不少犹太人。19世纪，民族主义大潮席卷欧洲，哈布斯堡君主国成了一个牺牲品。每一个政治上觉醒了的民族都在争取自己的权利，如果没有历史依据，就去凭空制造一个，然后为着臆想中的权利争夺不休，甚至超民族的哈布斯堡皇帝，也把自己首先视为一个高贵的德意志亲王，"奥地利人"因此成为一个空洞的概念。

如果说拿破仑是真正缔造"奥地利帝国"的力量的话，俾斯麦则更有意促成"奥匈帝国"的建立。普鲁士获得1866年战争的胜利，意味着奥地利被剥夺了德意志邦联的领导权，作为战败后向马扎尔人妥协的产物，奥匈帝国产生了。但是，"奥地利"的概念在这个不平衡的二元君主国内同样没有得到体现，政治经验丰富的马扎尔人人口不占优势，却成为匈牙利王国地位稳固的主导民族，并与帝国的另一半形成对峙之势。这个"另一半"人口众多、经济发达、文化灿烂，却没有正式的名称，从其性质而言，是"共同君主国除匈牙利之外的部分"，有时被非正式地称为"内莱塔尼亚"，意指莱塔河的这一边。奥地利在正式场合下仅见于国家名称"奥地利—匈牙利君主国"和君主称号"奥地利皇帝兼匈牙利国王"。

在这个不平衡的二元制之内，马扎尔人得到了最多实惠，他们的胜利更刺激了其他民族以往往是臆造的历史为根据的权利诉求。"圣文采斯拉斯王冠"就是捷克人用以要求自治和获得国家权力的旗帜，克罗地亚文化在斯特罗斯迈尔主教的努力之下，获得了显著的复兴，斯特罗斯迈尔的南部斯拉夫统一理想希望能够将塞尔维亚人、门的内哥罗人、保加利亚人吸引过来。所有这些都冲击着古老的哈布斯堡王朝——在没有一个广受认可的"奥地利人"概念的情况下，如果各民族都渴望建立自己的国家，首要任务就是摧毁哈布斯堡王朝。

弗朗茨·约瑟夫一世应当为奥匈帝国最终的命运负责。他在一个古老王朝丧失创造力和生命力的阶段出生，被保守势力用过时的内容和方式教育成为一个尽职尽责、严格自律却缺乏想象力的继承人。他的天资不甚聪颖，拘泥于细节，不信任那些聪明能干有主见的大臣。在他统治的大部分时间里，他都像一个高明的导演一样，操纵政治舞台上来来往往的演员，最终决策时却只相信自己的判断。在一个各种理想大行其道的时代，他恰恰是一个没有理念的人，或许出于本能，他最关心的就是保住自己继承到的东西，一点也不肯放松，结果最后把它们全都弄丢了。他不相信君主制有力量在民众革命的年代里长存，总有一天，哈布斯堡王朝的皇帝会从尊贵的皇位上走下来，但在那悲剧性的时刻到来之前，他依然会像缀网劳蛛一样，履行着自己的职责。许多人指责他淡而无味的个性、冷漠克制的待人方式和时而犹豫不决、时而草率行事的前后矛盾之处，但是，总的来说，他可以算是一个勤奋认真的公务员、一个天性宽厚的统治者。

作为旧势力的代表，他在 1848 年革命风云变幻的时候被将军们拥上皇位，当时年仅 18 岁。这一年的经历使他坚信，忠实的军人会在危难之时拯救国家。终其一生，他都把自己首先视作一名军人。但是，正像他自己抱怨的那样，他在战场上总是不走运。1859 年在索尔费里诺和 1866 年在柯尼希格雷茨的两次失败，使他失去了在意大利和德意志的重要权益，直到 1908 年吞并波斯尼亚和黑塞哥维那两省，才使他第一次成功地扩张了帝国的领土，但这却激化了与塞尔维亚的矛盾，最终走向了导致哈布斯堡王朝分崩离析的第一次世界大战。

与政治军事上的逐步衰落恰成对比，弗朗茨·约瑟夫时代的哈布斯堡君主国是一个经济繁荣、生活相对自由的国家。推行中央集权使奥地利井井有条，自上而下的官僚体系行政效率很高，废除农奴制和建立自由贸易区解除了经济发展的束缚，生产与财富同步增长。同时，虽然皇帝本人对文学艺术了无兴趣，但奥地利的科学文化在这一时期获得了显著的成就，奥地利人既用"美酒、女人与歌"构建了一个彬彬有礼、令人愉快的地上天堂，更用敏锐的感受和犀利的笔触记录了那个时代高贵而压抑的生活方式，揭示了人性中狂乱、黑暗的那一面。

实际上，很多人可能会对弗朗茨·约瑟夫的妻子更加熟悉。任性的巴伐利亚茜茜公主、浪漫而忧郁的奥地利皇后、狂热地喜爱马扎尔文化的匈牙利王后——这就是弗朗茨·约瑟夫终生热爱却始终未能使她一展欢颜的女人。她曾经使维也纳成为欧洲最引人注目的宫廷，但婚后的多数时间她都与丈夫分居，在维也纳以外的地方骑马、打猎、旅游、阅读。1898年，她在日内瓦湖边被一个意大利无政府主义者用刀刺死，从而使弗朗茨·约瑟夫的个人生活陷入极大的悲痛之中。此前，1889年，他们唯一的儿子、奥匈帝国王储鲁道夫在维也纳附近的一个狩猎别墅里射杀了情人之后，饮弹自尽。再此前，1867年，弗朗茨·约瑟夫具有天真的自由主义思想的弟弟、墨西哥皇帝马克西米连被胡亚雷斯处死，马克西米连的妻子夏洛特精神失常。另一个弟弟卡尔·路德维希在朝圣时掉入约旦河，染疾而死。在漫长的一生中，弗朗茨·约瑟夫不得不一次次面对丧亲之痛，而最后一次，他的侄子、王储斐迪南大公及大公夫人被狂热的塞尔维亚青年刺杀，则直接点燃了第一次世界大战的熊熊大火。

在第一次世界大战接近尾声时，欧洲各民族国家纷纷宣布独立，哈布斯堡帝国崩溃的命运已成定局。战后在巴黎召开的和平会议重新厘定了欧洲地图，其作用令人不禁想起1815年的维也纳会议，但是，世道人情已大大不同了：维也纳会议，毋宁说是欧洲君主和贵族的一次大聚会，普通民众在浑然不觉中就被来自上层的力量决定了命运，巴黎和会以"民族自决"为原则,参加会议的主要是各新兴共和国的政府官员,代表(或在程序、原则上代表)民众的意愿;欧洲人在维也纳会议上自己决定欧洲的事务,却在巴黎和会上把权威赋予来自新大陆的美国总统威尔逊,和会的影响也超出了欧洲的范围;战败国在维也纳会议上被允许列席会议,所受的处置无论如何不能说是严峻的,巴黎和会上,战败国却不仅不许派代表出席正式会议,而且即便他们对处决方案有异议,也要经过所有战胜国同意才能提出,严苛的条款酝酿着民族仇恨和新的冲突;维也纳会议几乎可以说是君主与贵族商量家务事的一次公开会议,而巴黎和会上,战胜国以"人民解放者"自居,却给战败国贴上"人民压迫者"的道德沦丧标签,现实的政治斗争被涂抹得颇有几分正义凛然的色彩。

在前哈布斯堡王朝的领土上,贯彻民族自决原则的结果也与知识分子的意愿大相径庭。作为前"主导民族",德意志人和马扎尔人分别建立了奥地利和匈牙利,但是,真正尊重其意愿的话,奥地利人倒宁愿并入德国,马扎尔人虽然建立了梦寐以求的民族国家,但却非常不甘心地失去了大量的国土、各从属民族和数量不少的居住在已成为"外国"地区的马扎尔人。新建立的捷克斯洛伐克和南斯拉夫并非各民族间自然融合的结果,而是大学教授马萨利克和主教斯特罗斯迈尔的创造,他们希望形成真正的捷克斯洛伐克人和南斯拉夫人,正像皮埃蒙特人和普鲁士人联合同胞,形成意大利人和德意志人一样。但是,知识分子的理想、高尚人格和不懈努力可以"发明"出一个国家,却无法捏合出一个民族。捷克人在捷克斯洛伐克、塞尔维亚人在南斯拉夫的地位、权威恰如德意志人、马扎尔人在哈布斯堡君主国的特权地位,斯洛伐克人、克罗地亚人依旧是被统治者,千年历史所承载的记忆不可能被良好的意愿所掩盖，罗马天主教与东正教之间的分歧甚至比罗马天主教与新教之间的差异更加难以逾越。因此，民族自决所创造出来的这两个新国家，与其说是被解放的民众有权自主选择自己的命运，倒不如说是哈布斯堡君主国国家权力运作方式具体而微的缩影，如果哈布斯堡王朝的皇帝不那么保守、僵硬，如果他们能够更民主的话。

威尔逊的十四点和平计划在遥远的中国引起了强烈的回应。由于在第一次世界大战中加入了协约国一方，从原则上讲，中国至少有希望摆脱德国等战败国强加给她的不平等条约，但是在国际政治中，利益才是最终目标，实力才是决定性因素，能干的中国外交官无力挽救中国被压迫的命运。1919年，列强自私自利的行动在一定程度上导致了激进的中国青年抛弃了一直被奉为箴言的主义与理想，在西欧和美国之外，选择了红色苏俄。

自那时起，大部分中国人所感受到的，是俄国滤网背后影影绰绰的西方。时至今日，尽管国家已经强大了许多，但中国人在认识世界时并未完全摆脱一种半殖民地半封建心态，习惯性地把自己摆在一个弱者或被压迫者的位置上，一个典型的例子就是"西方"一词的滥用。究其根本，"西方"本来应当是一个地理概念，但是，它在汉语中的丰富含义达到了令人吃惊的地步，"西方社会"有发达的资本主义经济及其特有的社会环境，"西方文明"是这种社会的语言、文化、思想、科学的总称（实质上，更为科学的概念应当是指继承了古希腊和古罗马遗产的各种文化），冷战时期的"西方"指与共产党国家针锋相对的非共产党国家。仅就其社会文化方面的含义而言，西方文明实际上包含着多种文化传统。奥匈帝国是1900年入侵中国的八国之一，各方面似乎都很合"西方"一词的内涵，但是，在本书中，我们可以看到，19世纪70年代的奥地利知识分子会在思考中提到"西方"，指的是现代化过程中先行一步的英、法、德等国，因此，"西方"一词并非铁板一块的同质实体，它其实从那时起就带有某种心理态势的意味，正是由于奥地利人在现代化过程中的落后，才使他们疏离了英、法、德的现代化大潮，才有了与德国历史学派相对立的门格尔和经济学的奥地利学派，才有了卡夫卡、施尼茨勒等颇为超前的文学成就。至冷战结束，东、西方对峙基本上不复存在，前哈布斯堡王朝统治区的各国人民才摆脱了在夹缝中生存的命运，"中欧"的概念重新出现。

但是，直至今日，仍有人不加分析、不进行限定地使用"西方"这个概念，方便地逃避精确的叙述，"西方"成了一个所谓的"懒词"（lazy word）。特别是在社会科学的讨论中，一些人随意地使用这样的懒词，把日常语言的模糊性带入严谨的科学研究工作中。这时，他们所说的"西方"或"中国"往往只是言说者头脑中的想象，无知且不觉无知，想象却以之为真，由于缺乏有关的知识而构建出一个无所不包又所指不明的领域，因此，难以真正形成对话。科学研究如果奠定在这样的根基之上的话，后果可想而知。

人性是相通的，看世界，观自身，或可说，本书的意义就在这里。

# 目录

# 第一章
## 王朝荣光：帝国与人民

### 一、哈布斯堡：中欧的主宰

绵延久远的哈布斯堡王室梦想着征服世界，使帝国的荣光遍及全球。1522年，这个家族分裂为西班牙系和奥地利系，后者抵御并战胜了土耳其人的进攻，于是发展成为欧洲强国。如何来形容它那广大的领土呢？如果说，哈布斯堡家族统治着美丽富饶的多瑙河谷地，那么这一描述无论如何也包括不了荷兰、布赖斯高及北意大利，还应加上加利西亚、波斯尼亚、布科维纳以及波希米亚。从民族来看，哈布斯堡家族原本是日耳曼王室，后来相继加入了西班牙和意大利成分，这使王室本身带有某种世界性视野和宏大帝国的野心，但相应地，却没有一种民族能够在帝国境内占有绝对优势，王室的日耳曼特色在它所栖居的维也纳表现浓厚，其他地区则呈现出色彩斑斓的民族特点。在欧洲，没有哪个王室产生过如此长期而深刻的影响，中欧的历史是一部围绕着哈布斯堡王朝的历史。

这个王朝同样以善于结盟和联姻建立帝国而著称。奥地利大公、德意志国王和神圣罗马帝国皇帝马克西米连一世（1493—1519）使哈布斯堡王室统治了16世纪的欧洲，他通过自己的婚姻取得尼德兰，通过继承条约和军事压力取得匈牙利和波希米亚，靠儿子菲力普的婚姻得到西班牙及其帝国。一位匈牙利国王曾说过这么一句常被引用的话："让别人去发动战争吧，你，幸福的奥地利，结婚去吧！战神马尔斯给别人的东西，爱神维纳斯会赐给你。"其中的讽刺与无奈显而易见，但对于人民而言，他们恰恰更喜欢关注民生、进行国内建设的统治者。人们喜爱建成圣史蒂芬大教堂的弗里德里希三世，破例把他葬在大教堂里，他的座右铭正是"奥地利帝国就是我们的天地"。哈布斯堡王朝最受人爱戴的统治者玛丽亚·特蕾西亚郑重宣布："宁可要中庸的和平，不愿要光荣的战争。"

哈布斯堡家族同样以赞助艺术知名，维也纳在辉煌灿烂的巴洛克时代大兴土木，巨大的建筑物拔地而起，可以与凡尔赛宫相媲美；启蒙时代，高扬理性与人性的人文主义也在这里传播开来，"改革帝王"约瑟夫二世谋求实施行政、司法、经济和宗教改革，下令废除农奴制，确立宗教平等，允许新闻自由，致力于教育与科学的发展，推进境内各族人民和睦相处和新的生活方式；生性宽容而愉快的维也纳人吸引了欧洲各地的艺术大师，使自己的家园成为艺术与美的源泉，海顿、莫扎特、贝多芬、舒伯特等古典音乐大师的作品被认为是人文主义精神的最高表现。

但是，处在东西强国之间，哈布斯堡王朝在每一个时代都必须承担起它的"使命"：在东方，先是土耳其人的进攻，后是俄国沙皇的野心；在西方，拿破仑帝国金戈铁马，势如破竹，19世纪中期以后又有以统一德意志为业的普鲁士咄咄逼人。因此，虽然哈布斯堡王朝并不以军事强力著称，但是在来自东、西两方面的欧洲强国的共同压力之下，即使是生性善良慈爱的玛丽亚·特蕾西亚女王，甫登基就不得不进行一场奥地利王位继承战争，其后，在俄、普的策划之下，奥地利又参与了数次瓜分波兰的行动。

1793 年，玛丽亚·特蕾西亚女王的女儿、法王路易十六的王后玛丽·安托瓦奈特被送上断头台，自此厄运降临哈布斯堡王朝。拿破仑当上法兰西帝国皇帝称霸欧洲的时候，玛丽亚·特蕾西亚女王的孙子、神圣罗马帝国皇帝弗朗茨二世预见到神圣罗马帝国的没落，哈布斯堡需要更明确的权力范围，乃于 1804 年宣布自己兼任奥地利皇帝，称弗朗茨一世。他代表欧洲的旧势力向拿破仑挑战，但奥斯特里茨战役的惨败彻底粉碎了奥地利称雄的野心。在拿破仑建立莱茵联邦之后，弗朗茨放弃帝国皇位，1806 年 8 月，神圣罗马帝国寿终正寝。1809 年，奥地利试图作为独立国家的努力被拿破仑轻易击碎，只是由于俄国与法国在瓜分战利品时出现分歧，出于欧洲势力均衡的需要，

奥地利才得以留存下来。或者说，俄、法认为，与其混战出英雄，不如将被分割过的领土仍然交给这个已在历史的长河中耗尽其创造力的王朝。1809 年，梅特涅出任奥地利外交大臣，他巧妙地促成弗朗茨一世的女儿玛丽·路易丝与拿破仑的婚事，因此，联姻再度发挥作用，使奥地利获得了行动的自由，其国土范围得到承认，成为除俄国以外欧洲最大的国家。对梅特涅个

弗朗茨一世

人而言，他得以掌握奥地利的外交政策，并以其出色的外交技巧和个人魅力影响到整个欧洲，因此，1815 年至 1848 年被称为"梅特涅时代"。但是，在梅特涅眼中，奥地利是一个只存在于外交领域的词语。他本人是来自莱茵区的德国人，其教养和观念都是西欧式的，从某种程度上说是一个理想主义者，他确信在一个变动不定的世界中可以建立有秩序的均衡社会。欧洲需要奥地利，奥地利也需要确认自己在欧洲的存在，而不能执行一种孤立的政策。

梅特涅的成就是使奥地利安然度过了 1809 年以后最困难的时光。拿破仑垮台之后，他主持了维也纳会议，使奥地利和他本人都成为欧洲秩序重建的中心，其个人品格力量保证了奥地利在德意志邦联中的主导地位。哈布斯堡王室的收获十分可观：石勒苏益格—荷尔斯泰因、蒂罗尔和波希米亚—摩拉维亚在奥地利王室的统治下获得松散统一；南部的意大利半岛成为其属地，特别是由于兼并了伦巴第与威尼斯而进一步加强了其在中欧的支配地位；在东部，整个伊斯特拉半岛与达尔马提亚沿海一带及岛屿都成为奥地利的属地，并重新获得拿破仑战争中被夺走的斯洛文尼亚、卡林西亚西部、克罗地亚的一部分和加利西亚。以当代欧洲地图作为比较，奥地利帝国包括了今天的奥地利、匈牙利、捷克、斯洛伐克、斯洛文尼亚和克罗地亚等国家，另外还统治着波兰、罗马尼亚的某些地区以及意大利的威尼斯、维奥纳、曼图亚和的里雅斯特等地，中欧统一在哈布斯堡王室的霸权之下。

## 二、东方问题：帝国的软肋

梅特涅的成功掩饰了奥地利的弱点。在德意志邦联中，出于对拿破仑的恐惧和对法国革命观念的戒心，普鲁士虽然是第二强国和奥地利的合作伙伴，但被后者当作有时需要奉承、有时需要保护的穷亲戚看待，踏实的普鲁士人做工作，精明的奥地利人坐享其成。在东方，通过夸大法国和激进民族主义的危险，梅特涅成功地与俄国保持和平，并防止俄国向西扩张。尽管俄军在1829年跨过多瑙河，使梅特涅面临重大政治危机，但是在法国爆发的1830年革命似乎证实了他的保守主义的担忧，并消解了俄国军事行动带来的重大危机。这更强化了梅特涅的看法，即奥地利外交的重点在西方，确切而言是防范法国。他有一句名言："巴黎一打喷嚏，欧洲就会感冒。"但历史的发展证明他完全弄错了，经过一系列国内动荡和海外征战，法国已经不再是欧洲的主宰者。真正威胁并最终摧毁奥地利的，是来自东方的俄国。整个40年代，俄国磨刀霍霍，逐步但越来越公开地向近东"保持现状"的政策发起挑战。

出于历史、民族的原因，奥地利国内最重要的问题也是东方问题。在以维也纳为中心的下奥地利和以林茨为中心的上奥地利，人口绝大多数是德意志人，在伦巴第与威尼斯地区，意大利人是主要居民，其他所有地方都是各民族混合居住，甚至在维也纳市还存在一个人数相当可观的捷克人区。每个省都有德意志人，德意志人大约占整个帝国人口的1/5，但除了在蒂罗尔、斯特里亚和卡林西亚几省占据人口优势之外，德意志人居住区像是被包围在斯拉夫人、马扎尔人和罗马尼亚人的茫茫大海中的一处处小岛。因此，尽管德语是官方第一语言，但帝国本身并不能被看作是一个纯粹德意志性质的机构。其实，早在玛丽亚·特蕾西亚的时代，从丢失工业发达的德意志人居住区西里西亚开始，哈布斯堡统治区的德意志特点就被愈来愈浓的东方

梅特涅

色彩所冲淡。

另一方面，在欧洲各种政治势力之间游刃有余的梅特涅在国内政治中影响有限。波希米亚的贵族科洛夫拉特在 1826 年被任命为国务大臣和内阁会议主席，梅特涅因而受到极大牵制。梅特涅尽管是个德国人，却不喜欢中央集权，科洛夫拉特虽然鼓吹中央集权，却不喜欢德国人，而以波希米亚爱国者的面目出现，这两个人又都指责对方的地方主义口味。

科洛夫拉特是一个约瑟夫二世时代的官僚，蔑视传统，完全没有重建时期的保守主义色彩，他不喜欢梅特涅这个"外国人"为奥地利安排的角色，作为梅特涅的长期政敌，他以巨额的个人财富为后盾，动辄以辞职相威胁。个性耿直、反应迟钝的弗朗茨皇帝对维新深恶痛绝，不许任何人冒犯他的尊严，尽管他不喜欢科洛夫拉特，而与梅特涅交好，但捉襟见肘的财政状况又使他不得不将梅特涅的影响力限于外交领域。内政，特别是官员的任命均由科洛夫拉特主宰。因此，奥地利的重建完全按照约瑟夫二世的意志进行，实行中央集权主义和专制主义，丝毫不考虑民族差异，也不建立梅特涅所要求的各有专司的部门。在高层决策圈中，科洛夫拉特成为那些出生在奥地利的所谓"真正的奥地利人"反对梅特涅"外国"花样的领袖。梅特涅的外交政策意味着费用巨大的军事干预或军事准备，如为了防范法国而屯兵意大利，此类财政负担可以部分地解释帝国境内的经济滞后，同时，也使科洛夫拉特能够在内政上牵制梅特涅。一直到 1848 年革命以前，奥地利帝国最大的问题莫过于缺钱，既没有钱打点外交事务，也无能力进行国内投资。

这样，尽管在讨价还价上很成功，梅特涅的外交政策在执行方面实际是失败了：正如一个比利时人曾经对维也纳会议所评论的那样，只看到人们"在舞动"，"但不见（事情）移动"，什么都没有变，有的话，只是变得更糟糕；在国内，他没有能够改革中央政府，复兴地方主义的尝试又带来了出乎他本人意料的结果，哈布斯堡国家性质的不明确，使他在为这个王朝服务了二十多年以后非常厌倦："我的时间都耗费在支撑一个腐朽的机构上了。"到了他政治生涯的后期，梅特涅在西欧和俄国的影响渐近终点，他没有黎塞留或俾斯麦式的自信心，眼看着权力无可挽回地从手中流逝，人也变得爱慕虚荣，喜欢高谈阔论，即使某项政策非其所愿，为了制造大权在握的假象亦肯为其承担责任，从而成为压制与反动的象征，为国人所厌恶。人们的一切行动都受到穿制服的人的限制和监视，但一切限制和监视又都半真半假，政策只在纸面上铿锵有力，大多数人都不把它当回事，社会犹如死水一潭，人民缺乏活力，奥地利的经济与政治始终徘徊不前。

19 世纪 40 年代，随着欧洲知识阶层中民族主义思想的发展与传播，多民族的奥地利帝国各省产生了对哈布斯堡王朝试图扩展和实现其统治权力的抵御，欧洲的另外一种重要思潮——自由主义在奥地利同样发生作用，自由主义与民族主义虽然在意大利、法国是相互促进的，在奥地利却相互掣肘，甚至相害。王室的德意志性质和统治者地位使哈布斯堡王室不得不迎接来自双方的共同挑战。这又需要我们回到哈布斯堡统治区色彩斑斓的民族组成上来。

## 三、急就章：辉煌之下的矛盾

奥地利帝国还不能说是一个民族的大熔炉，各民族共存，互相之间却有明确的地位、阶级、文化区别，他们自认为是奥地利的德意志人、奥地利的斯拉夫人，却并不存在着明确的"奥地利人"这一共同的身份认可。奥地利人，并不同时意味着某种民族感情，亦即，并非就具有可以称为"奥地利的"民族属性，德意志人、马扎尔人、意大利人、波兰人在王朝历史上占有特殊地位，维也纳著名剧作家格里尔帕策曾这样总结各民族的恩恩怨怨："匈牙利人仇恨波希米亚人，波希米亚人仇恨德意志人，而意大利人则仇恨所有这些人。"弗朗茨皇帝建立的奥地利帝国更像是个急就章，表面的强大与辉煌之下隐含着深刻的社会问题。

概言之，奥地利社会毋宁说是一个阶级分化与多民族共存交织起来的复杂图样。

17 世纪的三十年战争期间，在各地原有的社会阶级和经济组织被破坏殆尽的情况下，哈布斯堡王朝辖区内出现了大量的大地产所有者，在混战的中心区——波希米亚最多。这个阶层完全是哈布斯堡的皇帝一手扶持起来的，因此享有经济利益与政治特权，与当地民情相隔，更不可能有认同感。甚至在匈牙利这个独立倾向很强的地区，那些大地产所有者身上也极少体现出传统色彩。只有波兰和意大利例外：崇尚自由的波兰人从来不会忘却民族的伟大历史，意大利人即便走遍全球也仍然认为意大利才是自己的也是最好的世界。

奥地利贵族与其他阶层之间界限鲜明，他们形成一个封闭的圈子，只与身份相当的人交往、通婚。这种独特性表现最典型的地区莫过于维也纳，各个民族会聚于此，就像著名的维也纳咖啡一样是种"混合物"，但在人们眼中却分属两个世界，即官廷人士和被拒于官门之外的平民。上层人士一起出入剧院、舞会，他们可能是德国人、法国人、意大利人、匈牙利人等，却能够用上流社会的语言（通常是法语）自如地交流，一个匈牙利贵族用德文记日记或者说法语、德语比说匈牙利语流畅是很正常的事。帝国的高级军官、外交官和大臣都出自贵族阶层，而且一直到玛丽亚·特蕾西亚和约瑟夫二世的中央集权化改革之前，贵族们在自己的领地上设有封建法庭，进行行政管理。自 18 世纪以来，王朝的改革危及贵族们的利益：权力收归中央妨害了他们的独立，农业改革挑战着他们的经济特权，而自上而下普遍建立的帝国官僚系统破坏了他们把持地方行政的局面。因此，尽管贵族阶层本身是王朝的产物，但 19 世纪的奥地利贵族为了保护自己的传统利益必须抵抗哈布斯堡的变革。同时，他们又清楚自己与官廷之间微妙而不可或缺的联系，因此，奥地利自由派或民族主义者无法将贵族当作真正可靠的联盟。

玛丽亚·特蕾西亚的行政改革造就了另外一个自认为是真正"奥地利人"的阶层——帝国官僚。他们在帝国的各种组织机构中工作，拥有某种头衔，但在保守的奥地利人看来他们属于"第二等级"。这个阶层并无单一的民族或阶级背景，有的是匈牙利大贵族，有的则是捷克人，如科洛夫拉特，但大部分官僚还是来自城市地区的德意志人。官僚阶层尊崇约瑟夫二世，试图以启蒙时代的原则建立一个统

玛丽亚·特蕾西亚

一、一致、非强调民族主义的帝国。同时，随着中央对地方行政的控制，作为官方语言的德语也随之在地方行政中确立。因此，德意志文化在帝国内部具有了特殊的优越地位。

官僚阶层具有德意志色彩还另有原因。无论由于出身还是职业，这些人都属于城镇居民，而哈布斯堡王朝基本上是一个农业国家，主要的城镇都是德意志化的，曾经有过的某些历史悠久的城市，如捷克的布拉格、匈牙利的布达佩斯分别被哈布斯堡王朝和土耳其人所占领，中断了原有的发展，留下来的只是一些贸易中心。无论是哈布斯堡王朝建立起来的，还是往来客商集聚而成的，都毫无例外地说德语，尊奉德意志文化。1815年，布拉格共有约 5 万德意志人，而仅有 1.5 万捷克人，1848 年以前，在布拉格街头，如果用捷克语向有点地位的路人问路，就会令对方很不高兴，因为这些捷克人只说德语。当然也有例外，帝国的意大利部分和加利西亚被并入奥地利为时不久，况且意大利是现代欧洲贸易与城市文化的发源地，完全不需要德意志文化来重塑自己；去往加利西亚的商人又多是犹太人，而非德意志人。

哈布斯堡王朝的德意志中等阶层也与君主制有分歧与冲突。他们基本上支持王朝统治，但希望那是一个建立在自由主义原则基础上的王朝；他们不满于大贵族出入宫廷，把持重权，希望自己不仅是帝国日常行政的执行人员，而且能够在政策制定上有发言权。与大贵族的不满一样，官僚阶层的怨言并非挑战帝国的存在，其争议的实质只在于改革进行的速度。因此，在19世纪早期，哈布斯堡王朝的统治基础是大贵族和中上层德意志人。这一时期的德意志民族主义者们希望强化帝国的德意志色彩，但是当民族主义发展到要求建立单一民族国家时，由于奥地利帝国的多民族实际状况，他们本身就陷于某种困境而分裂：一些极端分子要求推翻哈布斯堡王朝，建立德意志民族国家，另一种极端人士则想把哈布斯堡辖区的各民族统统并入德意志民族国家，大多数人则希望德意志国家将捷克和斯拉夫地区包括进去，匈牙利则不计在内，但同时，推翻哈布斯堡王朝或并入德意志国家对于奥地利帝国境内的德意志人来说，又意味着他们将丧失自己原有的特权地位。因此，他们一方面反抗大地产主和大资本家乐于具有的"奥地利人"身份，一方面仍然希望帝国成为他们的，亦即德意志人的帝国。

## 四、两个挑战：以民族之名

挑战来自另外两个方面：匈牙利和克罗地亚小贵族传统的民族主义以及农村人口变革的民族主义。

匈牙利是欧洲的一个"历史性"的国家，虽然数度丧失独立，却从未消减其特征。匈牙利国创建于9世纪的最后10年，发源于乌拉尔山区的马扎尔人一直四处流浪，他们越过喀尔巴阡山，渡过多瑙河，才定居下来。他们的语言属于芬兰乌戈尔语，而且传说中他们的领袖史蒂芬曾在公元 1000 年蒙教皇赐予王冠，承认他是一位基督教的使徒国王。11 世纪早期，匈牙利政权向东扩及特兰西瓦尼亚，同时向南伸入斯拉沃尼亚与克罗地亚，但是东方强国土耳其在 1526 年击溃匈牙利军队，从而使匈牙利大平原的全部领土并入土耳其帝国，其余领土的大部分，连同"神圣王冠"和波希米亚—摩拉维亚，均于 1541 年归到哈布斯堡王朝的保护之下。

匈牙利政治史造就了一个非常独特的社会现象：中小地产主大量存在。匈牙利总人口只有 1000 万，贵族就有 50 万之多，头衔满天飞，但某位经济上紧巴巴的奥尔施佩格或乔特克伯爵，无论如何是不会把某个掌握企业命脉的沃特海姆斯泰因男爵放在眼里的。这 50 万人就是所谓的"匈牙利民族"，它同样具有阶级特征：其土地收入可以免税，可以参加县议会并选举匈牙利议会。这些乡绅富者可与大地产主匹敌，贫者却还不如周围的农民，大约 1/3 的人可以凭借土地生活无忧，这些人正是"千年匈牙利"的核心拥戴者。在哈布斯堡王朝与匈牙利议会的冲突中，大地产主总是扮演和事佬的角色，居中调停，为了自己的利益往往抛弃中小地产所有者。面临行政、立法、税收方面帝国中央权力的步步紧逼，中小地产者更倾向于将匈牙利国家的概念与自己的利益结合起来。这样，原有的传统的爱国主义到了 19 世纪加上了一层现代民族主义的外衣，捍卫传统权利的保守主义一变而为强化自由主义的原则。

落后的马扎尔贵族长期将布达佩斯及德意志、塞尔维亚和希腊居民视作怪异的事物而排斥他们。一位 19 世纪初的贵族兼作家表示："犹太人、亚美尼亚人、塞尔维亚人和德意志人这些不择手段的牟利者、贪婪而吝啬的高利贷者在佩斯城比比皆是。"从外省来到首都的诗人也很不乐意地发现这座肮脏的城市到处都是尘土和德语。他们认为，真正的匈牙利人应当是大地产所有者，拥有大量的农奴、仆从和家畜，热衷于养马和骑射之术，如果他走出土地的话，也应当是个高官显宦，或者从事外交、军事和宗教等职业，而一切以谋取金钱实利的、带有投机性质的职业，无论是制造业、贸易或银行业都不是体面的行当。

克罗地亚是匈牙利王国的一个藩属国。1790 年，在抵御约瑟夫二世改革的斗争中，克罗地亚议会抛开了帝国的代理人——克罗地亚执政官，而将某些经济、政治权力置于匈牙利议会的控制之下。直到 19 世纪，克罗地亚依然非常重视与匈牙利的紧密联系，克罗地亚的学校中教授马扎尔语，国家的官员也必须会讲这门晦涩的语言。克罗地亚社会有其独特之处：虽然也存在着中小贵族，但是克罗地亚人中没有大地产主，其国内的大地产主都是匈牙利人，他们对这个国家漠不关心，而克罗地亚贵族势单力薄，不可能冒险与帝国权威发生冲突。匈牙利的乡绅们可以过一种超然而淡漠于帝国存在的生活，视哈布斯堡王室的匈牙利国王为外国人，在自己的国家中甚至可以将他当作敌人。而克罗地亚贵族要顺从些，他们有从军的传统，对王室有一种根深蒂固的忠诚，也因此，他们习惯于服从命令，在政治领域则表现得较为愚钝和笨拙。

在中欧，启蒙运动以来的社会思潮带来的变革之一是民主的要求以民族的名义宣讲了出来。哈布斯堡王朝以保护各附属民族为"使命"，因此，奥地利帝国尽管会聚着中东欧各个民族，但却没能融合出一个"奥地利人"的概念，各个民族有自己的语言、文化、利益和历史记忆，甚至为了强调自身的独特存在，没有"历史"的民族也要为自己"创造"出历史来。尽管其目标是为了凝聚平民大众，但这一场民族复兴运动主要表现在语言和文化方面，而且当时的状况是写的人比读的人多，大量的农村人口是文盲，出身农家的知识分子承担了为自己同胞创造民族性的任务。所以，虽然中欧的民族领袖仿佛是代表着觉醒了的、有组织的人民在说话，但他们很清楚，这么一个民族只存在于纸上，书生意气的知识分子并非圆通世故的政治家。他们被理念、信仰所构成的想象的世界所包围，在实际的斗争中会进退失措。

总而言之，哈布斯堡君主国的统治是若干大贵族和大地产所有者的联盟，而不是一个真正的专制帝国，而且经济滞后，生产不发达，从根本性质上来讲仍然是个农业社会。其复杂的民族构成可以概括为两类：一类是主导民族，即马扎尔人、德意志人、波兰人和意大利人；另一类是从属民族，包括波兰人以外的斯拉夫各族和罗马尼亚人。这两类内部并不是利益一致、划分整齐的，主导民族之间互有分歧、纠葛，从属民族亦各有特色。如文化繁荣、经济发达的捷克人发展出来一个中产阶级的社会，克罗地亚人保留了贵族氛围，双方都较少具有帝国其他地区的乡村特色等。从宗教信仰上看，通过三十年战争和《威斯特伐利亚和约》，路德派、加尔文派和罗马天主教派就已经在哈布斯堡王室统治区内获得了平等地位。传统上属于新教的捷克人与马扎尔人在精神上比罗马天主教的克罗地亚人或斯洛文尼亚人更具独立性。哈布斯堡王室至少还有过一项约瑟夫二世颁发的宗教自由令，在执行上不尽成功，但还是在人们的思想中种下了宽容的种子。在平静与稳定的前提下，人们为着自己的存在与利益争讼不已。

1848 年 3 月，春天即将来临，任何悲凄的曲调都无损于维也纳春天的气息，美丽的金雀花即将开放，树木与青草散发出生命与活力的芬芳，小鸟一群群地在普拉特和市民公园里婉转歌唱，维也纳森林里气息氤氲，弥漫着春天与爱情的主题。街头咖啡馆中，无所事事的人们玩纸牌、下棋，慵懒闲适地花掉对他们来说没有多少意义的金钱。

威严庄重的霍夫堡内，哈布斯堡王室在上一年接连经历了帝国出色的军事组织者卡尔大公及其第三子、帝国海军名义总司令弗雷德里克的葬礼，新年前夕，曾是拿破仑遗孀的玛丽·路易丝又被葬在嘉布森会的皇家墓穴中。丧亲的悲痛和冬日的寒意并未消减生者的愉悦，作为消遣，王室成员排演的五幕笑剧《迷乱》在苏菲公爵夫人的一手操办下如期上演。苏菲的三个儿子在其中担任角色，梅特涅的儿子、后来知名的外交官理查德·梅特涅亦参与演出，另外还有匈牙利贵族塞切尼家族和意大利贵族鲍姆贝尔家族的孩子们。苏菲为孩子们的成功演出颇为自豪，但多年以后，梅兰妮·梅特涅在回忆往事时提醒人们这一无意的巧合：在民意涌动的 1848 年年初，霍夫堡剧院的《迷乱》岂非帝国境内即将爆发的激进革命的预警？

# 第二章
# 革命风云：暴力与狂热

## 一、健康皇嗣：香布仑宫的喜讯

据说，哈布斯堡王室从未完成任何伟大的建筑工程。维也纳的"城中之城"霍夫堡是奥地利雄霸中欧的权力中心，它的第一座城堡建立于 1275 年。1439 年到 1806 年，这里是罗马及德意志皇帝的居所。1806 年至 1918 年则是奥地利皇帝的寝宫，但是，它的部分建筑，如圣史蒂芬大教堂等，像哈布斯堡王朝一样，都是终未完成的事业。

作为霍夫堡的第一位奥地利皇帝，弗朗茨皇帝认识到：保证哈布斯堡王室后继有人是帝国稳定的重要条件。为了保证血统的纯正和政治收益，皇家的婚姻一向颇为讲究。在所谓"高贵"家族之间的联姻造成选择范围过于狭窄，以致某些遗传性疾病在各个家族之间频繁传播，几乎成为各个皇族成员的资格证明一样。这一时期，哈布斯堡家族的孩子们许多都早夭了。由于近亲结婚造成的灾难性基因组合，弗朗茨皇帝的继承人、后来的斐迪南皇帝不幸患有先天性佝偻病和癫痫，是一个脾气温和、意志薄弱的傻瓜。他对于统治者的责任显然有自己的看法，因为他继位后曾要求："我是皇帝，我要吃面条！"
尽管精明能干的梅特涅为他安排了婚事，但他对此毫无兴趣，皇
家医师已透露，他不会为哈布斯堡王朝带来一位继承人。而在后
雅各宾时代民心浮动的情况下，改变皇位的传承次序又要冒一定的
风险。

斐迪南的弟弟弗朗茨·卡尔是个除了打猎之外一无所长的庸才，
智力只比乃兄稍胜一筹，并完全受妻子苏菲支配。苏菲聪明坚定，志
向远大，作为外来人和女性，她显然无法直接染指政治，但丈夫的无能
与皇兄不能胜任统治奥地利的状况，最终使苏菲影响了这个王朝最后的
岁月。

苏菲来自另一个主要的德意志天主教王朝——威滕斯巴赫家族，
这个家族与哈布斯堡家族之间常常会有通婚关系。苏菲是巴伐利亚国
王马克西米连的女儿，她的异母兄弟后来当了巴伐利亚国王，姐姐嫁

霍夫堡

给普鲁士国王腓特烈·威廉四世，双胞胎姐妹是萨克森的王后，而且先前的奥地利皇帝弗朗茨的第四任妻子还是苏菲的异母姐姐。

幸好，苏菲与她的丈夫之间并无血缘关系，在维也纳人等待了五年之后，1830 年 8 月 18 日，她诞下一个发育正常的男婴，完全没有精神病、畸形或癫痫等疾病的迹象，这令老皇帝弗朗茨如释重负，尽管那时的世界已有烈火一般的革命在四处蔓延。梅特涅通过罗斯柴尔德银行的内部通讯网得知巴黎发生革命的消息正是 8 月 18 日这一天，最后一位波旁王朝的国王踏上了前往爱丁堡的流亡之途。随后的一个月内，欧洲大陆上发生一系列的变化：在巴黎，属于波旁王室的奥尔良一支的路易·菲力普宣布以"神意和民愿"的名义成为法国国王；荷属比利时省的布鲁塞尔等地发生民乱；德国自由主义者要求制定宪法；意大利民情不稳；波兰爆发民族起义。革命使欧洲不得不重新面对某些长期受忽视的问题，如波兰问题。虽然从西欧到中欧有这么多变革的痕迹，处在中心的哈布斯堡王朝的统治依旧是稳定的，尽管这种稳定已带有某种陈腐的味道。

与祖父同名的小公爵出生于香布仑宫。这里距离维也纳市中心不过 3 英里，总共有四千多个房间，室内装饰是富丽堂皇的洛可可风格。宫殿总体以严格的对称为特色，两翼绵延达 1/8 英里。雄伟但多少有点冷淡的外表，好像是专门设计出来炫耀一下巴洛克的国王可以有多么阔绰似的。与戒备森严的霍夫堡相比，玛丽亚·特蕾西亚女王更爱在香布仑宫举办音乐会和上演歌剧。乐队指挥是鼎鼎大名的格鲁克。6 岁的音乐神童莫扎特在这里展示才华时爱上了女王的某位女儿，还颇有绅士风度地向她求婚，甚得女王欢心。虽然香布仑宫在许多方面都受到巴黎凡尔赛宫的影响，但还是体现着奥地利人对自然的尊重及随和松弛的天性。周围蜿蜒而上的小路掩映在树丛中，从宫里还可以欣赏到公园的美景：修剪整齐的树木、华丽的水池与喷泉。王宫周围空间很大，玛丽亚·特蕾西亚女王和她的 16 个孩子使这个外表冷峻的地方充满温暖与清新的气氛。在儿童的笑闹声与时时响起的音乐声中，女王会专心致志地批阅公文，宫中的希腊式雕像在夕阳的灿烂余晖中分外动人。自那时起，香布仑宫就是哈布斯堡王室的夏宫，拿破仑与沙皇亚历山大都曾在这里住过。

在祖父的慈爱关照、母亲充满希望和雄心的培养下，弗朗茨成为香布仑宫的焦点人物。来访的高贵仕女们由衷地赞美他的金色卷发和玫瑰色面容。按照哈布斯堡家族的标准，他已经极为强壮与活泼，但是，他时时处在极为小心的看护之下，一举一动都备受关注。某次他外出散步时，仆人忘了给他戴手套，小手有点发青，竟然在宫里引起极大的恐慌，还被专门负责他生活的伯爵夫人隆重地载入回忆录中。

弗朗茨很快显示出男孩子的特点。他喜欢看阅兵式，总是被排列整齐的方阵和铿锵有力的军乐所吸引，也总乐意穿着整洁的军服。有人见过两岁时的弗朗茨：穿着长服，戴着对他的小脑袋来说多少有些沉重的头盔，右手握着一把玩具毛瑟枪，左手紧紧抓住一个身着漂亮白军装的玩偶军官。他知道军人着装的每一个细节，小心翼翼地摆弄那些阵容整齐的玩偶兵团，从未失手打破过一个。与大多数爱好艺术、富有人文主义色彩的哈布斯堡君主不同，终其一生，弗朗茨都认为自己首先是一个士兵，除了军装以外，他拒绝穿任何其他服装出现在公共场合。小他两岁的弟弟马克西米连则更容易被动物、小鸟和花草所吸引。1833 年，二弟卡尔·路德维希出生。

## 二、古板少年：不会燃烧的激情

一般认为，未来的弗朗茨·约瑟夫皇帝智力一般，个性平庸，拘泥于细节，不信任聪明能干的人。对此，他的母亲苏菲负有一定责任。尽管成长在启蒙时代的理性主义大潮之中，她却是一个传统而忠实的天主教徒。在教育孩子方面，她赞同培养积极的想象力，却时时警惕，防止任何一种激情的出现。她认为，作为皇位的继承人，她的孩子必须学会在逆境中也要保持强硬的自尊，情感的自然流露或一时冲动都有可能妨害帝国的尊严。她为弗朗茨精心安排了学习的进度，每周用于学习的时间，6 岁时是 18 个小时，8 岁时就达到 36 个小时，11 岁时为 46 个小时，到 15 岁应保证在 53 至 55 个小时。课程中有太多死记硬背的东西，太少练习如何动脑子思考。疲于应付的弗朗茨实际上没有可能同除了两个弟弟之外的其他同龄人交流，他必须学习历史、哲学和宗教，天性与训练使他早早地掌握了多种语言，8 岁时他就能用法语写信，11 岁那年开始学习马扎尔语、捷克语，之后是意大利语，13 岁前后初步涉猎拉丁语和希腊语。他记忆力惊人，善于观察，却没有受到鼓励去进行智力的探索，因而不善于分析，更不会对公认的事实提出异议，描述事物精确而无趣味可言。

实际上，相对于欧洲的其他国家，哈布斯堡王朝统治下的奥地利人已经享有欧洲比较进步的学校体制。但就其本身而言，它绝非启蒙思想的模式：在罗马天主教的控制下，教育就是暴政和苛政。帝国顾问罗腾汉伯爵曾经这样规定：初级学校的目的是"把劳动者彻底改造成虔诚、善良、驯服、勤奋的人"。1805 年，奥皇颁布的公立学校章程明文规定："教育方法最重要的当推训练记忆，然后根据环境的压力，训练智慧和心灵。平常的学校将严格禁止任何解释，只能按照学校的规定'照本宣科'。"对他们来说，人的心灵就是个储藏室，教育就是填鸭，通过死记硬背的训练和联想，让学生记住那些早已定型的思想，以支配他们的生活。如果学生胆敢提出问题，教师就该冷静地指责他，态度和缓而坚决，耐心地等待，直至学生疲劳后放弃。1783 年被约瑟夫二世禁止的耶稣会，到 1824 年重又获准成立，之后，教会在斐迪南统治之下加强了对教育的控制，学校则为帝国培养出惧神而驯服的子民。弗朗茨·约瑟夫倒不用像维也纳的孩子们那样，去兵营一般沉闷的学校里过这种缺乏人性、索然无味的生活，但社会大潮肯定会对人的思想产生影响。无论正规的课堂讲授了些什么，真正影响未来皇帝的性情与品位的，还应算是 1815 年以后的比德迈时代的风气。"比德迈"意即"正直的梅尔"，是一个虚构的人物，他在慕尼黑的一本幽默杂志中首次出现，被描述为具有节俭、勤劳和洁净的美德，满足于舒适而平静的生活。这些在讽刺文章中备受攻击的方面其实代表着在狂飙突进的革命年代之后，社会中等阶层的价值标准的回归，这一过程与奥地利产业革命同步开始，与政治上平庸沉闷而无所事事的状态相对应，这是保守派的时代。梅特涅用奥地利警察压制任何一种激进和危险的苗头，用臭名昭著的报刊检查制度使人们驯服从而脱离政治。

这种新的生活艺术以简朴、舒适为原则，当时的维也纳人，无论是高官显贵还是平民百姓，都愿意以简单实用的家具装饰家居，喜爱柔和温润的瓷器，把瓷碟挂在墙上，玻璃橱中陈列着塑像和茶具。优雅的绘画、简朴的风格与 19 世纪初的复古情调相去甚远。维也纳的剧院里，由于不受戏剧理论或过高的文学雄心所烦扰，虽无重大改革，却也成就颇丰。较早对传统喜剧的改革演变为闹哄哄的笑剧。每逢上演格里尔帕策的剧目和内斯特罗伊等人的通俗喜剧时，剧院里总是座无虚席。普拉特和维也纳森林里的小酒馆也是人们经常光顾的地方。在家里，他们还喜欢全家人一起演奏乐器，跳华尔兹，追求舒适、惬意的生活情趣。

正如这一时期非常流行的兰纳和老约翰·施特劳斯的节奏明快的音乐一样，这种文化如果说并非细致入微，也是令人愉快的。记忆中，革命年代的旧痛依然清晰可感，也正因如此，和平和秩序才显得如此可贵。拒绝革命的暴力与无常，接受有秩序的专制，在皇帝与官员的权威之外，对一切都可以不必太认真，一心只求平静之美。生于斯、长于斯的弗朗茨·约瑟夫所能体会到并自然而然地享受到的，就是这种或许不够深刻的文化。

弗朗茨·约瑟夫被塑造的方式和过程使他只能接触经过挑选的东西。除了哈布斯堡王室特有的语言天赋之外，他对绘画颇为钟情。某些作品还被印刷商拿去复制出售，对细节的关注和愉快的气质在其中一览无余。像一个地道的维也纳人一样，弗朗茨·约瑟夫喜爱自然的美景，也喜欢妙趣横生的剧场。在他还是个小男孩的时候就会为宫中举办的舞会而兴奋

青年时的弗朗茨·约瑟夫

雀跃。但是，令苏菲多少有些失望的是，弗朗茨·约瑟夫并不具有音乐天赋，尽管她请艺术家前来宫中演出，她的儿子依然对军事操练时单调整齐的鼓乐声更有热情。

这其实也是第一次工业革命引发人们生活重大变革的时代。新的交通工具使人们可以有更充分的选择去见识异域风情。在更迅速、安全和廉价的输送方式的帮助下，欧洲和世界都变小了。处于欧洲腹地的哈布斯堡君主国也发生了尽管缓慢但却显著的变化。弗朗茨·约瑟夫与王室成员和朝廷显贵一起，于 1838 年乘坐奥地利第一条铁路线（维也纳至布尔诺）外出旅行，并在 1844 年第一次坐上蒸汽轮船前往蒂罗尔。次年，他与两个弟弟一起前往伦巴第和威尼斯进行正式访问。德高望重的拉德茨基元帅向他们展示了执行侦察任务的热气球，他们还生平第一次见到煤气灯将圣马可广场点缀得如梦境般美丽。但是，弗朗茨·约瑟夫不像弟弟马克西米连那样容易被感染，后者在这次意大利之旅后就对阿尔卑斯山以南的人情风物怀有一种特殊的偏爱，弗朗茨·约瑟夫则在哈布斯堡境内工业化程度最高的地区清楚地看到了德意志人与意大利人之间的反感情绪，但他没有能够理解这种状况，反而造成了他在未来的统治期内对意大利的敌意。

在比德迈时期的风气中，在苏菲精心选择的教育方式下，弗朗茨·约瑟夫成长为一个责任感、纪律性很强的人，并且如苏菲所愿，非常具有自制力，喜怒不形于色，即使是在业余时间，他也会刻苦学习。15 岁本应是男孩子活力充沛的时光，他却会在生日的这一天悲叹时光之易逝、学习当勤奋。但是，其局限性同样也很明显：没有培养对知识的好奇，他头脑中虽然储备了许多东西，在细节上是个完美主义者，却没有质疑、分析的能力，而且他始终只与经过精心挑选的人接触。理查德·梅特涅和他一样古板而用功，两人却始终没有亲密起来，16岁以后，他有了一个新伙伴埃迪，即后来的奥国首相塔费。这个小男孩是个古灵精怪的调皮鬼，骑术精湛，甚至激起弗朗茨·约瑟夫与之一争高低的热情。但基本说来，除了自己的兄弟以外，弗朗茨没有真正的同龄朋友，他对世故人情始终陌生而且淡漠。苏菲自己也发现，大儿子在重要场合中持重得有些木讷，不善表达自己的情感，并且就她自己而言，也更喜欢轻松愉快的二儿子马克西米连。

每个人都会有自己的局限性，但对于哈布斯堡王室和奥地利帝国来讲，这个青年的局限性将深刻地影响未来70年的历史和命运。

## 三、暴动来袭：落入陷阱的老鼠

1848年，历史已经为欧洲准备好了革命的舞台。

在匈牙利，顽固的马扎尔民族主义取得全面胜利。塞切尼，旧贵族出身的匈牙利改革家和作家，被更为激进的科苏特所超越。

塞切尼曾参加过反拿破仑的战争，后漫游欧洲，深为英、法的现代化进展所触动。1825年，他捐出一年的收入建立了匈牙利国家科学院，遂领一时风气之先，带动匈牙利贵族纷纷致力于寻求国家发展之路。塞切尼忠于哈布斯堡王室，主张经济发展先于政治自由。在实际工作中，他致力于修筑公路，改善多瑙河航运系统，并利用向贵族征收的土地税，在布达佩斯建立了多瑙河上第一座吊桥。但是塞切尼的这套改革方案需要一个强大的城市中产阶级为后盾，以抵御贵族的势力，而这脱离了匈牙利贵族满天飞的实际情况。到40年代中期，塞切尼的许多追随者便转向了年轻的领导人科苏特。

尽管其政治生涯的活跃期仅有 10 年，但没有哪个人能够像科苏特那样，深刻地影响了中欧的历史。科苏特出身于小贵族家庭，没什么土地家财，他的母亲是个一句马扎尔话都不会讲的斯洛伐克人，或许正是这种斯拉夫背景使他过于自信，而不像一般的匈牙利人那么谨慎和现实。同时，作为一个身无长物的新闻记者，激烈的言论不会使他失去什么，反而会赢得响亮的名头。他既然希望自己被认可为一个匈牙利绅士，就坚持认为其划分标准不应当是土地所有权，而是马扎尔民族主义信念。同塞切尼一样，他也研究过西欧的政治，为匈牙利国内被忽视的小贵族们找到了"绅士"这么个词，并使他们相信自己而非那些城里人，才是马扎尔民族的中坚力量。科苏特的自信和高超的写作、演讲技巧激起了匈牙利的民族热情，语言带给他力量，他以一种不容置疑的口吻在所有场合反复强调"匈牙利是马扎尔民族的国家"，从而获得了成功。1847 年，他被当作民族英雄选入匈牙利议会，并将他的民族主义利器应用到经济领域，宣传所谓"民族经济"。他把民族自由置于其他社会进步之上，把在冷漠和贫穷中做白日梦的马扎尔乡绅和小土地所有者变成了热情的民族解放大军，同时，却毫不重视塞尔维亚人、罗马尼亚人以及克罗地亚人的权利。在他进入匈牙利议会的那一年，塞切尼就说过这么一个不幸而言中的预言："刺激每一个民族都来反对马扎尔人，那就是用自己的怨毒斟满了复仇之杯。"

而且在匈牙利的人口中，马扎尔人其实是少数。马扎尔民族主义的勃兴在匈牙利政治生活中造成了一个悖论，即以自由派姿态出现的马扎尔人为了维护在匈牙利政治中的特权地位，不得不在公共生活中树立霸权，并阻止其他民族的文化复兴。在特兰西瓦尼亚，科苏特的宣传非常有市场，占人口多数的鲁梅利亚人并无选举权，撒克逊人虽然保持独立，但也无意屈尊去为鲁梅利亚人争取什么。

克罗地亚的事情要稍微麻烦一点。这里的贵族一向是以靠近匈牙利的政策来对抗哈布斯堡王室，但咄咄逼人的马扎尔激情使他们开始反抗匈牙利。此刻克罗地亚政治领袖盖伊是后来伊利里亚运动的重要奠基者。他极力鼓吹所有南方斯拉夫民族——斯洛文尼亚、克罗地亚、塞尔维亚，甚至保加利亚等组成一个共和国，为了避免偏袒某一方，可取名为"伊利里亚"。盖伊的工作开始于语言的统一，他说服了克罗地亚人放弃萨格勒布方言，而改以塞尔维亚人能够听懂的语言。之后他以反对匈牙利统治为号召，积极进行政治抗争运动。克罗地亚议会与盖伊等人的工作使"克罗地亚—斯洛文尼亚"语成为克罗地亚的民族语言，这样，科苏特的匈牙利遭遇到了民族主义的克罗地亚，双方由此前对抗哈布斯堡王室的同盟军转为利益冲突的对头。

当霍夫堡的剧场中上演笑剧《迷乱》的时候，革命的火焰已在哈布斯堡领土中的加利西亚部分点燃。为了镇压波兰地主和知识分子掀起的爱国主义运动，军力不足的哈布斯堡王室动用了约瑟夫二世的武器，即发动农民，号召他们采取行动反对地主。作为回报，帝国政府将取消强制劳役制中规定的全部契约义务。加利西亚西部的农民从血统上来说也是波兰人，但是缺乏民族意识，而且落后的农民本能地希望分享利益并得到社会的承认。于是，一场农民起义席卷加利西亚西部，波兰爱国者无论死活都被送往奥地利警察那里论功行赏。在波兰民族运动的中心克拉科夫，起义者宣布建立共和国，但奥地利和俄国的军队分别从南边和北边发动进攻，克拉科夫自由城最后也被并入哈布斯堡帝国。

这一年，欧洲每一个人口超过 10 万的城市都爆发了革命，20 座城市修筑了街垒。拥有 40 万人口的维也纳是哈布斯堡君主国内最具有现代特征的都市，自 1815 年以来，源源不断涌入维也纳的农村移民使它的人口翻了一番，但就业机会却很匮乏，实际上降低了城市居民的生活水平。这些怨声载道的城市无产者随后成为革命大军，具有特殊优越感和浪漫色彩的维也纳大学生则成为他们的领导者。

中世纪以来，对大学生的优待传统在德语国家余韵犹存。奥地利的大学生享有一定的特权，警察不得进入讲堂，只能眼睁睁地看着打架斗殴的事件发生。所谓的大学生联谊会往往是无事生非、炫耀青春之气和"德意志精神"的帮会，他们在咖啡馆里策划军事行动，以浪漫主义和青春期的冲动引导血与火的战斗。

一夜之间，那个保守、温和、乐声悠扬、美酒飘香的维也纳变得如此狂乱，习惯于讨价还价的维也纳政治家试图与昨日还在追求平静之美的臣民做交易，但民气被压抑得太久了，一旦爆发，就不知所之，没有妥协的余地，没有平息的可能，直至造成灾难性的后果。梅特涅试图将贵族联合起来，捍卫他们贵族和皇帝的特权，但双方都不买他的账：贵族为农民的解放心存怨恨，并且已无力抗击变革；对宫廷来说，梅特涅掌权时间已太久了，而且鼓吹改革太过积极。

梅特涅此时已变成某种陈腐、令人厌倦的象征。人们迫不及待，像要丢弃一件旧衣服一样要摆脱他，他们认定这个在过去的 30 年中主宰一切的人要为自己的一切痛苦负责，驱逐他就驱走了现实中的种种不快。仅仅 40 里之外，匈牙利人在布拉迪斯发进行激进的宣传活动，科苏特甚至亲自跑到维也纳，用他极富煽动性的讲演鼓动民心，曾经平静无波的维也纳喧嚣不已，要求梅特涅下台。

见多识广的梅特涅要同僚稳住阵脚，他自己则准备与"暴民"的头目谈谈，但已经没有几个人再有耐心去听他的老调重弹了，人们只想尽快让他消失，仿佛看不见梅特涅，往昔的痛苦与抑郁就得到了某种补偿。对梅特涅的长期霸权心怀嫉妒的人以为自己可以利用维也纳沸腾的民心。时任波希米亚军区司令的温迪施格雷茨此时正在维也纳作私人访问，他被召至霍夫堡与大公夫人苏菲等人共商国是。此时，维也纳革命的命运和梅特涅的命运实际上已经确定。

3月13日，梅特涅辞职的消息公布。第二天，前首相及其家人逃离维也纳。长期加之于人民身上的枷锁突然松开，臭名昭著的书报检查制度被废除，激进文人可以无所顾忌地发表言论。奥地利原本只有79种报纸，突然间就增加到388种，其中309种都是政治性的。人们读得越多，说得越多，就越发觉自己需要的东西越多，一场真正意义上的革命开始了。滔滔不绝的演讲和多数的原则——这是俾斯麦所说的"1848年的错误"，却是这一年最令大众振奋的新教义。

宫廷发现自己无法控制被发动起来的民众。弗朗茨·约瑟夫陪同父亲与叔叔坐上马车在维也纳街头出现，但尚持怀疑态度的民众沉闷而阴郁。梅特涅留下来的权力真空被科洛夫拉特补上，但作为梅特涅的老对头，他们两人的权力斗争已经是那个旧时代的故事了，人民需要新的面孔。科洛夫拉特很快就从政治舞台上消失，维也纳政坛一度出现你方唱罢我登场的热闹景象。温迪施格雷茨看来不会只驻足于波希米亚军事领导人的位置，在一切都被打乱的时候，他受到皇室信任，一度掌握了维也纳的军政大权。

大学生中的"纸上政治家"同样喧嚣着布达佩斯，此际正值诗人裴多菲的影响深入人心，一曲《起来，匈牙利人》成为革命的宣言。大学生中马扎尔人占大多数，他们群情激昂，要求全民选举权和一部民主宪法，要求解放被困于封建义务的农民，使他们无偿得到自己耕种的土地，并要求各民族平等权利。这些激进学生的政治主张令匈牙利政治家陷入恐慌。

在布拉格，革命的学生缺乏社会支持，首先遭到了失败，波希米亚自由派在考虑关于体制改革的建议，希望能够达成法庭上的语言平等、集会与出版自由、解放农民及在波希米亚、摩拉维亚和奥属西里西亚三个省建立共同的捷克代议制议会，以实现三省实际上的自治。哈布斯堡君主国境内的斯洛伐克人、塞尔维亚人、鲁梅利亚人也纷纷起来争取民族权利。在阿尔卑斯山南面，梅特涅的倒台鼓舞所有的意大利城邦起来争取自由和统一，撒丁-皮埃蒙特王国对哈布斯堡帝国

1848年革命

宣战，试图把奥地利人赶出伦巴第和威尼斯。

科苏特匆忙向布拉迪斯拉发的议会提出建立匈牙利政府的要求，并说服通过了具有宪法意义的《三月法令》。这一法令兼具自由主义和民族主义的性质，其最深刻和最成功的意义在于它保存了匈牙利的绅士阶层。帝国对匈牙利政治的控制被削弱了，匈牙利将由一位独立于奥皇的帕拉丁在布达佩斯行使权力，匈牙利将在军事、预算和外交政策方面与帝国政府分开，从而获得自治地位。布达佩斯的国会将会取代布拉迪斯拉发的议会，其成员来自一个普遍的但却严格限制的选举，贵族丧失了免税特权，市镇的代表可以进入国会。但是，《三月法令》中明显的马扎尔民族主义在匈牙利激起了其他民族的极大不满，它规定，马扎尔语将是选举中必不可少的资格要求，这适用于"圣史蒂芬王冠"所辖治的所有地区，特兰西瓦尼亚和克罗地亚的议会和政府都将被取消，而代之以单一的匈牙利国家。

匈牙利人从来都是谈判高手，在历史上，哈布斯堡王室曾经将匈牙利从土耳其人手中解放出来的事实，并不妨碍匈牙利人在帝国内部保持某种独立性。1848 年，帝国政府更加无力抵制匈牙利人的要求，匈牙利帕拉丁史蒂芬大公甚至没有等到身为匈牙利国王的斐迪南皇帝的允准，就把权力移交给了以包贾尼为首的政府，科苏特任财政部长，并制定政策。4 月 11 日，斐迪南皇帝做出三项重大让步：同意制定一部奥地利宪法，认可匈牙利人的《三月法令》，承认"波希米亚国王的权力"。这样，除了街头示威、演讲和咖啡馆中群情激昂的聚会以外，革命者没有费多大劲就取得了成功。哈布斯堡帝国一分为二。

但是，要求变革的人之间出现了严重分歧。

作为历来享有特权的统治民族，自由派德意志人和匈牙利的马扎尔人要哈布斯堡帝国做出有利于自己的改变。维也纳的自由派人士认为帝国是个德意志国家，应当在德语中起到主导作用。科苏特也意识到马扎尔人要保住所得，就必须与德意志民族主义合作，他一厢情愿地希望大德意志民族主义直接与哈布斯堡王室及斯拉夫人为敌，而不侵犯匈牙利人的势力范围。在捷克，摩拉维亚和西里西亚的议会对布拉格的自由派代表三个省说话的自以为是深为不满。这三个省是在1815年未征得当地人同意就被并入德意志邦联的。西里西亚以德意志人为主，摩拉维亚的捷克人虽然占多数，但缺少一个文化中心，只能居于德意志人之下。比较而言，这两个地区的德意志人和捷克人不像他们在波希米亚的同胞们那么团结，尚未城市化的天主教徒们政治上也还不够机敏。1848年，牢记着神圣罗马帝国往昔光辉的德意志人致力于建立"大德意志"，其呼声一时之间非常响亮，在他们的宏大规划中当然包括了波希米亚全境。

此时，波希米亚政界最有影响力的人物是历史学家帕拉茨基，他从20年代起就在布拉格从事学术研究与政治活动。作为路德派的摩拉维亚人，他应法兰克福的德意志自由派之邀，为德意志邦联（包括波希米亚全境）起草一部民主宪法。他的反应出乎各种政治势力的意料，同样是在4月11日，他给法兰克福的议会送去一封回信，拒绝合作：他是一个斯拉夫人的后裔；捷克人的家园从来不是德国的一部分；为了保护多瑙河各民族免受来自东方的俄国的"亚洲分子"的奴役，奥地利的存在是中欧的必需，而泛德意志议会肯定会削弱奥地利。帕拉茨基认为，应该在各民族享有平等权利的前提下，由一些自治邦组成奥地利联邦，而且这些自治邦不必以民族主义的标准来划分，而是以哈布斯堡帝国的历史行省为基础。这可能是革命以来哈布斯堡王室所接收到的最积极的信号了，同时又是捷克民族观点的第一次明确界定。

但是，哈布斯堡王室没有确定的政策，它只是在努力求得生存。到了5月，以比利时宪法为蓝本急匆匆炮制出来的法律草案公布了。维也纳的激进派大为不满，学生与工人组织起来，成立了"中央政治委员会"和国民卫队，强烈要求实行男性公民普选权。政府对此只是步步妥协，霍夫堡中的哈布斯堡王室不免联想到法国大革命时的旧事。61岁的温迪施格雷茨在返回波希米亚之前，对处于风暴中心的王室表示担忧，苏菲也哀叹："我们在这里，就像落入陷阱中的老鼠一样动弹不得。"几天后，皇家马车夫驾车离开霍夫堡，看上去只不过是一次下午的出游，但普拉特的游人们没有见到任何皇室成员。马车折向西边，一路飞奔出城，日夜兼程，直抵因斯布鲁克。王室怯懦的逃离使维也纳自由派的温和分子深感失望，转而与激进学生联合在一起，组成公安委员会，指挥革命的进程，兼以监视仍然留在维也纳的大臣。对于其他享有特权的主导民族，哈布斯堡王室也是一味地妥协。

在意大利，文化与经济都较发达，其浓郁的世界主义色彩并不妨碍意大利人的民族自觉。烧炭党像野火一样在半岛各地秘密活动，"青年意大利"则团结了各个阶层的人共同参与民主运动。1842年首次演出的威尔地的《纳布科》取材于古代尼布甲尼撒二世的故事，意大利人在犹太囚徒祈求解除监禁的合唱中读出了自己要求摆脱外族统治的爱国主义愿望。1848年，面对群情汹涌的北意大利，德高望重的拉德茨基元帅被要求对反叛及随之而来的撒丁王国的入侵不作任何抵抗。奥地利政府提出将伦巴第割让给撒丁，给威尼斯以自治，但被寸步不让的意大利人拒绝。他们要求奥地利放弃所占的所有意大利土地。

拉德茨基元帅没有听从维也纳政治家们的命令，打算用武力恢复哈布斯堡帝国。另一方面，意大利人对的里雅斯特的要求又掀起了蒂罗尔人的爱国主义情绪。激进的学生离开了街垒，与昨天还被视为仇敌的帝国军队并肩作战，抗击意大利人。

但是，尽管哈布斯堡王室用从属民族来对付马扎尔人和德意志人，却从未认真地考虑过与从属民族合作，也不曾关注过它们的历史命运问题。因此，对这些民族意识已经觉醒的民族，皇帝的做法缺乏既定的方针，最典型的莫过于克罗地亚。1848 年 3 月，就在斐迪南批准匈牙利的《三月法令》之前，克罗地亚巴昂（总督）的职位刚好空缺，皇帝任命了一个对匈牙利深恶痛绝的、彻底的"伊利里亚"分子耶拉契奇，并兼任克罗地亚部队总司令。但当耶拉契奇戏剧性地断绝与匈牙利政府的一切联系时，王室对这个不听话的巴昂任性而为所制造的麻烦颇为头痛。因为包贾尼内阁依然忠于哈布斯堡王朝，而且为了抵抗南方的意大利人，帝国还希望得到精锐的匈牙利部队的支援。为此，帝国甚至一度令耶拉契奇停职。之后，随着形势的变化，苏菲公爵夫人在日记中又称克罗地亚巴昂为"令人钦佩的耶拉契奇"。

维也纳的天气变幻莫测，突如其来的大风会不落痕迹地转为树枝轻柔的拂动。表面的一片和谐中，又可能不动声色地酝酿着不知何时会袭来的寒意。美丽而短暂的春天随风而逝，1848 年的维也纳步入夏季的时候，革命的风向再次转变。

波希米亚在哈布斯堡帝国处理与斯拉夫民族关系问题时处于特别

重要的地位。这块美丽富饶的土地在中世纪炼金术时期就以采矿业、玻璃业和纺织业闻名，更是一块充满自由精神的土地。15世纪与神圣罗马帝国为敌的胡斯被焚而死之后，波希米亚才与奥地利、匈牙利联合而为哈布斯堡帝国，但被焚的是肉身，点燃的却是后来者追求独立与自由的精神，这里的新教徒始终在精神上与反宗教改革、支持耶稣会的哈布斯堡王朝保持距离，启蒙运动以来，其文化上的复兴更加明确了捷克民族的自我认知。19世纪，从中欧直至俄国，泛斯拉夫主义首先在知识分子、学者和诗人中普遍传播。作为欧洲各民族和语言集团中人数最多而文化经济又相对落后的一个族群，斯拉夫人经历了历史上的大迁徙和分化之后，承认广泛分布于中欧东部和东欧的各斯拉夫民族共同的种族背景，谋求实现共同的文化与政治目标。1848年6月，在帕拉茨基的倡议下，斯拉夫人大会得以召开，要求在奥地利实现民主政治和民族平等。帕拉茨基是个全心全意的人民公仆，但却不相信人民的力量。他希望斯拉夫人大会能与法兰克福的德意志民族主义者相抗衡。大会以宣誓效忠哈布斯堡王朝和要求成立奥地利联邦帝国的改革方案开始，并希望促进奥地利国内各斯拉夫民族之间的进一步联合。大会为长期以来从属于其他民族的人们描绘出平等、和平与团结的前景。布拉格沉浸在微醉的兴奋中，但是奥地利境外的斯拉夫人也列席了大会，他们强硬地要求这里的人接受泛斯拉夫主义，而这必将影响分化哈布斯堡君主国。在降灵节的周末，一些偶然爆发的小火花引发了骚动，部队处于警戒状态，局部地区的冲突迅速升级。布拉格在几天里死伤达四百余人，很多人在混乱中无辜受害。其中一个牺牲者，正是布拉格驻军总司令温迪施格雷茨的妻子。她在窗前向外张望的时候，一颗流弹飞过，夺走了她的生命。温迪施格雷茨接受了布拉格街头的挑战。咖啡馆革命家发现自己遇到了一个心硬如铁的将军。布拉格的全部军队从城中撤出，然后在大炮的掩护下，一个街区一个街区地重新占领布拉格的每一条街道。1848 年革命发生了重大转折，军队现在掌握了主动权。温迪施格雷茨冷酷无情地击碎了波希米亚自治的希望，法兰克福议会里的德意志人对此深表欢迎。从圣彼得堡，沙皇尼古拉一世——这一年的革命唯一没有吃苦头的欧洲君主，自视为梅特涅之后当然的旧秩序的守卫者——向温迪施格雷茨的胜利表示祝贺。考虑到捷克人对哈布斯堡的忠诚，宫廷本应对"布拉格的征服者"过头的行为稍加申斥或约束，但斐迪南皇帝签署了一封语气温和的信，毫不顾及那些从属的然而却是忠诚的民族。人民从此知道，不可以指望主子来解放奴隶。

# 四、1848：改变世界的开始

1848 年发生的事情深刻影响了弗朗茨大公对世界的看法。南方的战争爆发后，他自认为首先是一个士兵，当国家处于危难状态时，理当身先士卒。在温迪施格雷茨的支持下，苏菲不得已同意自己"最珍贵的宝贝"前往意大利，在拉德茨基元帅麾下作战。他在 4 月底到达维奥纳的奥军总指挥部，第二天就随同拉德茨基元帅外出侦察敌情。元帅已有 82 岁，却必须承担起如此重大而不讨好的任务。好在到了 5 月，维也纳政情变化，强硬派势力增强，决定立即增援意大利的奥军，军心为之一振。

弗朗茨·约瑟夫离开课堂还不过两个月，年轻的心充满了对王朝前景的展望，他在给母亲的信中慷慨陈词，要"把皮埃蒙特人驱逐出两省，让哈布斯堡的双头鹰展翅飞翔"。在维奥纳附近的桑塔·露琪亚村，几枚炮弹在弗朗茨的身边爆炸，引起随行人员极大的恐慌，但这个年轻的大公却异常冷静，仿佛完全不在意一样。他受到元帅的赞许，并有机会认识了其他高级将领，其中有一位出色的指挥官菲力克斯·斯瓦岑贝格（他的姐妹正是温迪施格雷茨那不幸的妻子），将会在未来的奥地利政治中发挥重要作用。

已经避居因斯布鲁克的苏菲要求儿子离开意大利，理由是他必须更加关注匈牙利的情况。因此，6月初，弗朗茨从意大利来到因斯布鲁克，与家人重聚。苏菲"最珍贵的宝贝"毫发无损地回到她身边，如果有什么变化的话，那也是儿子的英勇、冷静所赢得的赞誉。

但事情毕竟发生了变化，宫廷政治力量此消彼长，梅特涅的辞职意味着斐迪南皇帝地位不保。苏菲长期以来苦心经营的事业转眼间就要成为现实。弗朗茨·约瑟夫这个尚不满18岁的少年就要被推到哈布斯堡王朝最引人注目的位置上。

因斯布鲁克是蒂罗尔省的首府、阿尔卑斯山区的交通枢纽，南通意大利，北达慕尼黑。哈布斯堡王室最有名的帝王马克西米连一世和玛丽亚·特蕾西亚女王都在这里的人民中享有崇高的声望。女王曾在这里为儿子举行了婚礼。恰在同时，传来了女王的丈夫、神圣罗马帝国皇帝弗朗茨一世的死讯。悲与喜的交集使因斯布鲁克人更加尊敬女王既慈爱又坚强的性格，这里的居民对哈布斯堡王朝非常忠诚，这也是苏菲选择因斯布鲁克为避居地的主要原因。

弗朗茨·约瑟夫到达因斯布鲁克一周以后，他的姨母、巴伐利亚大公夫人带着自己的两个女儿也来到这里，这是弗朗茨第一次见到自己的两个表妹：14 岁的海伦和 10 岁的伊丽莎白。弗朗茨的小弟弟卡尔·路德维希非常喜欢伊丽莎白表妹，而依旧沉浸在意大利战场上血与火的记忆中的弗朗茨对脸庞圆圆的茜茜（伊丽莎白）并无特殊印象。在他眼中，茜茜还只不过是个小姑娘，天真烂漫，无论走到哪里，总有一只小狗和一只金丝雀相伴。

1848 年将改变弗朗茨·约瑟夫一生的轨迹，他将被赋予管理一个帝国的重责，而且在因斯布鲁克与茜茜公主的相遇，将是欧洲最有名也最令人伤感的浪漫史的开端。

# 第三章
# 年轻的皇帝：现实与梦想

## 一、匈牙利革命：诗家的巨大能量

1848 年夏季，匈牙利依旧忠于哈布斯堡王朝，史蒂芬公爵继续任帕拉丁，包贾尼内阁甚至准备对耶拉契奇让步。内阁中，除了被称为"人民之父"的塞切尼之外，另一个引人注目的人物便是被称为"智者"的戴阿克。戴阿克早年习法律，后以要求匈牙利政治解放和内部改革而出名，见解高明，具有无可非议的高尚品格和渊博的法律知识，应包贾尼之请入阁，任司法部长，起草了《四月法令》。

但是在哈布斯堡宫廷看来，所有的匈牙利人都是可疑的，特别是如果《四月法令》实施了的话，马扎尔大地产主将继承德意志化了的波希米亚贵族的特权地位，那么后果必然是权力格局的变化，帝国的政治中心将从维也纳移往布达。因此，宫廷愿意看到匈牙利境内的斯洛伐克人、罗马尼亚人等反抗马扎尔人的特权地位。到了 6 月中旬，匈牙利南部地区就爆发了冲突，整个夏季一直在持续。科苏特从来不会妥协，作为财政部长，他要求议员们同意拨款建立一支部队，以应对克罗地亚人和塞尔维亚人叛乱的危险。

7月22日，维也纳召开了立宪会议，这也是奥地利的首次帝国议会。新选出来的代表来自全国各个地方，除了战火中的伦巴第和威尼斯两省以及有独立议会的匈牙利。政治洗礼之后，人们似乎开始承认现实：捷克人忌讳德意志民族主义。温和派德意志人担心帝国会被激进派分裂或者沦为斯拉夫人的工具，所有的中产阶级自由派又都担忧"无产阶级"的激情，于是他们愿意进行妥协；而哈布斯堡王朝本身一度虚弱到愿意认可任何人，只要对方承认它的存在，现在，王朝为了抵御咄咄逼人的匈牙利人和进行在意大利的军事行动，仍然需要得到各种支持。

在立宪会议召开后的第三天，拉德茨基元帅在意大利的一次军事行动中击败了皮埃蒙特人。帝国政府因此避免了向国王卡尔·阿尔贝特寻求和解的命运，也不再需要从匈牙利人那里得到军力支援，甚至意大利的奥军还可抽调出一部分来增援其他地区，避居因斯布鲁克的王室可以考虑回到维也纳了。

8月，弗朗茨·约瑟夫在香布仑宫度过了18岁生日，父母送给他两支精致的海泡石烟斗作为礼物。这时，革命已陷入低潮，立宪会议的会场——维也纳的皇家骑术学校外的狭窄街道上，不时会有发生争执的人扭打在一起，但总的说来，形势渐趋平静，各民族之间尽管仍有利益冲突，但人们毕竟已经坐在一起了。一个激进学生提出的农业问题在会议中得到了充分的讨论，最后通过的法案解放了农民，从而完成了约瑟夫二世的改革，并且也将是立宪会议和1848年革命最具影响的成就。哈布斯堡帝国的社会状况立即发生了根本性的改变：地主不再把农民捆到土地上，土地所有权集中到少数较富裕的农民手上，有助于实现规模经营，进行农业生产技术的革新，而且由于在解放农民时得到了赔偿，握有大量资金的大地产者可以逐利于工商界，转变为资本家，拥有多种产业，实力更加雄厚。

小土地所有者变卖产业，涌入城镇地区。因此，处于上升阶段的资本主义生产得到了一个稳定的劳动力供给。而原本主要是德意志人聚居的市镇现在被大量进入的其他民族改变了其民族组成和性质。对于革命来说，最关键的在于农民的态度，一旦农民从封建义务中解放出来，他们与贵族之间的阶级关系就不存在了。一贫如洗的农民涌到了城镇，富裕农民则扩大了自己的产业。他们立即对革命失去了兴趣，转而成为保守阵营之一员，关注保护现有秩序，并让自己的孩子通过受教育进入更高的社会阶层。城市产生了新的冲突点：初来乍到的农民往往是捷克人、斯洛文尼亚人或波兰移民。他们一无所有，只能为别人做工，而雇主则多是德意志人。伴随着城市化的进程，人们的居住方式和生活方式正在发生着巨大的变化。新移民和老居民之间、不同民族的人之间种种差异之处成了人们彼此反感甚至争斗的根源。阶级斗争与民族冲突互相强化，使城镇产生了复杂的社会问题。

帝国政府亦获益良多。一方面，废除贵族的世袭司法裁判权加强了帝国官僚体系对地方政治的控制，进而意味着中央集权的政治格局；另一方面，对农民的解放是昔日的"改革帝王"约瑟夫二世的首倡，并由帝国官员来实施，实际上加强了农民对王室的忠诚。由于贵族纷纷转而从事工商业，富裕农民受过教育的子弟开始大量进入帝国行政管理体系，双方结合得更加紧密。

利益受到损害的是小乡绅们，他们的产业无法照旧经营，获得的补偿又不足以使他们转成资本家。这个阶层在匈牙利人数很多，所以这种状况对匈牙利政治进程影响最大。

在革命过程中，青年知识分子和边缘知识分子起到了显著的作用。前者多为激进学生，如维也纳大学生的"学术团"就颇有战斗力，后者中表现最突出的是新闻记者。这已经是一个民众的时代，交通更加发达，通信网络更有效率，文字一方面还带有中世纪以来的那种神圣性，另一方面，又可以在很短的时间里四处流传，无论是真理还是谣言，都会被一股脑儿地接受下来，再以语言交流的方式演绎为不同的版本。越来越多的人通过教育上升到较高的社会阶层，但对下层社会贫穷、无权的状态记忆犹新，而且社会的落后状态使他们自己也难以得到较好的对待，所以他们自然而然地站在了激进的民主派那一边，呼吁改造社会。在匈牙利叱咤风云的科苏特也是新闻记者出身，而在革命中最有名的则是诗人裴多菲。

裴多菲

裴多菲是匈牙利最伟大的诗人之一，是自由的象征，此时才不过25岁，却已经有极丰富的经历。他读过8所不同的学校，中学时就对演戏与文学表现出浓厚的兴趣，一度跟着一群流浪艺人四处漂泊，还当过兵，不过很快就因病退伍了。年少的时候，他就徒步走遍了匈牙利的许多地方，青山绿水赋予他自然的养分，世故人情抹不去激情满怀。他的诗篇生动活泼，不事雕琢，富于自然风韵，其直截了当却简洁、明快、有力的风格像是一阵疾风，颇为惊世骇俗，令他在19世纪40年代的匈牙利文学界迅速成名。1847年，他与森代里结婚，幸福的爱情生活使他写下了最优美的情诗，至今传唱不衰。

国家不幸诗家幸，这个混乱不堪的时代正是意志与信念可以创造奇迹的时代。裴多菲怎么可能只管风花雪月，不顾社会巨变呢？他是法国大革命的热情支持者，和欧洲许多知识分子一样，他不满社会的不平等现状，抨击贵族和王室的特权。他用诗人的热情进行政治活动，成为一个受灵感鼓舞的煽动家，却缺乏政治人物的经验与手段。因此，尽管他的诗歌影响广泛，写于革命前夕的《起来，匈牙利人》更是成为一首革命的颂歌，但他还是没能在国会中争取到一个席位。

1848年秋季悄然来临，科苏特在匈牙利的声音愈来愈响亮，以他为首的自由派表示拒绝承担帝国的债务，匈牙利将只与奥地利帝国的其他部分保持一种私人的关系。塞切尼、戴阿克等温和派却没有他那么信心十足，维也纳最头痛的就是缺钱，绝对不会批准这种妄图两头占便宜的做法。但自由派的坚定意志和雄辩的沙文主义宣传在群众中颇得人心，在狂热的欢呼声中，谁还会有耐心去听温和派吃力不讨好的说教呢？悲剧已经拉开帷幕，戴阿克深感无能为力，率先辞职。

以大公夫人苏菲为核心的宫廷集团看到科苏特陷于孤立，觉得是个大好时机，没有与任何大臣商量，就任命耶拉契奇对擅自行事的匈牙利政府采取行动。此前，耶拉契奇就在军事大臣拉图尔的授意和支援下，以保护克罗地亚与波斯尼亚边界上的军屯户为名，做好了军事准备。9 月 11 日，他率一支克罗地亚军队渡过德拉瓦河，向北迅速推进到巴拉顿湖地区，向 150 里以外的布达佩斯进军。

克罗地亚人的入侵使马扎尔人非常愤怒，科苏特在国会中提议立即拨款组建一支 20 万人的部队，获得通过。帕拉丁史蒂芬公爵用心良苦，任命莱姆堡伯爵与耶拉契奇谈判，可是沸腾的民族主义情绪夸张了被侵略的危险，更何况，作为统治民族，马扎尔人如何能够忍受一向低人一等的藩属国民一变而为咄咄逼人的侵略者？9 月 28 日，莱姆堡被一群暴民在佩斯街头折磨致死。暴力与狂热已经驱走了理性与宽容。包贾尼也已辞职，"人民之父"塞切尼全力防止内战，以致精神失常，再也没能复原，在维也纳近郊的精神病院度过了他生命中最后 12 年的岁月。尚在维也纳的史蒂芬公爵受到宫廷敌意的对待，已经在考虑辞去帕拉丁的职位。到了 10 月，在拉图尔的建议下，斐迪南皇帝允许耶拉契奇统率全部在匈牙利的奥军，并在帕拉丁不在场的情况下代行其职权。马扎尔乡绅们的民族热情使科苏特得到了一次机会，在年轻有为的将领戈尔盖的指挥下，匈牙利军队不仅抵挡住了耶拉契奇的进攻，还把他赶出了边界。

战争使人们天性中残暴的一面得到了淋漓尽致的表现，暴行迅速蔓延到斯洛伐克、特兰西瓦尼亚和伏伊伏丁那。马扎尔人对从属民族犯上作乱绝不手软，而历来受压迫的人们也毫不留情，仇恨像骤然喷发的火山，湮没了仅存的理智。

9 月，维也纳的立宪会议开始讨论是否接受匈牙利代表的问题，这也是历史上第一次公开提出"奥地利问题"。对于和匈牙利人的关系，激进的德意志人决意接受科苏特的建议，即在匈牙利和帝国其他部分之间仅有一种私人性质的关系，甚至加利西亚的波兰人也可获得独立。也就是说，将在欧洲出现一个紧密相连的、有机的德意志民族国家；温和的德意志人既希望其成为德意志国家的组成部分，同时还想保留帝国的整体性，他们赞同对匈牙利以外的帝国领土实行强硬统治，而匈牙利人必须接受帝国国会在财政、军事和外交方面的安排；捷克人是联邦主义者，既不想接受中央集权，也不想接受科苏特的计划，他们希望布拉格的议会能与布达佩斯的匈牙利议会平起平坐，否则就意味着接受马扎尔民族国家，其他斯拉夫族人将继续成为被统治的二流民族。总的说来，尽管捷克人不喜欢中央集权，但他们更担忧法兰克福的德意志民族主义者，为此，他们也会支持加强帝国的控制力量，以使他们免受冲击。因此，奥地利斯拉夫主义和大奥地利主义结合起来，共同抵御主导民族的权利要求。

## 二、十月革命：皇家的仓皇出逃

维也纳政治气温在深秋突然升高。帝国政府为了支援耶拉契奇，从维也纳调了一个团，打算用火车运到匈牙利。但部队发生哗变，枪声四起，这一天是10月6日，星期五。到了中午时分，骚乱已经蔓延到维也纳市中心。

维也纳10月的革命旨在捣毁奥地利帝国，分别建立作为民族国家的德意志和匈牙利。这使它成为整个一年中最为激进的一次革命，但是，法兰克福议会已甘居于普鲁士人的保护之下，匈牙利人则处在科苏特及新建立的"公共安全委员会"的领导下。其国民自卫队追赶耶拉契奇时越过了边境，一度逼近维也纳，在那里他们遇到了奥地利正规军，便立即后撤。

安全问题再度成为王室严重关切的问题。怒气冲冲的工人和学生四处搜寻维也纳最不受欢迎的两个人：自由派改革者、司法大臣亚历山大·巴赫以及军事大臣拉图尔。巴赫换上女人的衣服，溜出了维也纳。拉图尔被骗出办公室，一场暴行就当街发生了。暴民们抓住并刺死了他，剥去他的衣服，将尸体绑在安霍夫广场的一根灯柱上，而这里距霍夫堡只不过 1/4 英里。消息传来以后，霍夫堡加强了戒备。温迪施格雷茨早就认为王室有必要再次离开维也纳，不要再去阿尔卑斯山区省份，而是向北走，而且要在军队的严密保护之下离开，以便让他有机会像在布拉格一样，给这些不听话的叛民一个教训。

皇家的车队再次踏上旅途。维也纳的骚乱、拉图尔的惨遭杀害使弗朗茨·约瑟夫在漫漫旅途中陷入深思。不久之前，他还在课堂上被教以君主应当负起的责任。当他和母亲坐着马车驶过普拉特公园时，人们会向他们欢呼致意，街边咖啡馆里慵懒的弦乐会轻快地转到歌功颂德的曲子上去。但是，忽然间人民不再需要他们的君主了，忠诚仿佛只存在于因斯布鲁克、萨尔茨卡默古特的湖光山色之间，只存在于摩拉维亚、蒂罗尔的人民之中。他在迷惑中已经将维也纳的学生与工匠放在某种对立的位置上，并且在后来的岁月中继续保持着对他们的怀疑，对意大利人和匈牙利人他更是视作天然的叛逆者。

大部分内阁成员和立宪会议的议员都随着皇室前往摩拉维亚的奥尔穆茨。温迪施格雷茨在维也纳郊区集结了大量的兵力。大约 1/4 的维也纳市民及时逃出危城，有些向北往摩拉维亚而去，只有郊区的利奥波德广场还有一处堡垒。一直受困于匈牙利部队的耶拉契奇很高兴能够脱身，前来维也纳的街垒大显身手。维也纳的十月革命旋即被镇压下去，大约有两千维也纳人在战斗中死去，25 个被指认为头领的人随后也被枪杀。寒冬降临维也纳，整个城市都握在温迪施格雷茨的铁手中。欧洲激进主义者的计划已没有可能实现，帝国政府取得胜利以后，任命温迪施格雷茨为对匈作战的总指挥，并宣布反对法兰克福议会，拒绝英国就意大利问题进行调解，奥地利将不会在意大利做出任何妥协。

多瑙河上水汽氤氲，带来一股清新的凉意。11 月本来是维也纳人品尝新酒的季节，郊外农舍的大门上会早早挂上一段松枝、枞枝或冬青编成的花环，表示本户酿造的新酒已经上市。往年，前来买醉的人早早就呼朋引伴地来到各自喜欢的海利根酒馆，但是这一年的维也纳一片肃杀之气，这样的快乐竟成了记忆中的奢侈享受。

一度极其虚弱的奥地利帝国现在被军队的力量重新塑造为中欧强国，这在哈布斯堡王朝的历史中是少见的。两个世纪以前的三十年战争期间，叱咤风云的将军华伦斯坦破例成为举足轻重的政治人物，但却自行其是，遭皇帝抛弃，最后被英国军官用戟刺死。其波澜壮阔的悲剧人生被席勒写成了著名的戏剧《华伦斯坦》。自那以后，将军们从未有机会在政治上起过主宰性作用。1848 年，三位被认为拯救了哈布斯堡王朝的军人在奥地利形成三足鼎立之势：温迪施格雷茨、耶拉契奇和拉德茨基。其中，拉德茨基一向尽量远离政治，专注于军队事务，是德高望重的民族英雄。他抱怨温迪施格雷茨的政策太过反动；温迪施格雷茨则一向关注政治，自从赢得苏菲的信任以来，连续在布拉格和维也纳镇压了人民革命。不过，作为最高指挥官，他的才能平庸得很，而且对拉德茨基在意大利库斯托扎取得的决定性胜利很不以为然；耶拉契奇地位较为低下，其他两人对他的政治忠诚颇有怀疑。

将军们并没有试图建立一个军事政权。大部分内阁成员转到奥尔穆茨，立宪会议的代表们有一个月的期限可以赶到奥尔穆茨附近的克雷姆泽，主教宽敞的夏宫足以容纳他们共议国是。但是，温迪施格雷茨对奥地利政治的影响仍然不小，至少他确保了其内弟菲力克斯·施瓦岑贝格被委任为首相。

## 三、力挽狂澜：首相施瓦岑贝格

虽然出身于奥地利最高贵的家族，施瓦岑贝格却对传统或贵族制度并无多少尊敬之意。年轻时，他在梅特涅的扶持下任职于奥地利驻欧洲各国使馆，有足够的技巧与各国政治人物打交道。对温迪施格雷茨的政治前程来说并不美妙的一点是：施瓦岑贝格作为拉德茨基元帅的部将，与之一起在意大利共同度过 1848 年革命风暴。因此，不同于一般的政治家，他忠诚于奥地利军队，并且反对温迪施格雷茨那种极端的托利主义，而倾向于宪政主义。总的来说，施瓦岑贝格是一个强有力的人，无论在个人生活还是政治方面都是如此。作为未来的政治领袖，他自己没有太多主意，但却善于领会并采纳其他人好的想法，任用部下时不计前嫌，只重能力。

在施瓦岑贝格的内阁中，各人都有不同的背景和观念。保守派对

施瓦岑贝格

阁员们多多少少有一点自由派的背景颇不以为然。内政大臣斯塔迪翁伯爵出身贵族世家，忠于哈布斯堡王朝，却是一个坚定的自由派，笃信议会政府，任加利西亚总督时政绩颇著。司法部长巴赫是个没有正式头衔的律师，一度站在学生和工人一边，后来被维也纳激进派看作叛徒，惊险逃生后，证明是最有能力使奥地利迟缓而缺乏效率的官僚机构运转起来的人。贸易部长布鲁竟是来自莱茵兰的经济巨头，正是他证明了的里雅斯特作为港口的重要性，还创造性地提出了在奥地利和德意志领导下，建立中欧经济联盟的前景。

在外交方面，施瓦岑贝格既不像梅特涅那样依靠俄国，也不像梅特涅垮台以后的奥地利外交官那样指望英国，而打算与刚刚成为法兰西共和国总统的路易·拿破仑接触，重新将奥地利对外政策的重心转向西欧。半个多世纪以来，不断发生革命的法国已经成为欧洲保守势力的噩梦，但施瓦岑贝格对与波拿巴政府的合作颇有兴趣。

乱世中成长起来的路易·拿破仑是拿破仑一世弟弟的孩子。那个伟大的科西嘉人在英国人的严密看护下渐渐丧失生命力的时候，他的儿子、后来被称为赖希施塔特公爵的年轻人正在奥地利宫廷中被小心翼翼地与雅各宾主义隔绝开。1832 年，赖希施塔特死于香布仑宫，他的堂兄弟路易便认为自己有权取得法国王位。他的流亡生涯多姿多彩，既接受了军事训练，还研究过经济和社会问题，参加或策划过叛乱、政变、越狱，被法国、瑞士等国驱逐、流放、监禁，最终在 1848 年的革命风潮中凭借他的姓氏、阅历和冒险精神进入议会并当选为法国总统。施瓦岑贝格政府的自由派色彩是他与法国接近的内在原因，他的目标是使弗朗茨·约瑟夫受到革命的影响，成为奥地利的拿破仑。

这一时期，施瓦岑贝格对弗朗茨·约瑟夫很有影响力。他比弗朗茨的父亲大两岁，游历广泛，经验丰富，尽管斑疹伤害已经在他的脸上留下了些许疤痕，但在刚刚成人的弗朗茨眼中，岁月的沧桑只是令这位 48 岁的骑兵军官更加成熟而富于男子气概。这两个人至少在一点上是相同的，尽管出于不同的原因：他们都不相信理想、信念这类东西。施瓦岑贝格太聪明了，所以可以超越原则的束缚，弗朗茨则视野太过狭窄，以至于他不能理解许多观念。

出任首相后，施瓦岑贝格的要务就是促使斐迪南皇帝让位于他的侄子弗朗茨。皇帝是个意志薄弱的人，皇后、萨伏伊的玛丽亚·安娜嫁来哈布斯堡王室已经 17 年了，如果她对权力有过什么想法的话，也已经在这漫长的岁月中学会了接受现实。与其让自己好脾气的丈夫继续作为傀儡和笑料留在霍夫堡，还不如把帝国交给年轻人，把宁静无扰的生活留给自己。经过 1848 年革命，玛丽亚·安娜眼看着完全不适合承担一个大帝国责任的斐迪南在形势的逼迫下一步步后退，处处妥协，即使帝国风平浪静后，斐迪南的让步也会使他受到方方面面的牵制。因此，玛丽亚·安娜同意苏菲的看法，即是该斐迪南退位的时候了。但出于自尊，她不希望事情的进展好像是她的丈夫失去民心而被赶下台，所以，退位诏书应当谴责1848年中诱使斐迪南做出退让的那些革命领袖。这样新皇即位之后，可以不必受1848年的某些妥协的束缚，斐迪南的政策就不会影响到帝国社稷之根本。

温迪施格雷茨非常赞许皇后的看法，但是，施瓦岑贝格自有其打算。在立宪会议发表演说时，他丝毫没有谴责1848年革命的意思，表示政府将在实行代议制的运动中"身先士卒"，"真诚而毫无保留地"要求实现君主立宪。

## 四、新皇上任：奥地利的拿破仑

奥尔穆茨镇因为接待王室和随之而来的许多机构而突然变得拥挤不堪。12月1日，波希米亚总督温迪施格雷茨、克罗地亚总督耶拉契奇也从维也纳赶到这里，出席即将进行的重大庆典。帝国另外一位重要人物、伦巴第总督拉德茨基元帅忙于意大利的战事，无法脱身。当天晚上，温迪施格雷茨与首相就退位诏书进行讨论，其中谴责了革命和动乱，情况看上去比较令人满意。

一切都在机密状态中进行。从突然间到来的大人物和突然间换上最隆重服装的部队来看，肯定是有大事即将发生。但即使是弗朗茨·约瑟夫的弟弟马克西米连大公，也不过猜想他的哥哥可能会被授以波希米亚暨摩拉维亚总督之衔。

匆忙之间，又处于多事之秋，许多重大事情只能临时决定。直到12月1日，各方才商定未来皇帝将不是拟议中的"弗朗茨二世"，而成为"弗朗茨·约瑟夫皇帝"，希望合"好皇帝"弗朗茨与"改革帝王"约瑟夫二世于一体，体现尊重传统与致力改革的双重意义。12月2日对哈布斯堡王朝来说也不是个吉祥的日子。1804年的这一天，拿破仑一世加冕为法兰西帝国皇帝。差不多一年之后，法国在奥斯特里茨大战中击败奥地利与俄罗斯联军，奥地利陷于空前的危机。但施瓦岑贝格并不避嫌，甚至这正是他的目的所在——使弗朗茨·约瑟夫成为革命的产儿，像那位伟大的科西嘉人一样，建立一个同样强大的中央集权制国家。

12月2日上午，皇室成员、内阁大臣和两位总督聚集在摩拉维亚主教的宫中，斐迪南皇帝接过施瓦岑贝格递过来的一张纸，用疲惫不堪的声音宣布放弃其奥地利皇帝和匈牙利、波希米亚及伦巴第国王的头衔。但是，温迪施格雷茨发现，退位诏书与他前一天看到的文稿已经大不一样，略去了其中谴责1848年革命的部分。显然，施瓦岑贝格不希望改变已经发生的历史进程，尤其不愿意将内阁已经获得的权力再还给王室。

接下来，施瓦岑贝格宣读了斐迪南的弟弟、弗朗茨的父亲的弃权声明，认为此一重大历史阶段，应当由一个更年轻的人履行管理奥地利帝国之职，皇室、军方及内阁都对新皇表示支持。

弗朗茨大公——现在已经是弗朗茨·约瑟夫皇帝了——跪在前皇帝斐迪南面前，祈求赐福。斐迪南的手放在侄子的头顶，边画十字边喃喃地说了几句。

带有弗朗茨·约瑟夫头像的银币

　　教堂里响起颂圣的弥撒，斐迪南与妻子回到自己的住所，开始收拾行装，启程前往布拉格，度过未来30年的平静时光。

　　奥尔穆茨鼓乐齐鸣，自革命爆发以来，人们已经有些生疏于这种欢快了，一个年轻的皇帝或可给这个老大王朝带来些许清新和希望。克雷姆泽的立宪会议向新皇宣誓效忠，但是从匈牙利传来了不同的声音：科苏特宣布，皇位的更迭只不过是"哈布斯堡王室的家务事"，在布达加冕的斐迪南才是匈牙利认可的国王，除非弗朗茨·约瑟夫保证支持《三月法令》，并到布达加冕，圣史蒂芬王冠才会合法地戴到他头上。实际上，弗朗茨·约瑟夫这种多少有些违宪的做法是对匈牙利作战的一部分。匈牙利部队曾向斐迪南宣誓效忠，只要他还被认为是匈牙利国王，这些部队就没有对新皇尽职的义务。

　　据说，弗朗茨·约瑟夫在庆典结束后情绪低落，意识到无羁无绊的岁月已经离他而去，他所处位置的尊贵显赫会使无数人羡慕不已，但是他将不会有普通人任意挥霍的独立与自由。事实的确如此，尽管被出于不同目的的人推上皇位，弗朗茨·约瑟夫仍然只是个不谙世事的 18 岁男孩，在内容过时的教育过程中，他被教导要保持王朝的权力，除此之外别无其他。

1848 年，帝国处于风雨飘摇之中，恭敬顺从的人民在一夜之间变得狂暴而叛逆，王室的尊严经过两次痛苦的逃离丧失殆尽。即位以后，弗朗茨·约瑟夫始终被他在这一年中的经历所困扰，不时表现出与他的天性不符的急躁与不耐烦。他对于任何一种政治信念都抱有怀疑态度，但在两件事情上从不让步，一是加强军队力量，二是确保哈布斯堡在海外的影响。他是一个极有责任感的人，或许也是奥地利帝国最勤奋、最俭朴的公务员，但他始终对他的臣民缺乏信任，最终，他亲自为哈布斯堡帝国的分崩离析"贡献了力量"。

新皇即位两个星期以后，温迪施格雷茨率领一支 5 万人的军队从东面进入匈牙利，耶拉契奇在南部边境发动攻势。1849 年新年刚过，奥地利人就占领了布达和佩斯，科苏特政府逃往 120 里外的德布勒森。温迪施格雷茨傲慢地拒绝了匈牙利人和解的要求，他已经稳操胜券，是该给这些叛乱分子一点教训的时候了。

此时，弗朗茨·约瑟夫的帝国在军人的铁腕下得到了稳定，拉德茨基元帅在意大利、普奇纳将军在特兰西瓦尼亚都有出色表现。宫廷设在奥尔穆茨，维也纳和布拉格处在军事管制之下。但是，克雷姆泽的立宪会议不像温迪施格雷茨想象中的那么温顺，作为人民中受过教育的那一部分，他们不谙政治，不了解政治权力的运作，却始终念念不忘理想与历史，认为君权非神授，而是得自人民。只是由于经过革命的洗礼，双方都舍弃了更加激进的要求，赞同各民族在哈布斯堡帝国内和平共处。他们主要是些温和的德意志人和捷克人，前者愿意保持玛丽亚·特蕾西亚和约瑟夫二世以来的集权于中央的局面，后者则希望波希米亚地区得到更多的权力。另一方面，对于刚刚从革命中恢复过来的中央权力，德意志人想要对它进行限制，捷克人又愿意它保持足够强大，以抵御法兰克福的德意志人。但是，立宪会议对于正在发生战争与死亡的匈牙利基本不置一词，这使它成为一个虚弱的、对解决哈布斯堡王朝根本问题没有什么用处的机构。

尽管如此，克雷姆泽宪法草案规定了帝国境内的宗教自由，保护少数民族并保护个人的权利，宣布各民族绝对平等，并规划了一个所有民族在其中均拥有适当代表的联邦立法机构。正如历史学家所说的那样："无论以道德的或是理智的标准来衡量，这个文件都是为这个国家树立的代表共同愿望的唯一的丰碑。"这是哈布斯堡王朝按照民主制原则建立宪政的最后一次机会，如果能够抓住的话，至少可以使它免于1918年遭受的瓦解的命运。

但是，这么一个理想主义的文件显然不合久已丧失创造力的哈布斯堡宫廷的口味。1849年3月，施瓦岑贝格和他的阁员们决意对匈牙利采取更进一步的行动。斯塔迪翁在几个星期之前已经草拟了另外一份宪法，这时，他亲自跑到克雷姆泽，宣布皇帝陛下已经恩准他的宪法文件，代表们可以结束已经多余的工作，各回各家了。

在解散克雷姆泽立宪会议的同时，政府公布了新的宪法文件，与克雷姆泽宪法草案完全相背。帝国全部领土被置于一个中央集权的体系之下，通过直选产生一个帝国国会，由首相领导的责任内阁行使行政权力。根据民族成分，匈牙利被分为几个省，而不再享有原来的特权和独立。这是一个缺乏自由主义精神而且完全不适合的宪法，施瓦岑贝格内阁武断地使用着手中的权力。在一个没有国会、皇帝年轻而无经验的时期，自由主义的伪装被撕掉了，新的专制时期开始了。

# 第四章
# 新的专制：雄心与霸业

## 一、苦涩胜利：打了折扣的征服

自由主义与宪政的发展是 19 世纪 30 年代以来欧洲政治中的重要内容。美国 1787 年宪法成为一些自由主义者所尊崇的对象；法国在自由与独裁之间不断产生变化；英国通过了议会改革法，进行选举权改革；比利时通过革命建立了延续至今的有限君主制。1848 年革命更是催生了一些欧洲国家的立宪君主制。意大利有了一部《皮埃蒙特宪法》，萨伊依王室因而吸引了大批爱国者。普鲁士建立立宪政体。对奥地利来说，法兰克福发生的事情尤其关键。1849 年 2 月，法兰克福国民议会中的律师和法官们经过九个月的准备，起草了一部帝国宪法，其内容与精神都受益于 1787 年美国宪法，规定建立一个大德意志——包括奥地利帝国的德意志部分——或一个不包括奥地利各邦的小德意志。大德意志的主张肯定会同哈布斯堡帝国多民族的结构发生冲突，尤其不可能的是，年轻气盛的弗朗茨·约瑟夫会同意由另一个德意志国家起领导作用。因此，看来只能由普鲁士在小德意志邦联中发挥主导作用了。法兰克福议会掀起了一个请愿活动，要求普鲁士国王出任德意志皇帝。4月5日，法兰克福议会中的奥地利代表奉命撤离，以示抗议，但是，普鲁士国王腓特烈·威廉四世谨慎地拒绝了这个要求。

4月21日，俾斯麦就民族问题发表了长篇演说，认为法兰克福宪法"会使几百年用荣誉和爱国热忱建成的、完全用我们父辈的鲜血凝结起来的国家大厦"遭到破坏和倒塌。"法兰克福的皇冠，"他说，"也许十分光彩夺目，但使其光彩具有真实感的黄金要在熔化普鲁士王冠后才能提炼出来，而我不相信使用这部宪法会使改铸成功。"但是，普鲁士未来的首相并不拒绝他的国家在德意志历史上扮演主导角色。普鲁士自腓特烈国王以来的雄心壮志显然不是哈布斯堡王朝所能比拟的。1815年，梅特涅在维也纳会议上出尽风头的时候，普鲁士却获得了实际的好处，它的领土中轴线自东欧移至德意志中部和西部，成为德语居民占优势的唯一强国。在一个民族主义日盛的时代，普鲁士的这种优势在普奥冲突中发生着越来越大的作用。法兰克福宪法在普鲁士和德意志帝国的历史上还时时会被作为蓝本，远比奥地利的克雷姆泽宪法要幸运得多。

在多民族的奥地利，克雷姆泽制宪会议的解散标志着施瓦岑贝格内阁对主导民族公开打击的开始。意大利的和谈被取消，撒丁国王对伦巴第的奥地利守军发动进攻。拉德茨基以一种与其年龄不相称的速度迅速反击，只用了几天工夫就在诺瓦拉战场上取得了决定性的胜利，迫使撒丁国王在当晚宣布退位。82岁的老帅再度成为众人注目的焦点。

匈牙利战场就不这么乐观了。从不妥协的科苏特不仅摆脱了战争爆发时的孤立状态，而且获得了更多拥戴。为了获得政治支持，科苏特鼓舞起了马扎尔人的民族狂热，并在实际上把民族冲突当作一种消灭匈牙利国内的非马扎尔人的手段而欢迎它。他以新闻记者的敏锐、超群的自信和激动人心的演讲操纵了一个民族的思想感情，使他们甘愿在他如火焰一般灼人的激情指引下献身。他使马扎尔士兵相信，只要他们无情地杀死那些不同民族的平民，就能拯救自己的国家。科苏特任用了两位流亡的波兰老将军贝姆和丹宾斯基，凭借他们的出色指挥守住了特兰西瓦尼亚。年轻的戈尔盖自北方逼近，迫使温迪施格雷茨弃守佩斯。这位将军的政治生命至此为止，他被召回维也纳，并在隐居波希米亚的 13 年中，不断指责他的小舅子令他受辱。5 月，"布雷西亚的野兽"海瑙伯爵继任其职，他是拉德茨基元帅手下最能干的将军之一，但也已经因在北意大利的残暴行为而臭名昭著。

在军事胜利的鼓舞之下，4 月 14 日，匈牙利议会在德布勒森的加尔文教堂里宣布中止与哈布斯堡王朝的关系，"匈牙利及其诸属地"是一个由科苏特摄政的独立国家。对于匈牙利来说，这无疑是一种政治自杀，没有一个外国政府准备承认这个前途暗淡的政权，但对于年轻的皇帝弗朗茨·约瑟夫来说，科苏特的存在始终是他最大的心病。他是在军人的扶持下登上皇位的，急于想要被承认，更以一个 18 岁青年渴望被接纳的热切在寻求机会，承担责任。奥地利军队的力量足以战胜匈牙利人，只不过还需要一定的时间而已，但弗朗茨·约瑟夫不想被动等待，他最终采取了温迪施格雷茨曾向他多次建议过而又被施瓦岑贝格所否决的行动——与沙皇尼古拉一世会面。

尼古拉一世是冰封俄罗斯达 30 年之久的典型的独裁者。他本人是位出色的军事专家，对军队之喜爱近乎发狂，不仅日常生活缜密精确，而且以铁的纪律来统治俄国。1848 年，封闭的俄国没有爆发革命，不是因为俄国的问题不严重，而是因为俄国人还处在一个无知无觉的状态中，沙皇保守、反动的政策扼杀了变革的可能性。俄国在近东的上一次举措已经是 20 年前的事情了，现在是重出江湖的好机会，摇摇欲坠的土耳其被它认为终归是囊中物。插手匈牙利问题，可以使奥地利欠它一份人情，新皇不得不居于沙皇之下。从俄国自身的利益来说，它担忧匈牙利人一旦得逞，就会给一贯富于独立精神的波兰人树立一个榜样。科苏特手下有两个表现出色的波兰老兵，恰好可以当作俄国公开干涉的理由。

实际上，沙皇与弗朗茨·约瑟夫并非首次见面。新皇的祖父弗朗茨一世去世时，尼古拉一世曾经前往维也纳吊唁，并与大公夫人苏菲见面，小弗朗茨那时不过 5 岁。十多年后，双方在华沙再度会面，昔日的年轻沙皇已经在革命的遥远威胁下变得益发依赖纯粹军国主义和官僚主义的统治方法，而这个沉静的年轻人也已经把维护君主制度的重担扛在了肩上。沙皇被他的与年龄不相称的自我克制所吸引，而这么一个清醒地意识到自己地位的年轻人对沙皇的称誉又分外令尼古拉感觉良好。在欧洲，俄国在人们心目中还是一个遥远荒凉的东方专制国家。彼得大帝以来的历代沙皇都竭力追随着西方社会的潮流，但却始终难以成为欧洲社会的主流成员。维也纳会议上的沙皇亚历山大实际上只是浪得虚名，并未给俄国带来实际的好处。尼古拉同样对西方怀有一种既暗暗钦慕又心怀戒备的矛盾心情，弗朗茨·约瑟夫的恭敬使他作为旧秩序捍卫者的骄傲油然而生。

俄军在 2 月份曾经进入特兰西瓦尼亚，但受到贝姆将军的抵御而撤出。新的进攻则由一位波兰亲王帕斯凯维奇主持。6 月，俄国军队不仅从瓦拉几亚，而且取道加利西亚和布科维纳从波兰横扫喀尔巴阡

1849年，沙皇尼古拉一世检阅黑海舰队

山，人数是贝姆所率部队的两倍。匈牙利人士气高昂，裴多菲此时是贝姆的副官。浪漫的诗人很难说有什么军人气质，却以真诚与激情深得贝姆的喜爱。这支部队无论指挥还是组织都是极其出色的，却难敌蜂拥而至的俄国大军，7月31日败于沙斯伯格，俄军长驱直入奥尔弗尔德草原。

贝姆本人逃往土耳其，至于诗人裴多菲，则再也没有人见过他。在一个多世纪的漫长岁月里，人们都以为他已经战死沙场，直到20世纪80年代后期，苏联研究人员才在尘封的档案中发现，他和当时约1800名匈牙利战俘一起被押往俄国，直到1856年在西伯利亚的冰天雪地中被肺结核夺走生命。

或许诗人是幸运的，他可能不知道他的同胞们随后的命运。科苏特起初不肯接受失败的结果，但北有俄国大兵，南有虎视眈眈的克罗地亚人和塞尔维亚人，前途无望。到了8月初，他将职责交给戈尔盖，自己带着少量卫兵逃到了土耳其。此后的40年间，他作为流亡的匈牙利摄政漫游各国，所到之处均以争取独立自由的传奇般的马扎尔英雄受到无数拥戴。座无虚席的讲堂，人头涌动，掌声如雷，但光彩夺目的表象之下，谁能够听到梦想破碎时的声音？

科苏特出走两天之后，戈尔盖在维拉戈斯向帕斯凯维奇投降，与心狠手辣的奥地利统帅海瑙相比，他宁肯向沙皇求得庇护。果然，戈尔盖幸免于死，一直活到1916年，匈牙利则被置于军事管制之下达一年多之久。

奥地利人对匈牙利实施了残酷的报复。1848年革命期间匈牙利首届代议制政府首相包贾尼在内战爆发后积极参战，在作战时从马上摔下来，伤一臂，1849年1月被俘。虽然他素来受到尊重，在科苏特与帝国分裂之前就已退出政界，但仍被视为眼中钉，判绞刑。刑前自杀未遂，以煽动叛乱罪被枪毙。另外，还有13名在匈牙利民兵里服役的前帝国军官被绞死。在维也纳近郊的精神病院里，塞切尼眼看着马扎尔民族被浸没在复仇的洪流中。1859年，他发表反对奥地利对匈牙利的专横统治的檄文，翌年自杀。

胜利者实际上并未品尝到甜美的果实。这只不过是一次军事征服，而非政治胜利：科苏特的事业是全体马扎尔人的梦想，他们中有些人反对科苏特，但只不过是达成目标的手段有所不同。甚至这种军事征服也打了个折扣，只是由于俄国人的帮助才获得胜利，是否能持久还要靠与俄国人的交情。弗朗茨·约瑟夫是靠军人支持的宫廷政变上台的，既无经验，又急于显示皇帝的威严，甚至拒绝了帕拉丁史蒂夫大公和弟弟马克西米连大公要他宽大为怀的忠告。结果，处死前首相和前帝国军官的行为只是为马扎尔人造出了一批深入人心的民族英雄，并使奥地利和皇帝本人在国外的形象受损。50年代的匈牙利，消极抵抗成为一种生活方式。富裕的地产主和贵族、知识分子以及城镇居民不到收税官找上门来就不会去缴税。没有人会真实汇报自己的收入状况，只有那些实在藏不住的东西才会被上交给政府。最有教养的人也会假装不懂德语，迫使官员用匈牙利语与其交流。而所有的问题答案都是"我不知道"或"我什么也没看见"。

匈牙利人投降半个月之后，威尼斯共和国弹尽粮绝，也向拉德茨基元帅投降。相对而言，意大利人是幸运的，年高德劭的元帅并未向任何一个城市复仇。在维也纳，元帅成了万众瞩目的偶像，霍夫堡为他举行了盛大的庆祝会。老约翰·施特劳斯上一年谱写的《拉德茨基进行曲》已经成为最流行的旋律。人们期待他为庆祝会再谱新章，但是，46岁的作曲家被突如其来的猩红热袭倒，三天之后便去世了。于是《拉德茨基进行曲》被人们一遍遍地演奏，百听不厌，成为老约翰·施特劳斯的进行曲中最受人喜爱的一部。


## 二、分道扬镳：自家兄弟的冲突


专制统治在军事占领的保障之下已无障碍。10月17日，海瑙作为匈牙利的军事和行政总督、拉德茨基元帅作为伦巴第暨威尼斯地区的首脑的地位再度被确认下来。耶拉契奇在萨格勒布继续控制着克罗地亚，布拉格、克拉科夫、维也纳都处在军事管制之下。整个哈布斯堡君主国被划分为六个军事大区，各区都由一位将军担任最高领导人。没有人再理会斯塔迪翁宪法草案，宫廷和政府都以近乎狂热的崇敬依赖着军队的力量。

像他的著名前任梅特涅一样，施瓦岑贝格将主要注意力放在了外交领域。不同的是，梅特涅对奥地利的力量没有信心，而侧重于和各国君主的私人交往，以个人魅力树立在欧洲的影响，进而树立奥地利在欧洲的形象；施瓦岑贝格则不愿意回到 1848 年 3 月以前的那种含糊无力的状态中去，对奥地利力量的自信是他外交政策的核心。

1850 年，奥地利与普鲁士的冲突看来无法避免。施瓦岑贝格起先打算建立一个大奥地利联盟，以确立哈布斯堡君主国在中欧地区所有德语或非德语地区的统帅地位；普鲁士首相拉多维茨则愿意建立一个扩大了的德意志邦联，有两个组成部分，一个是普鲁士主导的所谓"小德意志"，哈布斯堡君主国则作为其同盟和经济伙伴与之建立松散关系。为此，拉多维茨在 1850 年 3 月建立了一个"爱尔福特联盟"，虽然遭到巴伐利亚、萨克森、汉诺威、威腾堡和维也纳的反对，但是由于奥地利军队还在匈牙利和意大利驻防，无法加强西面的防卫，因此，情况一度非常危急，普鲁士似乎打算趁火打劫，诉诸军事手段。

正是这一年的秋天，黑森选帝侯为镇压臣民起义而同时向普、奥两国求助，双方派出军队前去"维持"秩序，两支军队顿成对峙之势。施瓦岑贝格虽然为高额的军费负担所头痛，但面对普鲁士咄咄逼人之势，也打算背水一战。

两国君主并不真的想马上投入战争。沙皇出面，表示支持奥地利。最终，威胁被解除了，普军后撤，腓特烈·威廉四世换了首相，奥地利皇帝也要求施瓦岑贝格克制以求得和平。12 月，双方在奥尔穆茨会谈，普鲁士放弃了建立一个不包括奥地利在内的德意志各邦联盟的计划，并接受由奥地利重组原来的德意志邦联。

但这恐怕是施瓦岑贝格最后一次外交胜利了。1851 年，在德累斯顿召开的德意志各邦会议上，奥地利加入德意志关税同盟的要求被拒绝，施瓦岑贝格获得的最大成就是普奥相互的保护承诺。德意志各小邦虽然对野心勃勃的普鲁士心存戒备，但是军事化的奥地利也颇令它们不快。施瓦岑贝格试图建立在哈布斯堡王朝领导下的奥地利和德意志诸邦的联盟，无疑是对俄国、法国的挑战，而且也将破坏普鲁士及其他德意志邦国已经达成的势力均衡，军事强力无法达到这样的目标。弗朗茨·约瑟夫对此却浑然不觉，他亲眼看到军队的威力如何使狂暴的民乱趋于平息，使哈布斯堡帝国从覆灭的边缘重新变得强大。因此，无论施瓦岑贝格怎样劝说，他都不为所动，甚至坚持认为有关海瑙在匈牙利的残杀只是恶意的谣言，使后者在布达佩斯一直为所欲为达 10 个月之久。因此，奥地利与德意志诸小邦之间的关系难以获得推进。

普奥之间沿着不同的道路越走越远。普鲁士自维也纳会议以来，就勤奋踏实地做了许多实际工作：致力于简化税则，并进一步于 1834 年建立了德意志关税同盟；从统治上获得了超越于奥地利传统势力范围的实质上的优越性。随着时间的推移，普鲁士的努力渐渐显出了效果，它的政治家们变得更务实和更有远见了。俾斯麦认为奥尔穆茨协定是明智的，1850 年 12 月 3 日，他在邦议会上强调说，最主要的是普鲁士"不要同民主制度发生任何可耻的联系"，"一个大国唯一健全的基础——这一点正是它大大地有别于小国的——就是国家利己主义，而不是浪漫主义。为一个不符合自己利益的事业去打仗，对一个大国来说是不相称的"。

## 三、巴赫体系：皇权主导的新政

施瓦岑贝格忙于外交时，内政大臣巴赫成为国内政治的实际主宰者。他迅速而有效地使哈布斯堡君主国进行了革命性的变革，奥地利帝国在历史上第一次，也是最后一次成为一个完全单一的国家。匈牙利的传统特权被取消，其他想要某种独立性的民族更没有可能获得成功，甚至自始至终忠于哈布斯堡皇家的克罗地亚人也失去了他们的议会和地方自治政府。这样，维也纳成为帝国唯一的权力中心，从这里发出的命令传达到各级行政机构，再由帝国官员（往往是德意志人）负责执行。1850 年 6 月取消匈牙利与帝国其他部分之间的关税壁垒的法令建立了一个单一的税收系统，并使帝国成为一个单一的自由贸易区。

所谓的"巴赫体系"一直持续到 1859 年，其效果是无法抹杀的。旧匈牙利系由自治的农业地区组成，地方行政、司法权力均由贵族操纵，"巴赫轻骑兵"将匈牙利人带入了新的状态。他们开始享用其他地区的产品，受维也纳派来的官员、警察的管理。马扎尔人发现，最初的残酷过去之后，他们的生存状态并不比忠心耿耿的克罗地亚人差，但也并不比斯洛伐克人、罗马尼亚人或塞尔维亚人强。原来的主导民族、从属民族之间的差异似乎不太明显了。但是，革命的危险一旦解除，弗朗茨·约瑟夫的宫廷就又变成保守派大产业主和将军们的天下。在他们眼中，即使是大臣们的暴政，也带着一种可疑的革命的味道，梅特涅的身影若隐若现。弗朗茨·约瑟夫接受了皇权专制的建议，认为应当由皇帝亲自统治，而非将治国大权委之于人。这一年的12月，路易·拿破仑眼看着总统的四年任期将到，遂发动政变，解散立宪会议，复辟帝制，是为拿破仑三世。弗朗茨·约瑟夫随后在除夕发布文件，1849年3月的宪法草案还没有来得及实施就被废除了。奥地利将由皇帝亲自领导，并由他任命一个皇家会议在立法问题上提供咨询。

施瓦岑贝格顺从地接受了现状。对于这个在梅特涅时代成长起来的人来说，他对治国权术比对政府的类型要感兴趣得多，他的理想是要使维也纳成为大国外交的中心，但是欧洲已经大大地不同了，当年文韬武略的拿破仑一世、年轻气盛的亚历山大一世都一去不复返了。拿破仑三世不断地在办公桌前规划各种宏伟的计划，年迈的尼古拉一世越发保守，俄国在铁板一块的外表下越发腐败。俄国东向多瑙河逼近，法国梦想建立一个新的意大利王国，奥地利则被夹在这两个强国之间。长期紧张工作的压力超出了身体的承受能力，1852年4月，在某次宫廷舞会之前，施瓦岑贝格因中风去世，他的雄心壮志化为泡影，他的政治影响也随之烟消云散。

半个多世纪以后，弗朗茨·约瑟夫将施瓦岑贝格称为他的"最伟大的大臣"，失去他的遗憾是可想而知的。对于当时那个才刚刚蓄起一抹髭须的22岁的年轻人来说，只是由于他的克制，才没有表现出情绪失常来。但是另一方面，他终于摆脱了这个人的强大影响，从现在起，他必须自己做出决定，不再依赖任何人，这不正是他长期以来梦寐以求的事吗？

此时，始于革命年代的19世纪走到了中途，雄心与霸业、伟大与不朽都在风云变幻中化为人间传奇。自上而下地实现自由与解放，已经被一次次的失败证明是不可能的事情。少数人还在为理想而奋斗，多数人却被失败推入无情的现实。19 世纪进入了它的中年，青春年少的激情化为山雨欲来前的郁闷平庸。


## 四、王子公主：童话一般的爱恋


弗朗茨·约瑟夫是这个时代最年轻的君主，"20 岁的热情和成年人的威严、沉着"相结合，使他在俾斯麦的眼中"有一种吸引人的爽直表情，尤其是在微笑的时候"。这位青年君主的外表和性情也给比利时国王利奥波德一世留下了深刻印象：明净而温和的蓝眼睛平静而自信，修长优雅的体形即便在一大群身着军服的年轻人中也显得与众不同。

这个年轻人还以他的勇气闻名。他总是蔑视危险，在战场上身先士卒，所到之处，无论是疾如星矢的子弹，还是亚得里亚海上的风浪，他都毫不在意。他喜欢在哈布斯堡的领土上漫游，北到布拉格和其他波希米亚城市以及所有德意志省份，南往的里雅斯特、伦巴第和威尼斯，地域与民族的差异使这个帝国多姿多彩，分外美丽。当他待在霍夫堡的时候，则总是埋头案牍间，孜孜不倦地批阅公文，事无巨细，都要亲力亲为，称得上全欧最勤奋的公务员。

苏菲皇太后扮演着第一夫人的角色，用她钟爱的巴洛克风格改变了霍夫堡 30 年来的沉闷形象，并一手安排皇室的日常活动和节日庆典，用一个精力充沛的女人的细心塑造出优雅自然的皇家特色。宫廷的新气象顿时为维也纳社交界增添了新的光彩。弗朗茨·约瑟夫愉快而感激地享用着母亲的关心，度过了登基初期的种种困难，稳定了帝国的统治。

1853 年 2 月，弗朗茨·约瑟夫依旧在霍夫堡忙于公务，从伦敦、巴黎、圣彼得堡和君士坦丁堡来的文件在他的办公桌上迅速地堆积，处理后又迅速地分发出去：土耳其在巴尔干的统治日渐虚弱，波斯尼亚的天主教徒受到虐待，米兰的意大利民族主义又有所抬头等。那张宽大的办公桌，竟好像是一个具体而微小的世界一样，包括了每一次风云变幻，经历着每一番潮起潮落。

2 月 18 日，弗朗茨·约瑟夫离开办公室，进行下午的例常散步。这是个星期天，当年维也纳人为抵御土耳其人入侵修筑的工事默默屹立在冬日的寒风中，偶尔会有三两个人从这里走过，时时敲碎四周的宁静。年轻君主穿着军服的挺拔身影也时时会在这里出现。突然间，一位 21 岁的裁缝铺学徒从后面扑了过来，用一把长刀刺向弗朗茨·约瑟夫的脖颈，顿时，血流如注。旁边一位散步者跑了过来，护理伤者，保镖迅速抓住凶手。这个比弗朗茨·约瑟夫还小两岁的年轻人在早已预料到的命运面前挣扎着用马扎尔语喊着："科苏特万岁！"然后就被带走了。

弗朗茨·约瑟夫喜爱军装的习惯救了他的命：用力刺来的刀子被衣领上厚重的金质刺绣阻挡了一下，因此伤口虽然很深，倒没有生命危险。他要求维也纳警察不要虐待伤害他的人，但作为严格执行法律条令的人，他毫不留情地批准对那位年轻人施行绞刑，同时，又给年轻人悲伤的母亲一笔小小的年金以示抚恤。

这次事件在维也纳和更偏远的城市引起了对皇帝广泛的同情。这位年轻君主在他的帝国内受到人民的爱戴。人民在革命与反革命的风潮中已经疲惫不堪，一个在任何危险面前都气定神闲的君主是人民所渴望的秩序与宁静的象征。当晚，纷纷扰扰的流言在维也纳附近传开，人们不约而同地来到教堂里，为皇帝、为王朝而祈祷。已经在的里雅斯特的帝国海军中服役的马克西米连大公离开岗位，赶回维也纳，虽然受到虚弱的哥哥一顿斥责，却欣慰地看到他已无大碍。为了纪念哥哥这次脱险，马克西米连倡导建立了一座美丽的新哥特式教堂，但是命运将使他没有机会看到这座代表着兄弟情深的建筑落成。

苏菲皇太后可能是最受震撼的一个人。作为母亲，她感激着上帝的恩典，没有使她钟爱的宝贝受损。作为清醒的现实主义者，她意识到该让儿子结婚生子了，为夫为父的责任感可以约束儿子鲁莽的英雄气概，更重要的是，王朝的传承必须有保证。

弗朗茨·约瑟夫从小就接受了天主教的有关婚姻生活神圣性的教义。后来，他离开课堂，开始接触到军队生活中某些不引人注目的方面。作为一个正常、健康的青年男子，最初的吃惊、好奇过后，便有谣言传说着他的某次浪漫故事。他曾经与一位新寡的表妹陷入情网，但被苏菲认为并不匹配，既然弗朗茨·约瑟夫是德意志最高贵的王子，当然要选择一位德容兼备的高贵公主才相宜。

政治联姻的目标从柏林、德累斯顿最后转回到巴伐利亚，哈布斯堡与威滕斯巴赫家族看来将再一次亲密地结合在一起。苏菲告诉自己的姐妹，弗朗茨·约瑟夫喜欢举止优雅、性格开朗、笑声清澈的女士，这位女士还一定要有高超的骑术。巴伐利亚的大公主海伦立即被母亲要求多多练习骑马，因为无论年龄还是性情，看上去，她都是最符合奥地利皇帝要求的人。

相亲的准备工作一丝不苟地进行着。人们不厌其烦地向弗朗茨·约瑟夫称颂海伦公主的容貌与品行，使他迫不及待地想知道因斯布鲁克那个羞涩、沉默的清瘦少女长大以后的样子。

萨尔茨卡默古特的意思是"盐穴宝藏"，它位于奥地利中北部的特劳恩河谷地，湖光山色，风景秀丽。以庆祝弗朗茨·约瑟夫23岁生日的名义，苏菲和她的姐妹——巴伐利亚的路多维卡、普鲁士王后埃尔西在这里聚会。两个真正的当事人对这次聚会的目标非常清楚，但海伦在众目睽睽之下分外拘谨，除了惯常的问候之外就无话可说了。

弗朗茨·约瑟夫不免有些失望，但出乎所有人的意料，另一位表妹茜茜却抓住了他的心。16岁的茜茜稚气未脱，还未被当作政治联姻的目标，因此，这次别有用心的聚会对于她和弗朗茨的小弟弟卡尔·路德维希来说，倒是一次相当愉快的重逢，他们可以心无旁骛地分享快乐时光。欢乐在茜茜柔嫩的圆脸上一览无余，迅速变化的表情和黑眉毛下面闪闪发光的眼睛令这张脸分外生动。弗朗茨·约瑟夫被她深深地吸引住了，他的目光追随着她，那一头飘逸的栗色长发令这个一向沉稳的年轻人心神不定。

卡尔·路德维希公爵心情复杂地向母亲苏菲报告了哥哥的变化。她不肯相信，茜茜对她的大儿子来说略显年轻，但弗朗茨·约瑟夫的确陷入了情网。像他这样天性冷静的人，一旦中了魔法，就无药可救了。茜茜在巴伐利亚是个备受宠爱的小公主，父亲带有巴伐利亚宫廷特有的某些怪癖，是个行为奔放、独立自主的享乐主义者，母亲又把教养的重点放在长女海伦身上。茜茜从来都不知道身为皇后的种种职责，相反，她是一个情绪多变、任性而为的女孩子，浪漫伤感，激情多过理性，与弗朗茨·约瑟夫相比，两个人恰恰处于性格的两极，在某种意义上，这或许也是她对年轻的皇帝分外有吸引力的原因。最后一个但并非最不重要的一点是，茜茜是个极出色的骑士，她在社交场合非常害羞，常常会在人们赞美的目光下局促不安地逃离，但当她骑马疾驰在巴伐利亚空阔美丽的天空下时，那种舒展之美浑然天成，弗朗茨·约瑟夫相信，对他而言，全欧洲没有人会比茜茜更完美。

弗朗茨·约瑟夫以他治理国家的那种投入与勤奋坚持着对茜茜的感情，苏菲不得不放弃自己最初的打算。或许这也是一直对儿子发挥着决定性影响的母亲丧失其独断地位的开始。维也纳的报纸很快公布了皇帝订婚的消息，没有人见过这位巴伐利亚公主，从萨尔茨卡默古特来的关于未来皇后的种种传闻一时之间成为都城里最热门的话题。

与茜茜相聚的日子犹如人间天堂，但弗朗茨·约瑟夫不得不面对平常日子里公务缠身的现实，不识趣的公文、电报和表情严肃的大臣总是令美好的旋律戛然而止。在甜蜜与惆怅的交替中，每个人都看得出来，是该让两个年轻人长相厮守了。

维也纳迎来了1854年明媚的春天，街道和广场上彩旗飘扬，花团锦簇，建筑物粉饰一新。为了迎接弗朗茨·约瑟夫心爱的新娘，这座城市正努力展现其新古典风格，把它的美丽与庄严奉献给同样美好的16岁的小皇后。

茜茜乘着一艘名为"弗朗茨·约瑟夫号"的汽船，沿着多瑙河顺流而下。维也纳的红男绿女簇拥在她登陆的地方。弗朗茨·约瑟夫像对待最珍爱的宝贝一样，牵着茜茜的手，一直把她送上前往香布仑宫的马车，眉眼之间流露出不加掩饰的喜悦。

刚刚上任的维也纳大主教很高兴有机会展示自己的重要性，他用了长达 30 分钟的时间来赞美家庭生活的神圣性。在巴伐利亚家中无拘无束的茜茜吃惊地发现，维也纳人正以一种令她筋疲力尽的方式表达对皇后的敬爱，而这种陈腐啰唆正是保守的维也纳引以为豪的传统。

弗朗茨·约瑟夫尽力想让不适应的茜茜开心，婚礼过后的第一个星期天就带她去普拉特游乐园观看著名的伦茨马戏团的演出。天空中飘荡着美丽的气球，40 匹棕色和黑色的小马在轻快的舞曲中翩翩起舞。茜茜果然快活了许多，可是她不假思索的赞美并不符合维也纳宫

茜茜公主

廷的习惯。苏菲轻轻地皱起了眉头，茜茜看来并不理解母仪天下的职责。

像童话中所说的那样，英俊的王子与美丽的公主结婚了，但会是"从此他们幸福地生活在一起，直到永远"吗？显然，弗朗茨·约瑟夫准备做一个理想的丈夫。尽管他本人严格自律、一丝不苟，但对任性的妻子极为宽容，从不肯加以约束。茜茜对此并非毫无知

觉，她只是无法容忍维也纳城里窥视的目光以及霍夫堡内婆婆无处不在的权威。弗朗茨·约瑟夫又整天忙于工作，茜茜在陌生的国家里开始了生活的新阶段，奥地利在弗朗茨·约瑟夫的统治下也迎来新的挑战。

# 第五章
# 左支右绌：内乱与外乱

## 一、富足时代：现代都市维也纳

19世纪50年代前半期的经济繁荣对弗朗茨·约瑟夫稳定统治非常重要，1848年革命和革命后的镇压没有解决的问题，被欣欣向荣的经济扩张推出了人们的视野。雨后春笋般涌现出来的工厂提供了良好的就业机会，无论城市还是农村，社会运转良好，人们心满意足。

在这一过程中起到重大作用的布鲁克男爵曾经担任贸易大臣，1855年作为财政大臣再度发挥其影响力，主持修订了关于铁路的立法，并将国家铁路建设的庞大任务以优惠条件委托给私人公司。布鲁克加大税额，出售国家财产和公债，为弗朗茨·约瑟夫解决了棘手的财政问题。他还设想在中欧建立一个以维也纳为中心的自由贸易区，这一点通过与以普鲁士为首的关税同盟订立货币条约得到了实现。更重要的是，布鲁克将维也纳变成了一个国际性的信用中心，他说服弗朗茨·约瑟夫，在罗斯柴尔德家族的支持下建立了一所银行，以便控制奥地利国内的大规模投资，特别是为从事铁路和公共工程的私人公司提供资金。

财政和信用状况的改善使雄心勃勃的维也纳重建计划提上议事日程。根据这个计划，维也纳内城墙将被推倒，取而代之的是一条宽阔的林荫大道，内城和郊外的大片空地将被充分利用，雄伟的新建筑群会矗立在那里，以显示维也纳作为奥地利帝国政治、经济和文化中心的地位。

维也纳的内城墙是用英国人的钱修起来的。据说，英国"狮心王"查理一世在十字军东征的途中被俘，他的游吟诗人布朗德四处找寻他的下落。终于有一天他的主人听到了他的歌声，从维也纳附近的某个城堡下面露出了脑袋。英国人于是付出了一大笔赎金，巴奔堡王室便用这笔钱修筑了维也纳内城墙，以防备来自东方的威胁。到了19世纪，迅速增加的人口和生产规模使维也纳显得越来越局促，不利于经济的发展，尤其是内城的城墙在市中心与郊区、贵族与平民之间划出了一道明确的界限。土耳其人的威胁已经不复存在，这些城墙转而成为权力与尊贵的象征，在梅特涅时代还是拒阻工人阶级的一道无声的警戒线。在欧洲其他地方迅速发展的工业、企业在它面前驻足不前，维也纳的社会流动与分层也没有表现出明显的迹象，有意无意之间，统治者把自己与现代化和城市化的大潮隔离开了。

1857年圣诞节，弗朗茨·约瑟夫发布命令，全部推倒维也纳内城的城墙与工事，一项长达半个世纪的重建工程正式开始。在人们眼中，环城大道不仅是使维也纳获得和平之美的重大举措，而且是自由主义进程的最好象征，它代表着"宪法权力对帝国权力的胜利，世俗文化对宗教信仰的胜利"，因为"主宰内环路的不是宫殿，不是兵营，也不是教堂，而是宪法政府和高层次文化的中心"。对于普通人的生活来说，尤其重要的是市政设施的建立与完善，从周围山区引来了清洁的饮用水，排污系统保证居民过上了一种安全、卫生因而有尊严的生活，煤气灯把维也纳之夜点缀得如梦如幻。

以环城大道为界，维也纳内城将保留着旧时甜蜜的味道。圣史蒂芬大教堂庄严地守卫着维也纳的安宁。迷宫般狭长的街巷、鹅卵石铺就的道路、巴洛克式贵族住宅楼和中世纪以来的广场依旧展现着旧时代的神秘幽静之美。穿过市民公园，踏上环城大道，拟议中的公共建筑将囊括维也纳的博物馆、剧院、大学、新市政厅等，显示着一个富足、自由的时代，同时也是工业化、现代化的时代降临了，维也纳即将变成一个真正意义上的现代都市。

## 二、双面胶男人：徘徊在老妈和老婆之间

弗朗茨·约瑟夫在政治与家庭的多重压力之下渐渐老练而成熟，脸上的轮廓不再那么柔和。他蓄起了成年男子的连鬓胡，但有得必有失，头发却开始谢顶。他对茜茜依旧宠爱有加，1855 年他们有了第一个孩子苏菲，第二年又有了吉赛拉，两个可爱的小公主将他们的父母更紧密地联系在了一起。

但是，继承法已经排除了女性继承王位的可能性，如果茜茜就这样一直生女孩子的话，王位将传给弗朗茨·约瑟夫的弟弟及其后代。深思熟虑的苏菲在吉赛拉公主出生以后，很快就安排了卡尔·路德维希大公与萨克森公主的婚姻。欧洲最新的天主教国家比利时也成为奥地利的联姻对象，国王利奥波德的独生女夏洛特聪明漂亮，令苏菲非常满意，打算安排她与马克西米连结婚。但这并不妨碍作为祖母的苏

菲对两个孙女的宠爱，她甚至把两个小公主安排在自己的房间里，悉心照顾。

弗朗茨·约瑟夫能够顺利登上皇位并稳定统治，苏菲皇太后功不可没。无论是作为母亲，还是作为皇帝的缔造者，她都对儿子发挥了决定性的影响。弗朗茨·约瑟夫无论身在何处，即便公务再繁忙，也要抽出时间来跟母亲书信联系。但茜茜不是她理想中的儿媳，两个女人之间的矛盾一天比一天显著。弗朗茨·约瑟夫夹在两个他深爱的女人中间，左右为难，时常要拆东补西。眼看着自己的儿子一步步远离自己的生活，母亲的失落可能是永久的，弗朗茨·约瑟夫也尽力为此做出补偿。

1855 年他 25 岁生日的那一天，拖延达 6 年之久的《政教协定》终于签署了。罗马教廷的态度非常强硬，原本带有自由主义色彩的教皇庇护九世在经历了 1848 年革命之后转向保守，要求奥地利放弃对

苏菲皇太后

教会的管辖权，教会财产神圣不可侵犯，并有权自行处置犯错的神职人员。教会法庭保有解释所有婚姻法的权力，没有教会认可，国家不可改变法律条文，而且，教会将监督国内各级学校，有权出于道德、宗教的理由查禁书籍，皇帝也绝不容忍对教会和神圣信仰不敬的言辞。这样的协定出现在一贯以反宗教改革领袖自居的哈布斯堡王室并不奇怪，但其各

项条文完全抹杀了约瑟夫二世改革的成就，奇怪的是，这项任务居然落在了以自由主义面貌出现的巴赫身上。虽然不能说，弗朗茨·约瑟夫签署这样的《政教协定》完全是出于母亲的原因，但是在当天发给母亲的电报中，他确实是将签约作为迎合母亲的一个好消息及时报告给她。苏菲已经不再发挥具体的作用了，但她仍然是宫廷里面最强有力的幕后人物，也是皇家最高权威。

两个小公主的母亲、自己还是个不到 20 岁孩子的茜茜非常不满婆婆什么事都要插一手的蛮横作风，家里面处处都有皇太后意愿和爱好的痕迹。茜茜自结婚以来就没有享受过只属于自己的领域，这一次为了孩子按照自己喜欢的方式长大，茜茜决定向她们的祖母要回做母亲的权利。弗朗茨·约瑟夫担心女儿们在祖母的溺爱下变成自负而无知的宫廷小妇人，也支持茜茜把孩子们安置到保育室的要求，并请求母亲体谅同样作为母亲的茜茜对于孩子的责任与感情。1856 年冬天，皇帝与皇后不顾皇太后的反对，带着大女儿苏菲前往意大利，理由是南方较为温暖的气候会对孩子好些。

只要离开维也纳，身边不会有那么多双锐利的眼睛监督自己的一言一行，茜茜就如释重负，她那天生的优美也像自然柔和的星光一样引人注目，在一定程度上，茜茜的个人魅力缓解了意大利人对弗朗茨·约瑟夫的敌意。

受到意大利之行的鼓励，皇帝又计划了一次更富于挑战性的任务——访问匈牙利。茜茜已经表现出了对马扎尔人的浓厚兴趣，还在巴伐利亚的时候，她就开始学习相当艰涩的马扎尔语。在她的印象中，匈牙利人精于骑术，富于生机与活力，远比装腔作势的维也纳贵族有趣得多。

尽管这次苏菲皇太后提出强烈的抗议，两个兴高采烈的年轻人还是把孩子带上了路，而且这一次是两个公主。在春暖花开的 5 月，一家四口踏上汽船，随多瑙河之波前往佩斯。这里的气氛并不比意大利好多少，弗朗茨·约瑟夫宣布了大赦，发还了马扎尔贵族被没收的财产，但是无论是皇帝本人还是马扎尔贵族都没有真正要实现和解的愿望，人们依然记得七年前匈牙利的首相和将军们被枪杀和绞死的情景。

茜茜担心的是自己女儿的健康。春风里苏醒的不只是生命的活力，而且还有肆虐的疾病。两个孩子都患了麻疹，但吉赛拉看上去恢复得不错，娇弱的大女儿苏菲的情况则非常不好，被留在了佩斯。结果，她的父母在德布勒森接到了电报，两岁的苏菲终于没能抵得住疾病的袭击。弗朗茨·约瑟夫悲痛异常，茜茜则处在崩溃的边缘。回到维也纳之后，茜茜立刻将自己关在拉辛堡的房间里，足不出户，既后悔自己一意孤行地把孩子带往陌生的地方，又悔恨没有在最后的时刻守候在她的身边。

茜茜不仅是个感情丰富、情绪多变的女性，同时还是一个笃信宗教的虔诚的人。在突如其来的灾难面前，她忏悔自己的过错，毫不抵抗地让悲伤与悔恨剥夺了生活的一切光彩。这一年的 8 月份，马克西米连大公与夏洛特公主举行了婚礼。茜茜站在丈夫身边，履行身为皇后的职责，但每一个人都可以看出她的心仍然飘浮不定，身着白色礼服，她像天使一样可爱，又像幽灵一般无语落寞。

夏洛特比茜茜更健康、活泼、机敏，令皇太后甚为称心，但是如果她对皇位的继承有过什么期待的话，那就难免要失望了，因为茜茜

王储鲁道夫的摇篮

发现自己又怀孕了。1858 年 8 月，弗朗茨·约瑟夫 28 岁生日过后没几天，她生下了一个不太漂亮但很健康的男孩子。没有人在乎他好不好看，关键是他的性别使王朝的承继有了确定的保障。各地都在欢庆这个男婴的诞生，小约翰·施特劳斯及时地发布了一曲《拉辛堡波尔卡》，让奥地利的欢乐跳动在永恒的旋律中。弗朗茨·约瑟夫深深地感谢上帝的赠予，他和茜茜对这个孩子寄托了很大的希望，毫无疑问，他将是下一位为哈布斯堡王朝书写宏伟历史的人。

但是，暂时的欢乐只不过使最终的悲剧更显凝重。这一时期，弗朗茨·约瑟夫除了在心怀不满的母亲和任性又惹人怜爱的妻子之间忙个不停，还遇到了奥地利糟糕的外交状况。

## 三、孤家寡人：游移不定的恶果

像哈布斯堡王室的双头鹰一样，弗朗茨·约瑟夫的奥地利帝国在即将到来的战争面前左顾右盼。他的政策游移不定，来自东方的俄国与来自西方的英国、法国最终都撇下了奥地利，使它陷于孤立。

事情起源于1853年7月，俄国借口保护奥斯曼土耳其统治下的东正教居民，占领了多瑙河两公国——瓦拉几亚与摩尔达维亚，试图以此对土耳其人施加压力，但是这引起了欧洲势力均衡的变化，土耳其在英国的支持下态度强硬。9月，英国舰队前往君士坦丁堡，10月4日，土耳其对俄国宣战，并向占据两公国的俄军发动进攻。俄国黑海舰队在土耳其的锡诺普击溃对方一个海军中队，于是，次年1月4日，英、法舰队驶入黑海，保护土耳其的运输。英、法两国在1854年2月向俄国发出最后通牒，要求俄国撤出两公国。

对奥地利来说，与左面的英国、法国或者右面的俄国合作代表着它的政策的两种取向。俄国的行动主要是为了争夺黑海的海上优势以及通过达达尼尔海峡和博斯普鲁斯海峡争夺东地中海的海上优势，它希望得到奥地利的支持。奥地利外交大臣包尔决心保卫多瑙河下游盆地，但是将军们认为部队还没有准备好在一个拉得很长的战线上与俄军对垒。最后，弗朗茨·约瑟夫接受了包尔的建议，也向俄国发出最后通牒，要求俄军撤回，但又答应将军们，不会真的与俄国开战。

包尔的外交活动取得了成绩：土耳其允许奥地利在对俄作战期间

占领两公国，并将与普鲁士采取联合行动来威胁俄国。英军 6 月份在瓦尔纳登陆时，俄国大炮还在 60 多里外的锡利斯特拉轰炸土耳其阵地。一旦奥地利与英、法采取一致行动，沙皇就不得不让步，到 9 月初，俄军已经全部撤出这两公国，此后战区便是克里米亚而不是巴尔干半岛。从 1854 年 8 月到 1857 年 3 月，奥地利军队沿着长达 1400 英里的多瑙河驻防，一时间使俄国进入巴尔干的梦想成了空中楼阁。1854 年 9 月，英、法、土联军在黑海北岸克里米亚地区登陆，开始了对俄国军事要塞塞瓦斯托波尔长达一年的围困。经过多次残酷和伤亡惨重的战役，也由于奥地利威胁要参加联军，俄国被迫在 1856 年年初基本接受和平条件，最后形成的《巴黎条约》保证土耳其的领土完整，俄国交出南比萨拉比亚，黑海地区中立化，多瑙河向各国船只开放等。弗朗茨·约瑟夫既希望从俄国的影响中独立出来，又不愿意与庇护着匈牙利、意大利流亡者的政府真正合作。另外，俄国把自己的失败归咎于奥地利加入英、法一方，与俄国作对；英、法则责怪奥地利没有在一开始就加入，那样的话，俄国就会早早退却，也用不着动用武力了。奥地利游移于各大国之间，最后落得个孤家寡人。

1856 年的和平会议是在巴黎而不是在维也纳召开的，地点的改变也昭示着欧洲政治重心的转移。维也纳体系被摒弃了，奥地利不再是欧洲政治不可或缺的力量，孤零零地被排斥在东、西方几种政治力量之外：没有奥地利的参与，英、法就击败了俄国在近东的扩张企图；英国和法国出于不同的目的，却都支持意大利民族主义；法国和俄国在反对奥地利的共同目标上取得了一致。

## 四、法奥之战：意大利的反抗

皮埃蒙特人在克里米亚战争期间获得了西方的瞩目和法国的支持。自革命结束以来，拉德茨基元帅在伦巴第和威尼斯地区实行军事统治，意大利半岛的民族解放运动从来就没有停止过。皮埃蒙特最活跃和最有影响的政治家加富尔从 1850 年起先后担任农业大臣和财政大臣，深谋远虑加上机敏过人、善于控制局面，使他成功地与法国、比利时、英国签订了一系列条约，试图取得最大限度的自由贸易额，极力从经济上与各大国形成互惠关系，以便为反奥政治同盟开辟道路。1854 年克里米亚战争期间，加富尔加入英、法一方，反对俄国，踏入欧洲政治舞台，并在 1856 年出席巴黎会议。尽管事实证明意大利不可能指望各大国给予它无私援助，加富尔仍然赢得了拿破仑三世的支持。包尔不得不在巴黎会议上听任加富尔痛斥奥地利，而且奥地利军队必须从多瑙河两公国撤出。在法国与俄国的支持下，这个地区最终成立了罗马尼亚国家。

拉德茨基元帅已垂垂老矣，步入 90 岁高龄以后，老人反而像个天真的孩子一样，作为伦巴第和威尼斯的总督，他的统治已经僵化。弗朗茨·约瑟夫的弟弟马克西米连大公被委任为海军少将之后，他在的里雅斯特的指挥部就成了军队改革的中心。尽管海军仍然只是作战部下属的一个部门，但是马克西米连的身份（他是皇帝的弟弟，而且在茜茜生育男性继承人之前，曾是皇位的第一继承人）使他的一举一动都倍受关注。

自从少年时期对意大利的第一次访问开始，马克西米连就对这个国家产生了持久的好感。他的自由主义倾向使他不同于以高贵的德意志王子自居的哥哥，对的里雅斯特人宽厚而仁慈。的里雅斯特从 14 世纪开始就是哈布斯堡王室的领土，只在拿破仑战争期间短暂地失去过，但在那时，的里雅斯特还不过是个平凡的小渔港，是一个服务于哈布斯堡王朝的莱茵兰人布鲁克，奇迹般地把它变成了一个国际性港口和贸易中心。贸易大臣布鲁克男爵曾经是施瓦岑贝格内阁中举足轻重的人物，他对经济运行具有敏锐的感觉和深刻的理解。在他富有远见的倡议之下，弗朗茨·约瑟夫亲自前往的里雅斯特，为火车站剪彩，昭示着的里雅斯特这样一个出海口对维也纳的重要性。

的里雅斯特不仅有意大利人，而且有数量不少的斯洛文尼亚人，这也正是反奥地利情绪在这里并不明显的原因之一。至于米兰、威尼斯等地，人口的绝大多数都是意大利人，他们在文化、经济上都不需要奥地利人的德意志色彩来加以提升。拉德茨基元帅僵化而常常擅自行动的统治方式既冒犯了维也纳，也不适合北意大利的情况。1857 年，弗朗茨·约瑟夫在米兰宣布由弟弟马克西米连大公接替拉德茨基元帅，主持伦巴第和威尼斯地区的军政大事。但是，出于种种原因，他的权力范围大大缩小，拉德茨基的老部下吉莱乌掌握着军队的指挥权，总督马克西米连大公实际上成了军官们的副手。

1858 年年初，拉德茨基元帅在意大利去世，维也纳为他举行了盛大的葬礼。每一个人都意识到，他的死标志着一个时代的结束，1848 年革命后在意大利实行的高压统治已经不可能再继续下去了。如火如荼的意大利民族解放运动既有杰出的游击战专家、富于传奇色彩的加里波第传播着意大利统一的思想，又有热那亚革命家、秘密革命社团"青年意大利"的创始人马志尼在全欧洲组织爱国青年为反抗君主专制制度而奋斗。更不可忽视的是意大利统一的总设计师加富尔的经济政策和政治技巧使撒丁 - 皮埃蒙特王国的影响日渐增加，国王维克多·伊曼纽尔二世认识到加富尔的才能和价值，对他言听计从。面对着如此强势的民族解放运动，奥地利人感到了极大的压力。

新总督马克西米连说得一口流利的意大利语，他在不长的时间内做了相当多的努力，保护意大利工业的发展，鼓励改善农业设施，推动米兰规划了一个公共建设的计划等。他甚至要求弗朗茨·约瑟夫召集意大利贵族，共同商议在意大利建设铁路和电报等事宜。

但是维也纳对于马克西米连的尝试反应冷淡。境内各民族共存的事实使帝国政府对任何改变现状的尝试都颇为怀疑。皇帝的顾问们警告他，一旦对意大利人做出政治让步，马扎尔人、克罗地亚人、波兰人、捷克人就都会蜂拥而来，要求他们的权利，多民族的帝国就会面临分裂。马克西米连在意大利受人欢迎的事实一方面令加富尔警惕，另一方面令保守的维也纳担心他的政策会减弱帝国政府对意大利的控制。弗朗茨·约瑟夫的大臣甚至提醒他，公爵表面上是为意大利争取自治，其实是想为自己谋取伦巴第的王位。因此，马克西米连从未得到足够的支持来推行他的改革政策。

倒是加富尔非常重视哈布斯堡王朝新总督的改革意图，他把目光准确地放在了拿破仑三世身上。这个精明强干的人甚至将一次针对法国皇帝和皇后的爆炸事件转变成了北意大利人请求法国人解救他们逃出奥地利专制统治的请愿。拿破仑三世总是有意把自己与他伟大的叔叔联系在一起，企图不费吹灰之力就把欧洲所有的困难解决掉。他渴望伟大，但缺乏对重大细节的原则性把握。俾斯麦对拿破仑三世肤浅的公开表现颇为困惑，经过 1857 年在巴黎较长时间的相处，他认为，"这个人一点也不使我佩服，他不是一个将军，只是为国内困难所迫，他才会喜欢战争"，"把个人对外国人的爱憎感情置于祖国利益之上，我认为即使国王也没有这个权利"。

拿破仑三世被加富尔打动了，看到奥地利处于外交孤立，他很高兴有机会实现波拿巴统治意大利的梦想。1858 年夏天，双方在巴黎秘密会面，拿破仑三世答应支持撒丁 - 皮埃蒙特王国，将奥地利人驱逐出意大利半岛。

加富尔

俄国人也很高兴有机会报克里米亚战争的一箭之仇，他们愿意看到奥地利失败而受辱，向拿破仑三世保证会保持中立，英国人也希望意大利民族主义获得胜利。奥地利外交大臣包尔指望德意志各邦的支持，但是，弗朗茨·约瑟夫没有如愿以偿，甚至在他提出奥地利可以以承认普鲁士摄政王在北德意志领袖地位为代价换取支援时，对方也没有明确表态。因为只有在奥地利处于自卫战争的情况下，德意志各邦才会予以支援，而如果进行德意志民族主义的宣传，又违背了哈布斯堡多民族帝国的整合原则。

弗朗茨·约瑟夫能够依靠的只有奥地利军队了，但是，革命以来一直自命不凡的帝国军队完全没有做好作战准备。拉德茨基元帅的继任人吉莱乌将军是被宫廷玩弄花样推上台的，根本不具备指挥作战的经验和资质。到4月份战争已经不容置疑的时候，他不仅没有作战计划，而且从未与部下研究过有关事宜。部队没有足够的军粮、运输队、工程设备，的里雅斯特与维也纳之间的单轨铁路根本无法满足军队的迫切需要，与此同时，法国人的大炮、火枪、战马却源源不断地往意大利输送。

正如俾斯麦所说的那样，弗朗茨·约瑟夫皇帝尽管有一群数目不小的文武官员环伺，但一俟有事情发生，做出和执行决定的工作仍必须要陛下亲力亲为。何况，拿破仑三世已经亲自前往意大利指挥作战，年轻气盛的弗朗茨·约瑟夫也决意要御驾亲征。

1859年5月底，弗朗茨·约瑟夫离开维也纳，茜茜依依不舍地送走了丈夫，皇太后又对她的眼泪皱起了眉头：显然，别离的哀伤于事无补，只会令皇帝在国事之外更添烦忧。在意大利的40天中，弗朗茨·约瑟夫尽力抽出时间，给妻子写了17封长信，信中向茜茜表白他的爱与思念，却掩不住对帝国军队的担忧。法国人在武器装备上的优势已经明白无误地显示出来了，更令人失望的是，奥地利工程兵技艺生疏，完全不能为作战部门提供高效服务。

6月4日，法、奥两军在小镇马真塔附近遭遇。这里曾经是罗马将军和皇帝马克森提乌斯驻防之地，并因之得名，此时却成为奥地利军队初尝苦果的地方。奥军在这一天的作战中死伤达1万人，是法军损失的两倍。奥军被迫东撤，6月8日，拿破仑三世和撒丁-皮埃蒙特国王维克多·伊曼纽尔二世进入米兰。

这天，弗朗茨·约瑟夫仍然在维奥纳，丢失米兰对他的震撼是可想而知的，首先要负起责任的就是奥军总司令吉莱乌。失败的创痛，加上连绵的雨季之后伦巴第夏季灼人的酷热，使奥军疲惫不堪，士气低落，而吉莱乌似乎无关痛痒，当被告知撤掉其职务时，他甚至大大地松了一口气。

但弗朗茨·约瑟夫成了维也纳人发泄愤怒的间接对象，他为自己揽过来的任务越多，此时承担的责任也就越重大，他甚至不得不给茜茜写信，请她从过于自我的状态中打起精神，在维也纳的公共场所露面，消解一下紧张气氛，给奥地利人打气。茜茜在没有丈夫陪伴的日子里有些无所适从，她几乎吃不下什么东西，直到深夜还独守孤灯，写信或读丈夫的回信、骑马成了她发泄焦虑的方式，她常常在侍卫的陪伴下外出，一路不歇地骑上20里地，这不得不使她的丈夫在战争重负之下又加一层牵挂。

天意难违，向东撤往明乔河的弗朗茨·约瑟夫不知道穷追不舍的拿破仑三世也已经将法军指挥部移往附近。6月24日清晨，他还在用

索尔费里诺战役

早餐时外面就传来了激烈交战的声音。原来，法、奥两军在索尔费里诺遭遇，一场血流成河的战役在偶然的时间、地点爆发了，12万奥军摆出了以守为攻的阵势，准备把法国人和意大利人赶回米兰去。

双方最高权威——拿破仑三世和弗朗茨·约瑟夫都是纸上谈兵的指挥官，但是法国军队很有韧性地投入大量兵力进攻敌人。正午的阳光下，超过25万士兵和4万匹战马苦战在生与死的边缘。奥军的拖延战术没有完全奏效，被对方在中路获得突破。下午3点钟，三色旗飘扬在索尔费里诺村上空，筋疲力尽的奥地利士兵放弃阵地，缴械投降。

弗朗茨·约瑟夫被战争的惨烈所震惊，看起来毫不起眼的枪炮射出疾速如飞的子弹，一个人便在另一个人完全偶然的瞄准下被无端的仇恨、狭隘的热情夺去了生命。索尔费里诺前一天还是个宁静的村庄，今天就成了人类自相残杀的场所。

拿破仑三世同样是第一次看到，人的野心、贪欲、攻击性会造成何等严重的后果。每一天他的办公桌上都会出现一堆堆文件，文件中一笔带过的数字具体为眼前残缺不全、血迹斑斑的尸体，而这些人在几个钟头之前还是健康有力的、活生生的人。同类相怜，拿破仑三世的野心在血腥的空气里冷静了不少。

近代战争随着人类科学技术的进步日趋残酷，挑起战争的人却不需要像他们的先祖那样身先士卒，只要在舒适的房间里精心构造好遮蔽罪恶动机的理由，振臂一挥，就可以让千千万万的人化为炮灰。在战争爆发的第二天，一位年轻的瑞士人杜南特抵达北意大利，他被战场上死伤无数的惨状震惊了，死者长已矣，生者却还要忍受伤痛的折磨和终生肢体不全的后果。由于法、奥双方都没有采取得当的护理措施，杜南特遂在当地一所教堂里建成临时医院，以救助伤者。索尔费里诺的经历后来被他写成一本书，并在其中倡导所有国家都建立起永久、中立、自愿性组织，以便在太平时期照顾病患，战时护理伤兵。4年以后，国际红十字会组织在日内瓦成立。在一个狭隘的民族主义渐渐湮没启蒙运动以来的自由主义理想的时代，人道主义者的国际合作是另一支温和而强大的力量，足以让悲观者振作，让无力者前行。

马克西米连大公在战争的当天写给夏洛特的信中悲叹战场上之凄凉残酷，但是政治中没有天真和伤感的位置，弗朗茨·约瑟夫必须权衡利弊，安排好下一步棋。茜茜向他提议与普鲁士摄政王会见，这也正是弗朗茨·约瑟夫所考虑的。

伦巴第需要军事增援，但米兰失守的消息使哈布斯堡帝国境内的各民族震惊，马扎尔人的英雄科苏特已经出现在米兰的法军总指挥部中，与拿破仑三世共同策划建立一支匈牙利部队加入作战。哈布斯堡王朝本来就脆弱的稳定受到了巨大的挑战，大批军队滞留在匈牙利维持秩序，无法开往南方战场。况且，庞大的军费开支加重了政府的负担。维也纳的银行家们趁机要求更进一步的政治让步，弗朗茨·约瑟夫的王朝将难以维持更大规模的作战。更重要的是，由于各支部队来自不同的民族地区，有着截然不同的民族组成，因此，弗朗茨·约瑟夫对某些军团的忠诚很是怀疑：德意志奥地利人和捷克人的兵团作战勇敢，秩序井然，威尼斯人看上去也没有叛乱的迹象，但伦巴第人已经被意大利民族解放所打动，主要从克罗地亚招募的南部斯拉夫兵团则毫无斗志，匈牙利人仍然是弗朗茨·约瑟夫最感头痛的问题。一支法国海军已经前往达尔马提亚，支持科苏特在那里的马扎尔追随者，准备从后方对奥地利施加压力。

另一方面，拿破仑三世也不无顾虑，将战争推进到何种程度会真正对法国有好处，他其实是没有把握的。法国有可能会获得一些可有可无的好处，但更有可能陷入中欧的泥潭而无法自拔。如果法国继续保持攻势的话，莱茵兰的德意志各邦势必会群起而反对法国，法、俄之间出于对奥地利共同敌意的联盟也会因为法国过于膨胀的势力而破裂。多佛海峡对面的英国人是法国人的天敌，强大的日不落帝国冷眼旁观，淡漠外表遮不住内里的强悍，即使到了意大利，拿破仑三世也能够感到英国人在背后冷冷的目光和逼人的气势。拿破仑三世深知，为了保持欧洲势力均衡，各强国都不会让某一个国家过于强大。何况，法国军队的胜利只是由于上天的青睐，加上奥地利指挥官的举措失当，双方的实力其实差不太多，与其到两败俱伤的时候再由旁观者来收拾残局，不如见好就收。

7月7日，弗朗茨·约瑟夫收到了拿破仑三世一封建议停战的信，拟议中与普鲁士摄政王的会面便不再被考虑，双方一致同意在第二天实现"陆地和海上"的全面停战。

拿破仑三世有意使人们将法、奥和谈与52年之前法、俄之间的《蒂尔西特条约》联系起来。当时，拿破仑一世分别打败普鲁士和俄国之后，出人意料地与俄国结成同盟。双方互相利用，瓜分了欧洲，其合作一直持续到1810年，两年之后，拿破仑率领大军入侵俄国。这一次，法、奥两国皇帝在自由镇举行会议，拿破仑三世丝毫没有与他的皮埃蒙特盟友商谈，怕的是皮埃蒙特人得到整个北意大利而变得过于强大，因此，军事上失败的奥地利人并没有吃太大亏。弗朗茨·约瑟夫在会议中显得比对方更加冷静，在他心里，对拿破仑三世这个"大无赖"的妥协只是暂时的策略，迟早奥地利人会夺回他们的损失。但是，正如他一生中的许多次妥协一样，这次暂时的安排成为哈布斯堡王朝在意大利的故事的结局，事态再也没有好起来。

在全欧瞩目的自由镇会议上，双方规定，奥地利割让除曼图亚与佩斯基耶以外的全部伦巴第给法国，因此，传统上奥地利在意大利的四要塞防御区（曼图亚、佩斯基耶、维奥纳和莱尼亚戈）仍然得以保存；在意大利成立由教皇管辖的意大利联邦，由于奥地利还保有意大利的部分地区，因此也算作联邦的一个成员；在民族解放和民主运动中被废的帕尔马、摩德纳和托斯卡纳公爵得以和平复位。法国自然将伦巴第转赠给皮埃蒙特，加富尔由于对民族主义者让步而被迫辞职，但是没过几个月就毫无困难地官复原职了。

三天之后，弗朗茨·约瑟夫回到维也纳。对他来说，这是一件困难的事，其难堪超过了与拿破仑三世在自由镇的会面。一个多月以前，他还是欧洲最显要的人物，和平还是战争，联合或者分裂，千千万万欧洲人的生命都操纵在他的手中。他的统治是神意天恩的体现，维也纳宫廷以他为中心，奥地利帝国则以维也纳宫廷为核心。更重要的是，他一向自认为是一个勇敢尽职的士兵，也想当然地以高明的指挥官自居，但是，索尔费里诺的失败对他的军事才能提出了严重的质疑。之前，他连一位国防大臣都没有任命，现在他必须亲自为意大利的军事失利承担责任了。

# 第六章
## 外强中干：权力与政策

### 一、纷乱步调：举棋不定的皇堡

维也纳人冷漠地看着皇帝的马车在城中驶过，没有欢呼和掌声，男人们甚至不向他脱帽致礼。弗朗茨·约瑟夫虽然已经有心理准备，但还是没有料到人们会如此放肆地公开表示敌意与不敬。人声鼎沸的小酒馆里，醉醺醺的人们大声咒骂宫廷里的阴谋家，秘密警察已经听到不少对皇帝不敬的话，据说还有人要暗杀皇帝和皇太后两人。维也纳的报纸当然已经被尽职尽责地监管了起来，但是字里行间的冷嘲热讽实在令人坐立不安。

1859 年的夏季酷热难耐，但弗朗茨·约瑟夫认为，在这个国家遭受巨大损失的时刻，他没有理由让自己休息，因而改变了皇家习惯，没有前往阿尔卑斯山避暑，而香布仑宫又太过招人注目了，他不愿意被嗅觉灵敏的外国记者发现奥地利皇帝和皇后陛下在维也纳街头遭到他们沉默的子民敌意的对待，于是在这个夏天剩余的日子里，他把自己关在拉辛堡内，除了偶尔去骑马打猎，主要的时间都用于阅读刚刚过去的那场战争的各种报告。

奥地利的前途不容乐观。施瓦岑贝格和巴赫时期强硬政策的基础是对奥地利实力的信心，现在，这种信心已经在马真塔和索尔费里诺的硝烟中消失殆尽，而强硬政策在国内造成的不满和国外的孤立依然如故。

在外部，奥地利可谓三面受敌。拿破仑三世在自由镇做出让步，是出于对普鲁士及德意志各邦的顾虑，他还不了解奥地利宫廷，其陈腐与保守阻碍了它以德意志民族主义为号召团结德意志各邦一致的对法行动，但他迟早会知道这一点的，也终究会回来支持意大利民族主义者的；普鲁士正在谋求德意志邦联的领导者地位，当然不愿意奥地利强大得足以与它竞争；俄国对克里米亚战争期间奥地利的行为耿耿于怀，期望奥地利为它的傲慢付出点代价。

奥地利至少要与这三方中的一方取得和解，但弗朗茨·约瑟夫没有多少选择的余地。拿破仑三世的方案是个激进的方案，也就是1848年革命的要求——建立民族主义原则基础上的意大利、德意志、匈牙利和波兰，显然这是不可能的，因而与拿破仑三世的合作不会真正实现；保守派的方案就是回到1848年3月以前的状态，但梅特涅的神圣同盟早在三月革命之前就已经落后于欧洲变化了的政治局面了，何况这不符合巴黎会议以来俄国的要求。剩下的就只有自由派的方案了，但现在又加上了德意志民族主义的要求，这便超出了哈布斯堡王朝能够承受的限度。结果，奥地利外交政策不断地在保守主义与自由主义两种取向之间摇摆，其内政政策也随之动摇不定。

无论如何，弗朗茨·约瑟夫必须要向心怀不满的奥地利人做出让步，召集大臣开会，检讨各方错误，并承诺进行改革。首先成为牺牲品的内政大臣巴赫在当月就辞职了，作为补偿，他被任命为驻梵蒂冈大使，以一种尚过得去的方式从政治舞台抽身而出。这也是最后一个能被弗朗茨·约瑟夫所认可的大臣了，他最初 10 年的统治过去之后，再也没有人能够像施瓦岑贝格或巴赫那样对他发挥影响力，他也从不在意大臣们的思想感情。弗朗茨·约瑟夫被教养的方式使他不善与人交往或表达自己，他所处的位置又使他没有机会了解沟通的重要性。对他而言，这些部下不过是些在他的授权下提供意见和政策的机构，他会在一段时间内将决策权交给某位大臣，期待着对方能一下子解决问题，而一项政策如果没有立即产生预期效果的话，就会被彻底抛弃，其设计和执行者也会被剥夺全部权力，连一句表示感谢或遗憾的话都没有。如此这般的循环使国家政策没有一个既定的方针，并且，真正有才能有尊严的人都离他而去，这助长了谨小慎微、拘泥守旧的官僚作风。弗朗茨·约瑟夫的个人意志和心血来潮的决定就是最终的国家政策。

一段时间以内，弗朗茨·约瑟夫看上去对自由派颇为青睐，在新专制时期经济实力迅速膨胀起来的德意志中产阶级主宰了帝国经济命脉和社会潮流，自然要求相应的政治权力，以其带有民族主义色彩的自由主义为号召，坚持建立宪政政府的主张。因此，巴赫建立起来的官僚体系仍然管理着帝国各项事务。司法大臣拉塞尔曾经是克雷姆泽议会的领袖人物之一，财政大臣布鲁克及后来的国务大臣施默林虽然曾中途退出巴赫政府，但在建立中央集权的官僚体制方面与巴赫别无二致。弗朗茨·约瑟夫看重他们对国家大事的积极投入和宝贵经验，但是，无论哪个自由派，最后都会喋喋不休地要求实行宪政，这是始终要保持皇家权力不被削弱的弗朗茨·约瑟夫最为忌讳的。其政策的核心动力是要保持并加强自己在外交与军事方面的地位，因此，他是

绝对不会听任所谓的民意来操纵神
圣的皇权的。

　　出于多少有些相似的原因，他
对自己的弟弟马克西米连大公过于
自由主义的倾向也很不以为然。在
他看来，马克西米连对意大利人太
过感情用事，其极力鼓吹的改革违
背了弗朗茨·约瑟夫所理解的哈布
斯堡王朝的统治原则，而由于马
克西米连在维也纳的政敌的不断挑
拨，大公在意大利的种种举措都带
有一种分离主义的可疑动机。马克

马克西米连大公

西米连本来是弗朗茨·约瑟夫少有的几个亲近伙伴之一，但随着年
龄的增长、地位的变化，兄弟俩的生活道路渐行渐远，手足之情拴不
住日渐疏离的两颗心。甚至在家务事上也不安宁，马克西米连与夏洛
特都很得皇太后欢心，茜茜则不善与人交往，待人也不随和，和婆婆
从来没有建立过亲密的关系。尽管她激烈地反对婆婆过多地干预自己
的家庭生活，不愿意与她建立太多联系，但目睹后来者如鱼得水的欢
畅，心里总归有些不适。她和活泼开朗、颇有心计的夏洛特之间产生
了某种不自然甚至对立的情绪。因此，于公于私，马克西米连都没有
对哥哥发挥实际影响力。

　　在弗朗茨·约瑟夫继任的新内阁中，比较引人注目的是巴赫的继
任人、波兰贵族戈武霍夫斯基。1849 年以来，他已经担任加利西亚总
督达 10 年之久，为了表明对地方各省的重视，弗朗茨·约瑟夫将他

的头衔改为国务大臣。这一任命出乎所有人意料，戈武霍夫斯基本人听到这个消息时也惊呼绝对不可能，但这是哈布斯堡王室打算与波兰人和解的第一个信号。作为地道的波兰人，戈武霍夫斯基自然想在加利西亚实现贵族控制之下的民族自治。普鲁士人与俄国是瓜分波兰的罪魁祸首，但奥地利人不是，戈武霍夫斯基希望保持一个完整强大的哈布斯堡帝国，以便使加利西亚抗击普鲁士人和俄国人。出于这样的政治目的，戈武霍夫斯基虽然是一个保守的贵族，却鼓吹中央集权；虽然鼓吹中央集权，却不是一个德意志人；虽然不是德意志人，却是受耶稣会教育的天主教徒。弗朗茨·约瑟夫看得很清楚，这样一个人会忠于其民族利益，但也会是忠诚的奥地利帝国的子民。因此，出于共同的政治利益，波兰贵族成了哈布斯堡君主国内唯一无条件地为帝国服务的阶层，而他们之所以忠顺地依附于帝国，是因为他们的力量尚不够强大得独立存在，但是对于弗朗茨·约瑟夫经济上总是陷于困境的帝国来说，他们的支持远远不够。

## 二、宪政实验：难以脱身的泥潭

归根结底，终其一生，弗朗茨·约瑟夫都苦于反叛的马扎尔人和掌握帝国经济命脉的德意志银行家给他造成的种种麻烦。

中央集权剥夺了贵族对各地方和各民族的控制与影响力，也毫不理会各民族依据其历史提出来的权利要求。"巴赫的轻骑兵"多出身平民，无形中已将贵族排挤出各级政府之外。但是在匈牙利，贵族的长期政治经验和自信心使他们比其他民族处于更有利的地位。早在玛丽亚·特蕾西亚女王统治时期，匈牙利人就已经享有实际上的二元君主制，其特权地位只在约瑟夫二世时期受到过挑战，到了利奥波德皇帝时期就又恢复原样了。经过 1848 年革命，匈牙利人颁布了《四月法令》，并得到斐迪南皇帝的批准，即使是克雷姆泽立宪会议也没有触及匈牙利的事务。尽管在意大利遭到了惨败，弗朗茨·约瑟夫仍然不打算改变巴赫的中央集权的成果，匈牙利在这 10 年中受到了与其他地区一样的待遇，如果中央有所让步的话，它也只会得到与其他地区同样的好处，一点也不能多。

保守的贵族集团由匈牙利贵族塞岑所领导，他既是一个忠于皇帝的大地产主，又是一个匈牙利爱国者。在他们的背后是一个人数众多的马扎尔绅士阶层以及一个拥有共同文化和历史记忆的自信而顽强的民族。塞岑曾使弗朗茨·约瑟夫相信，保守派的地方议会能够帮助他摆脱自由派强加给他的"宪法"，但后来他发现，帝国将为此付出陷于四分五裂的代价，于是他很快失去了对保守派的兴趣，转而致力于加强巴赫时代的成果。直到 1867 年之前，他都试图忽视匈牙利人的特殊历史地位，极力想把马扎尔人与帝国内其他民族放在同一个层次上。

富于远见的自由派经济学家布鲁克男爵以其对事物的准确判断得到了弗朗茨·约瑟夫的器重。

除了在宪政问题上的根本分歧之外，布鲁克 8 月份提交给皇帝的备忘录中的大部分内容都引起了后者的兴趣，包括扩大帝国咨政院，削弱《政教协议》赋予天主教会的过多权力，而增加外省各民族新教徒、东正教徒的权力。受其影响，弗朗茨·约瑟夫颁布了改革计划，地方议会将获得更多的行政管理权，新教教会和东正教会被承诺将有更大的自由度；将设立国债委员会，以监督国家财政状况，令外国投资者放心。

弗朗茨·约瑟夫还宣布废除对帝国境内的犹太人社区的种种限制，这项政策无论对犹太人还是哈布斯堡君主国都有深远的影响，一个在欧洲被四处驱逐却依然坚持自己独特存在的民族找到了一个相对宽松的环境。奥地利并非一直宽待犹太人，1421 年，维也纳发生了首次为人所知的犹太人大屠杀，两百余名犹太人被活活烧死，幸存者则被沿着多瑙河送到匈牙利的布达。1781 年，开明专制君主约瑟夫二世发布宗教宽容令，犹太人得到了较好的对待，维也纳犹太人拥有自己的学校、商店和作坊。弗朗茨·约瑟夫的政策将使犹太人在国家经济生活和文化教育领域中发挥更重要的作用。

之后，弗朗茨·约瑟夫犯了一个愚蠢的错误，使他失去了布鲁克男爵富于创意的帮助。

战后的调查表明，军队高层存在着严重的侵吞公款、损公肥私的行为。调查涉及的几位的里雅斯特人曾与布鲁克有过交往，1860 年 4 月，布鲁克还被要求在一位被控侵夺国家财产的知名银行家受审时出庭作证。布鲁克的政敌趁机不断泼污水，想迫使他辞职，理由是一位财政大臣无论如何都不应当与这样的事情有任何瓜葛，但是弗朗茨·约瑟夫不想使这个唯一能够改善帝国财政经济状况的人离职。在私下里，他向布鲁克保证，他信得过并将支持他。这似乎表明，他很清楚布鲁克在欧洲银行界的声望和交际网络使奥地利获益匪浅。

弗朗茨·约瑟夫前后矛盾、时常变卦的性格特点这次产生了致命的后果。别人告诉他，布鲁克既然要求辞职，就应该答应他，在有关调查还没有结束之前，这样做会对政府的信誉好一些。于是，4 月的一个晚上，布鲁克回到家中，发现书桌上摆着一张便函，皇帝陛下以其特有的简短、生硬的语言通知他："如你所愿，我将把你的名字列入退休名单。"没有解释，也没有感谢，以一种不容置疑的口气宣布了布鲁克政治生命的结束。

布鲁克深为这种傲慢、冷漠的污辱所震惊，如果能够保留自己的尊严的话，他情愿去死。于是，他抓起了桌上的剃须刀，刺入自己的喉咙，当场毙命。最后，一切相关调查表明，布鲁克是清白的，与那些经济丑闻全无关系，而弗朗茨·约瑟夫完全由于笨拙而丧失了自己的大臣中最能干的一位。

与此同时，布鲁克倡导的、扩大了的帝国咨政院召开会议，以便就改革帝国体制问题提供方案。所谓"扩大"，由于并不存在地方议会，所以不过是由皇帝提名了 38 人作为各省代表。咨政院的大部分成员都是老保守派，但弗朗茨·约瑟夫十分注意使其中有足够的帝国官僚以保持某种对自己有利的均衡。到了 7 月份，这些人提交了两份报告，一份代表多数人的意见，要求实行联邦制，一份代表少数人的看法，即建立更大规模的咨政院，实行中央集权制。弗朗茨·约瑟夫似乎同时接受了双方的意见，转眼间又同时对它们失去了兴趣。当他要做出决定的时候，就变得犹豫不决，直到外部事务迫使他在极短的时间内心血来潮地感情用事。这次，他在几种选择中游移了数月之久，直到 10 月份与俄国沙皇、普鲁士国王在华沙召开会议，建立针对任何激进势力的同盟之前，他才决定要对事情作一个总结，以表明自己的态度，并防止国内，尤其是匈牙利人在会议期间表现出不满。于是，他要求在一周之内得到一份完备的宪法草案。据说，这份文件的基本原则是皇帝陛下与塞岑在萨尔茨堡与维也纳之间的火车上确定下来的，主要内容来自咨政院的多数报告。

《十月文告》代表老保守派贵族的胜利，根据莫须有的历史，联邦制国家结构确立了下来，对各个地区进行"历史的"划分，建立主要由贵族土地所有者组成的省级议会，可以分享从前由中央垄断的某些权力。全国各省议会再选举100名代表组成咨政院，决定国家的法律和行政事务。为了在华沙会议上建立与俄、普的新的神圣同盟，弗朗茨·约瑟夫试图利用这一文件表明自己的保守主义立场，而为了在外交中获得他梦想的光荣，他竭力把奥地利与自由主义拉开距离，为此甚至不惜与贵族周旋，将分离为一块块的帝国抵押给他们。但很难说权力结构发生了多大改变，《十月文告》发布以后，弗朗茨·约瑟夫写信给母亲苏菲，声称"权力在我手中"。的确如此，在权力的中心，握有强权的弗朗茨·约瑟夫被区区100个议员组成的力量微弱的咨政院环绕，决定庞大帝国的基本政策。

《十月文告》虽然是由一个匈牙利人负责起草的，却没有给予他的民族所追求的独特地位。文告中规定，尽管其他地方议会的建立要由专门法律来规定，但传统的匈牙利议会可以参照其早年的章程继续发挥其作用。但匈牙利人在1848年革命中已经为自己制定了《四月法令》，独立与自由犹如美味佳肴，一旦享有便难以忘怀，因此这样的妥协没有任何意义。至于波希米亚贵族，他们一没有政治经验，二不了解权力的运作，反对自由主义，对捷克民族主义殊无兴趣，他们的政治活动只不过是想摆脱巴赫体系下帝国基层官僚机构对自己权力的限制。因此，《十月文告》既引起了德意志中产阶级的反对，又无助于消除匈牙利人根深蒂固的不满情绪。

在华沙会议上，弗朗茨·约瑟夫建立新神圣同盟的努力也失败了。

俄国沙皇亚历山大二世在 1855 年登上皇位。在他那保守专横的父亲尼古拉的阴影之下，亚历山大二世的青年时代十分暗淡，只是由于母亲的坚持，才得以聘请茹科夫斯基对他进行开明教育。克里米亚战争暴露出了俄国的许多弱点，亚历山大二世即位后便开始进行深入的国内改革，努力使俄国从贫穷愚昧的状态中振作起来。华沙会议时，亚历山大二世正在考虑解放农奴的有关事宜，甚至准备对波兰人采取更为宽大的政策。因此，除非奥地利能够在罗马尼亚和黑海问题上让步，否则俄国不会考虑恢复与奥地利的交情。普鲁士也正经历着一个自由主义的"新时代"，不会支持奥地利反对俄国或法国，除非奥地利认可普鲁士德意志领袖的地位。

奥地利不会满足他们两者的任何这类要求，所以，弗朗茨·约瑟夫从华沙失望而归。保守主义政策既然行不通，为了排除在巴尔干的俄国势力，并在德意志各邦中压过普鲁士的影响，他必须实现国内和平并获得充足的税收或资金以应付庞大的军费开支，他只有选择与德意志自由派合作。

他在国内发现，《十月文告》引起了广泛不满。德意志人一向以帝国的统一和强大为志向。1806 年神圣罗马帝国之消失在德意志人中间造成了重新回到昔日伟大传统中的长久渴望。而现在，为了波希米亚贵族的某些权力，帝国竟有陷入四分五裂的危险，因此，德意志人——往往也是巴赫式官僚——不愿意看到匈牙利或其他地方摆脱中央政府的控制，他们希望继续原来的专制统治。

老保守派在匈牙利并没有追随者。尽管科苏特仍然是一个会引起人们爱国激情的名字，但温和寡言、品格高尚而又具有远见卓识的戴阿克已经是匈牙利人心目中的圣哲和举足轻重的政治人物。他确信，一个在现代宪法基础上建立起来的匈牙利应当而且必须与一个强大的奥地利帝国并存。这使他除了果断、正直、明智、自信以外，还具有政治家的谨慎和现实主义态度。律师出身的戴阿克法律知识相当渊博，他从 1687 年王位继承法、1722 年国事诏书（经过利奥波德二世在 1791 年的修订）等文献中为匈牙利寻找合情合理的依据，作为建立令人满意的宪法的基础。他认为，《四月法令》是适合匈牙利并得到斐迪南皇帝批准因而也是合法的文件。另一位矢志不渝地为匈牙利建立现代民主制度的传奇人物艾厄特沃什以其文学作品及政治作为广为人知，旨在改变匈牙利的贫穷落后状态。成书于 19 世纪 50 年代前半期的巨著《19 世纪统治思想对国家的影响》在总结法国大革命的基础上，根据英国的宪政思想与实践，构造出一幅自由国家的理想图画。

在民族先驱的指引下，匈牙利人虽然摆脱了"巴赫轻骑兵"的控制，但并不因此而感恩，他们曾经实现过自己的理想，自然不会委曲于某项被打破的传统。当消失达 11 年之久的县级会议重新召开时，匈牙利人拒绝按照 1848 年 3 月以前的规则进行选举。他们把 1848 年的成员名单原封不动地重新提了出来，而名单上后来又进入专制政府的人则被众人一致高呼"死了"。但是，在中央政府与县级机构之间缺少一个本应设在布达佩斯的责任政府。因此，按照旧制度，势必会在匈牙利形成某种无政府状态，这也是《十月文告》受到指责的地方。国内其他政治集团也非常不满意，自由主义者认为联邦主义者和天主教教士现在成了奥地利的统治者，金融界觉得自己没有得到足够的经济利益，于是他们和忧心忡忡的民族主义者联合起来，要求"奥地利必须和匈牙利一样受到优待"。

这时，戈武霍夫斯基成了众矢之的和牺牲品。波希米亚贵族抱怨他没有执行文告的内容，在规划选举制度时使议会中包括了太多政府官僚，从而剥夺了理论上本该属于他们的权力。德意志官僚把他视为与巴赫对立的保守的斯拉夫贵族，他的波兰同胞则认为他没有像塞岑为匈牙利人所做的那样，为波兰人争取到某些利益。因此，文告发布两个月之后的某一天，戈武霍夫斯基在自己的办公桌上发现了一封辞职信等待他的签名。没多久，提议让戈武霍夫斯基离职的塞岑也被皇帝以同样的方式结束了其政治使命。

代替戈武霍夫斯基的是施默林，他于 1848 年时曾是法兰克福议会的奥地利代表，当时坚决抵制住了要分裂哈布斯堡帝国的激进建议，而他作为自由派的声誉则来自他在 1851 年时从施瓦岑贝格内阁中辞职。自由派看中他的宪政立场，帝国官僚看中他的集权倾向，苏台德的德意志人看中他的德意志民族主义（按照联邦制原则，当地捷克人占多数的实际情况会对这些德意志人的传统优势构成威胁），老保守派则希望他为二元体制铺平道路。施默林对匈牙利老保守派的所谓传统不屑一顾，也不认为匈牙利宪法是这个国家不可或缺的财富，在他眼中，只有巴赫体系才是哈布斯堡帝国不可变更的基础，任何让步（如果有让步的话）都必须在这一体系内进行。因此，他并不想同匈牙利人有什么和解，而宁可与德意志中产阶级合作，重建巴赫体系。

但是，弗朗茨·约瑟夫并不打算做出如此戏剧性的变化，起码在名称上是这样。因此，《二月特许令》听上去像是对《十月文告》的进一步解释，而实际上恢复了中央集权制，上一份文件所建议设置的机构名称不变，但其组成与责任都大大不同了。

帝国咨政院扩充为国会，文告中的地方议会缩减为仅仅为国会提供成员的选举委员会，在地方行政管理上尚能发挥一点作用。扩充了的国会分为上、下两院，上院是些皇帝提名的上层人士，下院成员系在间接选举制下，由各地方议会选举代表前往维也纳组成。国会在几乎所有事务上享有立法权力，因此，无论外表还是功能上都发生了根本性的变化。匈牙利议会与其他地方议会一样，丧失了其重要性。

军方不快地发现，国会上院掌握着军事预算的批准权，但是弗朗茨·约瑟夫不会放弃皇帝的种种大权。《二月特许令》颁布两天之后，他要求自己的大臣们郑重保证，为了保卫皇权，一定不能向议会、国会或任何大众革命运动做出进步的妥协，而且国会绝对不能干涉外交事务、军队的组成及指挥权力。其后四年的实施表明，在国会的立法活动中，弗朗茨·约瑟夫掌握着不加限制的否决权。《二月特许令》虽然建立起了一个宪政国家的框架，但皇帝的专制权力丝毫没有被削弱。

在中央集权的全面胜利中，居然埋有二元制的伏笔。《十月文告》已经含糊地指出帝国的非匈牙利部分有必要统一办理某些事务，《二月特许令》则使这一点成为可能。除了代表全国的国会以外，还存在一个匈牙利代表被排除在外的咨政院，这表明帝国实际上分为匈牙利和非匈牙利部分，从而使帝国本身变成某种纸面上的东西。布达佩斯顺理成章地与维也纳在一定程度上平起平坐。

地方议会虽然丧失了立法权，但施默林有意缓和匈牙利与帝国其余部分的对立，因此将原由维也纳控制的某些行政管辖权转交给各省，使地方议会不再是国会具体而微的缩小，从立法机构转变成地方管理机关。任务的变更使地方议会有长期存在的必要，特许令中规定，在地方议会没有召开时，由"议会委员会"负责处理有关事宜。

随着时间的推移，情况的变化超出了施默林等人最初的意料，地方权力机构无论在规模上，还是在职能上都大大扩充了。

地方议会的选举也是一个相当复杂的过程。其成员来自四个相互独立的选民集团"库里亚"，即大土地所有者、城市商会成员、城市选区和农村选区。在选送咨政院代表时，各个库里亚单独操作。例如，波希米亚的54个代表中，15个来自大地主库里亚，4个来自商会库里亚，1个是布拉格的代表，另外15个是从划分为11个地理单元的城市库里亚选出的，最后19个来自也划分为11个地理单元的农村库里亚。可以看出，这样的选举制度青睐于财产和城市居民。而在奥地利，又意味着德意志人在其中获利最多，因为德意志人正是既富有又居住在都市中的民族，布拉格尽管是一个捷克人占多数的城市，但主要居住在城郊的捷克人被划入周围的农村选区，因此偌大的布拉格只不过有区区一名代表而已。商会则根本就是德意志人的组织，大地主阶层也不例外，即使是在斯洛文尼亚人占绝对多数的卡林奥拉，大地主库里亚也几乎全部是德意志人。

这种混杂的选举制度造成了某些特殊效果。以达尔马提亚为例，40万斯拉夫人选出了20位代表，15万意大利人则选出了23个，而那些南部斯拉夫人是哈布斯堡王朝最忠诚的子民，意大利人则如弗朗茨·约瑟夫已经知道的那样，是些从不会放弃独立梦想的自信的人。但无论如何，施默林达到了他的目的，即在咨政院中造成一个德意志人占多数的局面，以便为其积极参与德意志各邦事务打下基础。至于马扎尔人，他无意顾及太多，尽管他本来被起用就是想达成某种和解。在咨政院中，匈牙利只有85个席位，这使他们居于永久性的少数地位。预见到马扎尔人将会拒绝这样的安排，《二月特许令》在其第七款中规定，如果议会不能输送代表的话，将忽略它的存在，在其选区进行直接选举。

这样的条款如果付诸实施的话，马扎尔人占少数的匈牙利就会发生很大的政治变革，迄今为止尚未得到任何平等权利的从属民族必然获得政治上的一席之地。无疑，对于马扎尔人来说，这是一个有力的威胁。尽管他们向德意志人要求民族平等与自由权利，却无意给匈牙利境内的其他从属民族以同样的东西。民族主义的要求渐渐湮没了自由主义的纯真理想，从而使它自己也变得狭隘而自私。

但是，弗朗茨·约瑟夫并不打算与境内的从属民族合作，他向塞岑保证，第七款将永远停留在纸上。巴赫体系的失败使还不到30岁的皇帝决心不走某条确定的路线。他本来就蔑视任何理念或原则，一丝不苟的天性加上对部下没有真正的信任或了解的愿望，使他缺乏弹性与宽容。他对自己严格要求，进而要求他的大臣们也一样自律，唯一的动机就是保证哈布斯堡王朝的统治权，唯一的政策核心就是保住皇帝在外交和军事事务上的绝对控制权。在意大利的失败虽然使皇家的声望急剧下降，但是他的解决方案并不真诚，只是在各种政治势力之间制造彼此的对立与存在。他希望人们在国会中表达意见，起到社会安全阀的作用，并就此满足。为此，他不断推出携有全盘解决方案的大臣出面进行政治表演，一旦国人失去对这个人的兴趣，他就毫不犹豫地将他和他的方案一起抛弃，再换上新的表演形式。尽管他从小就不是一个好的演员，但此刻却表现得像一个冷酷无情的导演，在你方唱罢我登场的政治舞台上制造出好一派热闹场面，以取悦、哄骗台下那些任性多变、像小孩子一样不成熟和应该受到管制的观众。

## 三、婆媳纷争：不可调和的矛盾

在其家庭生活中，弗朗茨·约瑟夫也不得不在两个他生命中最重要的女人之间进行调停。鲁道夫已经两岁，苏菲皇太后认为茜茜还是不够成熟，承担不起抚育皇位继承人的重任，而太后自己既然已经成功地为奥地利锻造出了一位皇帝，自然责无旁贷地要再接再厉。小皇孙甫离摇篮，苏菲就为他精心安排了严格的训练计划，和二十多年前为弗朗茨·约瑟夫和马克西米连所作的安排相比毫无变化，一样过时的内容，一样死板地执行。弗朗茨·约瑟夫自然不会反对母亲煞费苦心的安排，何况他打心眼里赞同母亲在教育孩子方面的英明见解。茜茜虽然是他心爱的妻子、"美丽的天使"，其任性多变的性格始终深深地吸引着他，但是在有关社稷的重大事情上，弗朗茨·约瑟夫打算听从老而弥辣的母亲。

茜茜已经 23 岁了。对于一个受过良好教育的女性，此时才不过是她多彩人生的开始。启蒙运动以来，自由、平等、改良的理想由中产阶级、农民和城市工人阶级扩大到妇女。妇女中最聪明睿智的一部分已经不满足于家庭中的传统角色和社会的从属地位。1792 年沃斯通克拉夫特《为女权辩护》在英国出版，对女性存在只是为取悦男性的观点提出挑战。到茜茜的时代，争取妇女选举权成为自由主义知识分子、美国解放黑奴运动者掀起的重大社会运动，他们以笔为旗，以人类最深沉的爱心为动力，与偏见、不公正作斗争，要求妇女得到平等的机会。妇女、穷人、罪犯这些被想当然的社会规范所排斥的人在一

茜茜与弗朗茨·约瑟夫

些国家已经开始改善其待遇。

如果是一个普通人家的女孩子，此时她应该已经拥有属于自己的家。19世纪50年代以来的社会繁荣为社会大众提供了更多的工作机会，她的丈夫如果是一个勤劳能干的人，一定会带给她稳定的生活，钱不会太多，但足以让妻子维持家用。一个精明节俭的女人总是会令家中一切都井井有条。

茜茜与这些凡俗的女人不一样。出身于虔诚的德意志天主教王室，她没有机会接触这个时代最富于活力的思想，贵族和富人无所事事的生活方式也不要求她为琐碎的家务事费心。少女时代成长在甚少约束的环境中，受到率性而为的父亲的宠爱和影响，在阿尔卑斯山的夏季被一个尊贵的德意志青年爱上，没有多少心理准备就来到了处处都是禁忌的维也纳宫廷。此时她还很难说是一个心智已经成熟的女性，就必须承担起母仪天下的重任。除此之外，她那不顾一切的行事风格与虔诚的信仰本身就存在着对立与紧张。欧洲各国原有的贵族制度都在法国大革命前后经历了一个迅速没落的过程，但是，巴洛克时代留给奥地利贵族的不仅是一些堂皇的建筑，更是一种生活方式——虔诚热烈的宗教情感、对异端和带有可疑迹象的新事物的固执抵御以及对世俗之美与肉欲的迷恋。维也纳是一座热爱表演的城市，从剧场到花园，从贵族到平民，处处都有视觉上令外来人震撼和迷恋的地方。封闭的维也纳宫廷和依其出身高低环伺的贵族社交圈组成了一个生活舞台。在其中，每个人都扮演着属于自己的角色，显示身份、等级和教养。

婚后，茜茜以美貌和纯真令弗朗茨·约瑟夫的维也纳充满光彩，她在宫廷舞会和招待会上扮演一个端庄矜持的角色，口不多言，言不由衷，或者乘着装饰华美的马车在普拉特游乐园缓缓驶过，对着街边拥挤的人群致意。她的一言一行必须绝对遵守维也纳宫廷的陈规，这令年幼而不擅应酬的茜茜极为疲惫，进而引起她的姨母兼婆婆苏菲皇太后时时对她的不满。苏菲认定茜茜在巴伐利亚没有得到良好的训练，便亲自为其指定了信得过的女侍，以便随时更正儿媳的不当言行，并将茜茜与巴伐利亚那种听之任之的生活坚决隔离开来。

茜茜像早早绽放的花一样，虽然受到衷心的赞美，但缺乏认真的对待而提前枯萎。她受到爱护是因为她与生俱来的魅力，实际上与以取悦男性而获得生存价值的女性并无二致。随着韶华渐逝，内心的恐惧和无所适从被无情流逝的时间放大，成为重负。关注她的苏菲总是不满而试图改变她的天性，深爱她的弗朗茨·约瑟夫只把她当作不成熟的小女孩。她已经是三个孩子的母亲，作为母亲所需要的勇敢和牵挂会令任何一个女人走向生命中更灿烂也更深沉的阶段，但是茜茜被剥夺了这样的机会，她的孩子被控制在以婆婆的权威表现出来的宫廷规矩之下，就像她自己一样。她不得不眼看着天真烂漫的孩子的一言一行都被严格规范，其过程的冷酷和结果都可想而知。

两人对孩子的教育方式固然存在着重大分歧，更重要的是，茜茜认为婆婆再一次武断专横地向她显示自己的权威，以此来打击她、羞辱她。这可能是偏见，苏菲如果有做得过火的地方，那也是因为她见解的局限以及一个过于热心想帮助儿子安排生活的母亲所犯的错误。在茜茜的时代，人们还只知道理性、意识这些东西，非理性受到蔑视。在井井有条的外表下，暗潮涌动的潜意识还有待于 1856 年出生于帝国摩拉维亚部分的西格蒙德·弗洛伊德去揭示。茜茜、丈夫和婆婆都在他们的日常世界中扮演着既定的角色，但是她的固执使她无法安然成为丈夫的小宠物，她的格格不入使她在家庭和政治中成为一个既必不可少又无实际用处的花瓶。因此，在婚后的 6 年里，茜茜心中难以名状的忧郁和烦恼越积越多。

茜茜的活力和魅力像将灭的火光一样暗淡了下去。在意大利战争期间，弗朗茨·约瑟夫就被告知，茜茜情绪反常，几乎吃不下多少东西。这一次情况越发严重，任何食物都引不起她的食欲，而且她每天都让自己被大量的运动弄得筋疲力尽。据说，她是担心自己会发胖，变得像怀孕的姐姐妮妮一样。结果，夏天她回到巴伐利亚小住时，母亲与兄弟发现她骨瘦如柴，剧烈的咳嗽显示出她的肺部或咽喉可能已有问题。

在巴伐利亚，茜茜的家人在为她的妹妹、18 岁的那不勒斯王后的前途担忧。神出鬼没的加里波第在 1858 年被皮埃蒙特国王授予少将军衔，率领他的红衫队攻占瓦雷泽、科莫，抵达蒂罗尔南部边境，1860 年 5 月抵达西西里，直逼那不勒斯城。尽管这直接关系到茜茜的姐妹，但刚刚吃了苦头的弗朗茨·约瑟夫无论如何是不会干涉南意大利所发生的这些事情的。这也令茜茜及其家人不免有些失望。

在焦虑和自虐中，茜茜的健康每况愈下，维也纳冬季凛冽的寒风成了她逃避生活的理由。她要求丈夫准许自己离开维也纳，走得远远的，越远越好。即使是皇家别墅也不够远，她为自己选择了马德拉群岛。弗朗茨·约瑟夫能够看出来，茜茜的病是心病，只能听任她自我放逐到一个世外桃源般宁静美丽的地方，或许这样会令她有所好转。

没有人告诉苏菲皇太后茜茜的冬季旅行计划。当官方报纸正式公布皇后陛下"因严重的肺部感染"而需要在南方过冬的消息时，她才知道茜茜的康复计划。她不能理解，为什么茜茜会认为离开丈夫和孩子长达 5 个月之久会对自己的健康有好处。

由于奥地利没有可供使用的船只，维多利亚女王将自己御用的游艇交由茜茜支配。弗朗茨·约瑟夫陪伴着自己的妻子到达斯图加特，然后茜茜在亲自挑选的女官和侍从的陪伴下前往安特卫普。穿过风大浪大的比斯开湾的冬季旅程相当艰苦，大部分侍从都因为不适应而病倒了，皇后陛下却精神抖擞。更不可思议的是，她的胃口好得出奇，尽管御厨病倒了，只能吃英国皇家海军的厨师烹制的食物，但茜茜毫不介意，食量大增。

马德拉群岛的旖旎风光令茜茜在最初的几个星期里像个孩子一样充满好奇和愉快，海的深沉与宽容似乎在一段时间内平息了她心中起伏的波涛。但是，圣诞节之前，海风与海浪失去了奇效，她又变得抑郁忧伤，吃得很少，睡得很少，终日将自己关在房间里以泪洗面。

在马德拉的 5 个月很难说对茜茜会有什么帮助。1861 年 5 月，她决定回到维也纳，于是转而前往塞维利亚，在马耳他和科孚岛稍事停留以后，于 5 月 18 日到达的里雅斯特，在马克西米连的别墅里与丈夫、弟弟、弟媳重聚，之后又乘火车回到维也纳。

熟悉的面孔、老一套的奉承话、恭顺的屈膝礼、环佩叮当的华美衣饰和所有这一切背后的空虚无聊一下子又包围过来，像一张不可抗拒的网一样，让她无处藏身。茜茜发现，尽管时间已经过了 6 个月，但一切都依然如故，没有任何改变。3 岁的鲁道夫浑然不觉母亲的哀伤，张开的双臂总是迎向一直照管他的韦尔登男爵夫人。茜茜在他的生活中成了过客，吉赛拉还不过是个小姑娘，就得严格遵守各种莫名其妙的规则。

霍夫堡一丝不苟的生活使茜茜再次病倒了。宫廷招待会和国宴都取消了，皇后陛下移驾拉辛堡，维也纳市民开始猜测她的怪病是真还是假，究竟是什么使这个美丽的年轻女人如此忧郁。医生发现，她的情况的确不妙，除了拒绝进食之外，又开始发烧。茜茜向弗朗茨·约瑟夫请求允准她再次离开维也纳，但是不去马德拉群岛了，这一次她为自己选择了科孚，那个宁静小岛明媚的阳光令她一见钟情。

童年时的鲁道夫

　　在妻子的眼泪面前，弗朗茨·约瑟夫不得不让步，尽管他知道，这样离奇的出走会令维也纳的宫廷生活受到影响，甚至会影响到他与茜茜的婚姻。茜茜已经不是因斯布鲁克那个天真纯朴的小姑娘了，但她的率性而为依然如故。作为丈夫，他既没有办法令她做出改变，也没有能力使她重新健康快乐起来，弗朗茨·约瑟夫心底的悲伤又岂是别人能够明白得了的？他只能顺其自然，但愿科孚的阳光能够比他自己更有力量，帮助她也就帮助了他。

　　爱奥尼亚海上水天一色，风清气爽。1861 年夏季，弗朗茨·约瑟夫来到科孚度假，茜茜的姐姐海伦与丈夫也来到这里。自从维也纳会议以来，这里已是大英帝国的保护区，弗朗茨·约瑟夫第一次踏上维多利亚女王的统治区，他对英国人在这里的防卫和运输的现代化建设印象深刻。茜茜显然在这里获得了一段时间的宁静，她恢复了对国家事务的关注，继续其马扎尔语和意大利语的课程，还开始学习当代希腊语。弗朗茨·约瑟夫使她相信，她的离去不仅使家人牵挂，而且对皇家的声誉不利，但当丈夫试图诱使她回到维也纳的家中时，她坚决拒绝了。最后的妥协方案是她将在威尼斯过冬。

1861年3月，意大利王国宣布成立，争取独立自由的意大利民族主义者的下一个目标是把奥地利人赶回阿尔卑斯山以北，把曾经不可一世的教皇赶出罗马城。他们坚信，意大利的统一一定会实现。因此，毫不奇怪，茜茜虽然在数年前成功地平息了意大利人对弗朗茨·约瑟夫的敌意，但这次却如石入深渊，毫无动静。在意大利人眼中，茜茜只不过是个心血来潮的过客，偶然来到他们的家乡，尽管她既美丽又忧郁，兼具两种最容易令多情善感的意大利人动心的品质，但是她在这里的6个月对奥地利人拉拢威尼斯人的尝试毫无帮助。

忧郁的茜茜

茜茜在意大利时，孩子们被送过来与母亲团聚，当然还有负责教育孩子们的女侍。苏菲的影子在这些年老稳重的贵族妇女背后坚定地屹立着，茜茜再一次感觉自己被这种无可置疑的权威所笼罩。在她的强烈要求下，婚后七八年间一直负责她自己言行起居的那位夫人被解雇了，但这种做法只是再一次加深了她与苏菲之间的无可救药的隔阂。弗朗茨·约瑟夫发现，茜茜的行为更加令人不可思议，虽然她是他所见到的最任性和多变的人，但她每天都坚持健身，一丝不苟地将自己弄到筋疲力尽为止。除了苛刻地对待自己的身体以外，她对美丽的女性表现出极大的兴趣，开始收集欧洲所有知名美女的画像，甚至请奥地利驻奥斯曼土耳其的大使为她弄来苏丹陛下后宫女人的影像，把玩琢磨，以之为乐。

弗朗茨·约瑟夫不能理解茜茜的行为，正如他不理解自己的臣民一样，不同的是，他对茜茜表现出了极大的耐性和爱意。他不仅是哈布斯堡帝国既勤奋又节俭的公务员，而且是欧洲皇室最温柔体贴的丈夫，但是天不遂人愿，无论国家大事还是家庭琐事，弗朗茨·约瑟夫生命中的悲剧都已经暗暗投射下了浓重的阴影。

# 第七章
## "新时代"：钢铁与鲜血

## 一、革故鼎新：内政新格局

19 世纪 60 年代，中欧人迎来了一个"蒸汽动力时代"，始于 18 世纪的工业革命继续以加速度改变着人们的生活。在奥地利，1848 年之前就初具规模的铁路网从波希米亚开始，延伸到各边境地区，将西欧与东欧连接起来。施蒂里亚、波希米亚和匈牙利的铁厂与机械厂逐渐采用蒸汽机驱动车床，操纵汽锤，调动起重机。工业生产得到了更强大的动力和更快的速度。从维也纳到布达佩斯，到处厂房林立，浓烟滚滚。每个城市都挤满了刚从乡村来的充满希望的青年人和他们青春已逝、美梦破灭的老乡。更幸运的人在都市的华宅里找到了位置，新来者则在拥挤的贫民窟里向往新生活。

中欧政坛也发生着重要的变化。1855 年沙皇尼古拉一世、1859 年隐居乡间的梅特涅先后去世，旧制度从此失去了重要支柱。曾经主宰意大利的拉德茨基元帅、影响匈牙利历史进程的包贾尼分别在 1858 年、1859 年去世，他们的时代也随之烟消云散。1861 年，加富尔在意大利人争争吵吵的统一过程中心力交瘁，还不满 51 岁就病死了。

国王开始频繁地更换首相，宫廷中即刻涌现出一些小团伙漫无目的地争夺地位和利益。普鲁士的腓特烈·威廉四世也在同年逝世，身后是一个早已不尊重他的传统的国家。威廉一世登上王位，宣布开始他的"新时代"，而这个时代最终被证明是俾斯麦的时代，对普鲁士来说是这样，对中欧乃至欧洲大部分地区也如此。

弗朗茨·约瑟夫的前两次宪政实验造成国内各民族在 19 世纪 60 年代初产生新的格局。

通过《二月特许令》，施默林建立了一个自相矛盾的体系：尽管其主旨是加强中央集权，但却由于将地方议会变成国会必不可少的选举单位而给予它前所未有的重要性；恢复匈牙利议会使富于政治经验的马扎尔人得以建立一个与维也纳对立的政治中心。另一个重要的事实是，匈牙利人已经从科苏特的失败中获得了经验，即无论是以煽动马扎尔民族狂热的手法，还是采用与拿破仑三世、意大利民族主义者联合的手段，都不能解决匈牙利的根本问题。像科苏特一度取代塞切尼那样，戴阿克此时成为马扎尔人的领袖。这件事情本身即说明，经过 1849 年的内战和其后 10 年的专制统治，匈牙利人开始以一种冷静的政治风格和温和的方式坚定地维护科苏特以暴烈得多的手段追求的东西。

戴阿克熟悉法律程序，律师的本能使他更倾向于以法律的途径解决问题，而他非同一般的谦逊无私的品格使马扎尔人有了一个清醒、没有个人私欲的领袖，虽然科苏特仍然是马扎尔人心目中地位无可替代的英雄。戴阿克也是一个富有的地主，渊博的学识和高尚的品格令他既没有律师令人不快的个人野心，也没有乡绅思想狭隘、目光短浅的通病。1849 年马扎尔人的战争一方面是针对哈布斯堡王朝的民族权利斗争，另一方面却无法应付匈牙利境内大量存在的从属民族同样的要求。因此，意大利人可以追求民族独立与自由，马扎尔人同样的理想却会成为一柄双刃剑，伤害匈牙利国家本身。戴阿克清楚地知道，匈牙利只有与哈布斯堡帝国联合起来才会成为一个真正伟大的民族国家，同时为了保持自身的生存，又必须抵御帝国权力的侵蚀以及与境内其他民族达成和解。这样细致微妙的工作如同走钢丝绳一样，既要有高超的技巧，又要能随时站稳自己的立场，而戴阿克正是这个关键历史时期适时出现的人物。

按照《二月特许令》的规定，匈牙利议会在当年 4 月召开。戴阿克的领袖地位已然确立，乡绅中的多数人虽然仍保留着科苏特式的一味抗拒却无计划的斗争方式，但最终他们还是接受了戴阿克的解决方式，尽管他们可能是试图利用戴阿克的高尚品格和高超技巧以求达到自己激进的目标。戴阿克在议会发表了语气温和、态度强硬的演说，强调 1848 年法令的合法性，拒绝再回到传统的与哈布斯堡王朝讨价还价的做法上去。

施默林当然拒绝了这种要求，并向匈牙利议会发出最后通牒，如果不及时向咨政院派出代表的话，匈牙利议会将被取消，因此，第七款就有可能要付诸实施。面对这样的威胁，匈牙利议会在解散前一致通过了决议案：匈牙利国会的首要任务是满足那些与匈牙利政治统一、领土完整没有冲突的民族的要求；境内各种宗教（包括犹太教）一律平等；清除封建主义的一切剩余影响。

戴阿克高估了他的对手，施默林无意去吸引匈牙利社会下层人士及非马扎尔人。作为 19 世纪最保守的王朝，哈布斯堡的皇帝不会与斯拉夫农民合作反对马扎尔地主，马扎尔人虽然不停地给维也纳找麻烦，但到底还是有传统、有历史的民族。

同时，德意志自由派也不会支持那些落后民族的权利要求。尽管约翰·斯图亚特·穆勒还在英国对"自由"和"代议制政府"做出经典解释，自由主义的能量也还未完全耗尽，但是，社会思潮中已经出现了左派的社会主义和右派的保守主义。自由主义原则经过数十年来的政治实践，已渐失其纯真，知识分子从凌空蹈虚的理想中回到了现实。1810 年，一位德意志人就曾宣布："全欧洲内，伟大既重要且永恒的事物当然为德国。"1854 年，戈宾洛推出"雅利安优越论"，在这样的思想环境下，民族优越感与想获得领先地位的急切心情使德意志人坚定了对自己使命的信仰，最坚定的自由主义者 1848 年之后就前往北美洲的自由之地，另一些转向激进的革命性的社会主义，更多的则已经相信，要成为一个承担起重大历史任务的民族，必须与统治者合作，为王朝注入新的活力，以实现自由主义的某些目标。巴赫体系倚重德意志中产阶级官僚，并使哈布斯堡帝国成为一个巨大的自由贸易区，大大提高了维也纳作为金融和贸易中心的地位。施默林又制造出了一个德意志人占多数的国会，借此可以影响帝国的外交政策。种种迹象显示，哈布斯堡王朝似乎愈来愈符合大德意志的标准，因此，先前在 1848 年革命中以激进派面目出现的人，到了 1861 年就变成了王朝统治的支持者。还有一个问题在于，奥地利的德意志人并不了解奥地利帝国存在的问题。由于他们自己在帝国内居于主导地位，因此他们不理解其他民族出于其历史而提出的权利要求，反而将传统视为保守，视自己对匈牙利人的敌意为革命行动；由于他们从来都享有语言、文化上的自由，因此视其他民族反对哈布斯堡帝国的政治文化斗争为针对德意志人的行动。因此，尽管奥地利的德意志人是帝国境内政治上最成熟的民族，但是他们在1861年接受了一个假国会中人为的多数派地位，为此付出的代价是自由主义原则，这阻碍了他们与帝国内其他民族达成联合，并且无论其政策如何，都必须与哈布斯堡王朝合作。

因此，在咨政院占多数的德意志人同意施默林的政策，即匈牙利人视为根本的1848年法令并不合法，应予取缔。1861年8月，弗朗茨·约瑟夫解散了议会，暂缓自治，实行一种类似于19世纪50年代巴赫体系的"临时性"行政机构。

正在这时，科苏特提出联合匈牙利、特兰西瓦尼亚、罗马尼亚、克罗地亚等国家和地区，建立一个多瑙河联邦。成员国的国防、外交、贸易等政策由联邦会议统一制定，内政则充分独立，成员国在各个方面完全平等，连首都也轮流设置于佩斯、布加勒斯特、萨格勒布及贝尔格莱德。与先前煽动马扎尔民族狂热时期相比，科苏特十分重视克罗地亚人、特兰西瓦尼亚人的自治要求，匈牙利境内的非马扎尔人地区甚至可以通过公民投票的方式决定其官方语言。但他不认为自己对斯拉夫人做出了妥协，相反，为了成为富裕、强大的一流国家，匈牙利人应当与南部斯拉夫人、罗马尼亚人合作。

但是，科苏特的主张反而加强了匈牙利人与哈布斯堡王朝和解的倾向。一位自由派政治家认为，如果连科苏特都认为匈牙利人无法独立存在于中欧的话，那么去和维也纳的德意志人共居将远胜于同贝尔格莱德的塞尔维亚人合作。地主阶层担心土地分配问题会引起全国性的农民运动，希望政治局面受到约束而使他们获得经济利益，因此也反对科苏特的设计，而倚赖于戴阿克精细的和解工作。匈牙利人是一些精明而且经验丰富的政治家，为了达到自己的目标，他们有足够的耐心和信心，"我们可以等"——等到一个好的时机继续提出其政治要求。

捷克人是促使《十月文告》垮台的主要力量之一，他们发现，在施默林的体系中没有自己的位置。捷克人既不像马扎尔人有那么多贵族人口，又不像德意志人在帝国政治格局中居于统治民族的地位，因此，捷克的民族主义一开始就是民主权利的吁求。在克雷姆泽，帕拉茨基提出了一个在民族平等的前提下使奥地利成为各民族共存的新型帝国的倡议，但是，学者出自良心和正义的理想提出来的计划对捷克政治家来说要求太高了，他们模仿匈牙利人的样子，提出基于所谓历史的权利要求，即复兴早已不存在的波希米亚王国，建立"圣文采斯拉斯国王领土"。但这种缺乏历史基础的民族主义要求可能意味着失去波兰人和德意志人占多数的西里西亚或危及摩拉维亚，甚至波希米亚自身都有可能陷于分裂。与匈牙利人一样，捷克知识分子也与封建贵族结成联盟，但是后者对捷克人民的解放毫无兴趣，因为那只会意味着解放他们的农民。因此，捷克领导人只能对农民的经济困境视而不见。而且，波希米亚贵族虽然提出了"圣文采斯拉斯国王领土"的诸多权利，却无法想象一旦抛开维也纳的哈布斯堡宫廷，如何能够建立一个可以容身的政治体系。在他们的要求之下，捷克政治领导人不得不前往维也纳参加咨政院，接受德意志多数派的高高在上，与匈牙利人相比，他们显然缺乏讨价还价的实力。因此，捷克人的行动从两方面看都失败了：捷克贵族的"历史"要求没有现实的基础，无法通过斗争从帝国获得相应的自主权利；捷克政治领导人与贵族的联合妨碍了他们与德意志自由派的联合以及与其他斯拉夫人的合作。

克罗地亚人同样以匈牙利为榜样，拒绝将《十月文告》视为免费的午餐，而要求贯彻1848年克罗地亚议会的所有合法要求，因此既不向维也纳也不向佩斯派遣代表。戴阿克很快宣布，匈牙利并不坚持与克罗地亚在1848年的合并计划，从而使施默林的大动肝火分外引人注目。施默林被克罗地亚人引经据典的要求激怒，粗暴地要求其议会向咨政院派出代表，遭到拒绝后，即解散了克罗地亚议会。

特兰西瓦尼亚的情况更加复杂，匈牙利人在公元1000年左右就征服了此地。从那以后，特兰西瓦尼亚在行政管理、政治、经济各方面就与匈牙利产生了密切的联系，但也存在某些重要的不同。1848年，特兰西瓦尼亚议会投票决定与匈牙利合并，合并的条件之一是境内的鲁梅利亚人得到有限的选举权利。因此，《十月文告》一方面意味着特兰西瓦尼亚议会的复原，另一方面如果特兰西瓦尼亚继续留在匈牙利手中的话，鲁梅利亚人将得到其选举权。匈牙利老保守派打算鱼与熊掌兼得，既不能失去匈牙利的既得利益，又反对给予鲁梅利亚农民选举权利。由于他们从中作祟，因此特兰西瓦尼亚议会直到1861年11月才召开，这时施默林已经能够较好地控制局势了，鲁梅利亚人顺从于中央政府，运用他们的选举权反对马扎尔人，支持萨克森人。

这样，当1863年萨克森代表出现在帝国咨政院里的时候，施默林终于可以宣布全面的奥地利帝国的咨政院成立了，但是衷心支持他的只不过是些德意志人罢了，其他各族人则不是保持沉默，就是干脆与之作对。

## 二、棋逢对手：铁血宰相俾斯麦

与内政相应，施默林时期的外交政策便是在德意志诸邦国内争取主导权，这种想当然的美梦受到了普鲁士新首相俾斯麦的有力回击。

奥托·冯·俾斯麦 1862 年 9 月受命领导普鲁士内阁时刚刚 47 岁。他高大挺拔，肩膀宽阔，吃得多，说得也多，从根本上来说是一个行动敏捷、意志坚强的人。他性情急躁，精力充沛，特别喜欢抓住棘手的题目大做文章，而在他愿意的时候会极有魅力。俾斯麦的母亲威廉明妮门第甚高，是后来的德皇威廉的少时游伴。俾斯麦周岁时全家迁往波美拉尼亚的克尼普霍夫，但母亲不希望俾斯麦变成一个目光短浅的容克，因此，普拉曼学校中就多了一个好斗的学童，咄咄逼人，更不会自我怜悯。到了晚年，俾斯麦把自己比作是被冷酷无情的城里人剪短了翅膀的波美拉尼亚沼泽的大雁，他对城市人总是保持一定距离。他说自己"最喜欢穿着涂油的靴子，待在森林深处"，"永远渴望离开大城市，躲开文明的恶臭"。16 岁时，俾斯麦到三位一体教会牧师、柏林神学家施莱尔马赫那里去上宗教课，但直到青年时代的一场激情迸发的恋爱之后，他才虔诚地信仰上帝。不过，俾斯麦的上帝在所有问题上永远赞成他内心的决定，诚如他最喜爱的《圣经》里的一篇诗篇所说：

虽有成万的百姓来围攻我，

我也不怕。

耶和华啊，求你起来；我的神啊，求你救我。

因为你打了我一切仇敌的腮骨，

敲碎了敌人的牙齿。

俾斯麦在汉诺威的哥廷根上大学期间行为放浪，但是"在所有这些装腔作势的表现后面一定隐藏着卓越的才智和诱人的魅力"。1839年至1847年，俾斯麦过着乡村地主的平静生活，"我的抱负是指挥别

俾斯麦

人，而不是听人指挥"，但此时他的政治观点只不过是一位来自边远地区的保守容克所持的立场，他赞成建立一个基督教国家，最终还是要从上帝那里得到认可的。1849年他入选国会下院议员，1851年被任为普鲁士驻法兰克福议会的代表，后来他声称自己是在"政治上纯洁的情况下"到法兰克福去的。在那里，"我在夸夸其谈的艺术上已有巨大进步"。这不完全是夸张，此后8年，俾斯麦得以就近观察中

欧的政治与外交局势，对有资产、有文化的中产阶级日益增长的重要性也开始有所认识。更重要的是，他看到人们在法兰克福对奥地利人卑躬屈膝，意识到维持现状只能使普鲁士成为中欧的一个二流国家。因此，他反对与奥地利的密切合作，认为这会"将我们那些云杉木制造的搏击风浪的快船和奥地利千疮百孔的旧战舰捆绑在一起"。

1859 年，俾斯麦被任命为驻俄大使，当法、奥在意大利的战争引起的危机影响到欧洲政局的时候，圣彼得堡的普鲁士使馆无论如何不能说是一个受人重视的地方。但是他在仕途蹭蹬中对东方问题有了更深刻的理解，改任驻法大使之后不久，便被登基不过一年的威廉一世任命为首相兼外交大臣。

与具有"统治者本性"的俾斯麦相比，威廉一世贵在有自知之明和自我克制的精神，因而得以与强硬的首相达成良好合作。他曾在 1814 年投身反拿破仑的解放战争，此后便致力于军事工作。由于兄长腓特烈·威廉四世没有后代，他成为未来的继承人。1861 年登基后，他因宣布开明的"新时代"而深得人心。其内阁中引人注目地包括了著名的保守派和温和的中间派人士。1862 年春，威廉一世的试图进行扩军、延长服役期的军事改革，遭到议会中占多数的自由派的反对，拒绝批准新的财政预算。国王与议会僵持不下，一度以退位相威胁，但俾斯麦的被任命表明，国王打算与议会中的反对派斗争到底。

俾斯麦投入极大的热情解决这场宪法危机。在下议院发表的演说中，他提出所谓的"漏洞"理论，即普鲁士宪法规定，一切法律都应当是国王、上议院和下议院一致同意的产物，但是并未说明当这三者意见不能取得一致时，哪个方面应当让步，因此，当面临重大事件时，"有国家存在的需要就够了……唯有需要才是决定性因素"，从而理所当然地，政府在国王与议会意见不一致时可自主执行预算计划。在他有名的"铁和血"的演讲中，他宣称，德意志的未来不在于普鲁士的自由主义，而在于强权，因此，"普鲁士必须保存它的实力，等待良机，这样的良机已经错过了好几次。普鲁士的边界现状与正常的国家生活是不相适应的。当前的种种重大问题不是演说与多数原则所能决定的……要解决它只有铁和血"。

在巴黎的时候，俾斯麦就与奥地利驻法大使、弗朗茨·约瑟夫的幼时同伴理查德·梅特涅主动接触，表达普鲁士在北德意志取得政治、经济和军事主导权的意愿。普鲁士虽然更乐意通过对话，尤其是同奥地利取得谅解的方式获得这样的地位，但如果维也纳不与之配合，俾斯麦威胁将毫无顾忌地采用"任何手段"以保证普鲁士的领导地位。

这种软硬兼施的威胁不过是奥地利人非常熟悉的陈词滥调罢了，因此，当俾斯麦向奥地利驻柏林大使卡罗伊大胆提出"奥地利应当将它的政治重心由德意志移往匈牙利"的时候，无论是弗朗茨·约瑟夫还是他的大臣们都没有把这些话当回事。奥地利皇帝在 1862 年忙于考虑社会经济改革，年底之前批准了一系列政策法令，如改革商业法规，赋予公民更完善的个人权利，实行新闻出版自由，改革地方行政管理和完善司法程序等。施默林则试图激起德意志民族主义情绪。1863 年，一位在 1848 年被法兰克福议会派往维也纳支持革命的前激进分子弗洛贝尔在那时幸运地逃脱了被温迪施格雷茨处死的命运，流亡美国多年之后，现在成为为施默林服务的文人和智囊。正是在他的启发下，施默林说服弗朗茨·约瑟夫召集所有德意志王侯云集法兰克福，从而让这些统治者而非他们的大臣们决定德意志的未来。

这是哈布斯堡王朝最后一次试图在德意志邦联中赢得领导权。德意志各邦都同意参加，但是所有德意志王侯中最强大的一位——普鲁士的威廉一世态度暧昧。作为一个言行谨慎的 66 岁的老人，他不乐意仓促行事，尤其不会被弗朗茨·约瑟夫嗜好的规模庞大、场面壮观的聚会所吸引。在他的脑海中，幼年时他的父亲在拿破仑一世召开的德布勒森王侯会议上所受的羞辱还记忆犹新。至于他自己，虽然在 1848 年革命中主张动用武力而被称为"霰弹亲王"，但经历了无数次政治风浪之后，越来越表现得像一个保守的老人，臆想革命会风云再起。据说他常常站在王宫窗前，看着下面的庭院说："在王宫庭院的那块地方，他们会给我树立断头台。"

威廉一世游移不定的消极态度受到他的首相俾斯麦的影响。俾斯麦不会让奥地利有机会得到他认为它不配得到的地位。因此，普鲁士人既没有立即接受弗朗茨·约瑟夫的邀请，也没有马上拒绝他。当信心十足的弗朗茨·约瑟夫来到法兰克福时，普鲁士人没有一点动静。不过，威廉一世实际上就在从法兰克福坐不到 3 小时的火车即可到达的巴登巴登。因此，萨克森国王受全体德意志王侯之托前往普王驻跸之地，盛情邀请他前往参加德意志大家庭的兄弟聚会。

威廉一世感到一股不可抗拒的吸引力："30 位德意志亲王的邀请，信使还是个国王，叫我如何能够拒绝呢？"但是俾斯麦态度强硬：前往法兰克福，则意味着承认哈布斯堡王室在德意志的领导权；留在巴登巴登，才会破坏维也纳的计划，树立普鲁士在德意志邦联和欧洲的强国地位。尽管极不情愿并且进行了长时间争吵，威廉一世最终还是向俾斯麦屈服了，他向法兰克福表示了彬彬有礼但态度坚决的拒绝。

没有普鲁士的参与，弗朗茨·约瑟夫的这次行动就丧失了大半的意义。法兰克福议会中亲普鲁士的"小德意志"民族协会在王侯会议期间贴出了一张招贴，针对奥地利的意图，给弗朗茨·约瑟夫提出他不可能做到的条件：获得他们的支持是可以的，"如果他愿意彻底抛弃一切，做一个无为而治的德意志皇帝……如果他有信心把自己置于这个民族的首脑地位……立即承认 1849 年宪法规定的永远不变的公民权利……如果他最终能够实现与其他帝国内各民族的和平与和解，使他们愉快地和我们站在一起，反对来自东方和西方的一切敌人"。

到了这一年秋天，普鲁士最终拒绝了奥地利加入关税同盟的要求。对于两国来说，这是一个决定性的时刻，表明无论是保守派还是自由派，都已经不可避免地走上了一条通往战争的道路。

## 三、皇冠诱惑：冤家策划的阴谋

在王侯会议召开前的一个礼拜，弗朗茨·约瑟夫的弟弟马克西米连大公接到拿破仑三世的一封电报，通知他在墨西哥城有一个国民议会已经宣布他为墨西哥皇帝，一个充满阴谋、野心、幻想和欺骗的故事达到了高潮。

故事的中心是墨西哥，这个国家在 1821 年独立，两年后采用联邦制，在其后的 30 年间换了 46 次首领。动荡不安的政局伴随着大量道德败坏、组织涣散、金融混乱和欺诈腐败的现象。教会是全国最大的地主，人数众多的农民贫苦无知，军官养尊处优，士兵只知盲从，各种等级、阶级和地区行政划分使国家实际上陷于分崩离析的地位。19 世纪 50 年代中期上台的胡亚雷斯两次厉行改革，实行政教分离，并获得了强大邻国美国的承认，但是墨西哥糟糕的财政状况迫使胡亚雷斯在1861年宣布全部外债缓期两年偿还。这使欧洲各国长期以来的"耐心等待"政策变成采取行动，法国、英国、西班牙动用军队，试图强迫墨西哥归还外债。

法国的行动是醉翁之意不在酒。不久之后，英国、西班牙撤军，拿破仑三世却相信法军在墨西哥将作为一支解放的军队而受到欢迎。他以惯有的浮夸自大将法国设想为被压迫民族的救星和对抗美国势力的拉丁世界的保卫者。由于墨西哥总统胡亚雷斯已离开首都，美国又发生了内战，拿破仑三世计划扶持一个欧洲天主教的亲王在此建立君主制，从而使欧洲的政治经济势力进入拉丁美洲。在他的促使下，墨西哥教会党人向奥地利的马克西米连大公发出了信号。

在墨西哥建立君主制的可能性立即使马克西米连的思想活跃了起来。之前，他曾经积极倡导海军的现代化改革，在意大利深孚众望，一度吸引许多米兰人放弃了激进的民族主义要求。但是，他的行动从来没有得到宫廷全心全意的支持，弗朗茨·约瑟夫维护哈布斯堡帝国的念头太过根深蒂固了，马克西米连在北意大利建立某种自治的意图被温和而坚定地挡了回去。好在马克西米连是一个热爱自然、感情丰富的人，他在与夏洛特成婚以后不惜重金修筑了一处奢华的住所，至少可以把注意力放在家庭生活上。

夏洛特聪明伶俐，在她身上，全欧洲最年轻的君主国的上进心清晰可见。或许这正是苏菲对她青眼有加的原因之一。一般来说，妻子的欲望总是能够激起丈夫想要获得成功的进取心，寻常的男人会发愤工作，为妻子弄来金灿灿的财富、亮闪闪的衣饰和众人的瞩目与赞叹。但是，这次夏洛特想要的东西太独特了，获得它有可能会冒很大的风险，而一旦取得成功又意味着巨大的光荣。

马克西米连也深深地被拿破仑三世送来的礼物吸引住了。皇帝已获得了一个健康的继承人，皇后又还年轻，虽然前两年困于某种莫名其妙的怪病，但是自从 1862 年冬天以来，情况已经有所好转，甚至还参加宫廷的盛大宴会，看上去夫妻恩爱、琴瑟和谐，因此，皇后再生育的可能性很大，而马克西米连承嗣的前景越发渺茫。更何况，自从有人在弗朗茨·约瑟夫面前对马克西米连在意大利的活动进行挑拨以后，兄弟俩之间多少有些隔阂。马克西米连深知，他的哥哥属于观念一旦形成就很难改变的那种人。在他当政期间，自己想要放开手脚有所作为必然有一定的难度，独辟蹊径，别开生面，倒也不失为一种明智的选择。

弗朗茨·约瑟夫对拿破仑三世一直心存警惕，但这个"大流氓"伸过来的橄榄枝意味着奥地利可能会与法国合作，从而摆脱其外交上的孤立状态。另外，马克西米连和夏洛特显然得到了布鲁塞尔、伦敦和巴黎不同程度的鼓励。在这个大众势力磅礴的时代，君主制度受到了民主力量的冲击，能够在遥远而充满机会的美洲建立一个新的君主制国家毕竟是一件值得庆幸的好事。他明白，马克西米连和夏洛特是在为他们自己的前程着想，但是作为一个头脑冷静的现实主义者，弗朗茨·约瑟夫深知墨西哥绝非一块好啃的骨头。虽然他并不了解那个陌生的国度，但是常识告诉他，如果不是烂得一塌糊涂，墨西哥人何以要请外面的和尚来念经呢？如果轻轻松松就能获得巨大回报的话，拿破仑三世何以要把这份厚礼拱手让给先前的敌人呢？因此，弗朗茨·约瑟夫虽然关注事态的发展，但基本上是听任马克西米连自己斟酌决策。马克西米连的豪宅与巴黎、布鲁塞尔进行着密切的联络。

## 四、丹麦战争：为他人作嫁衣

这一年春天，俄国统治下的波兰人发动起义，俄国驻军力量强大，起义者中没有一位加富尔式的人物，反而产生了严重的内部分化，因此，两支俄国军队迅速而残酷地结束了波兰人的独立自由之梦。

俾斯麦向俄国表达了同情，他从圣彼得堡写信给他妹妹说："把波兰人狠狠地揍一顿，使他们丧失生存的勇气。我十分同情他们的处境，可是我们既要生存，就只好把他们消灭掉。狼之所以为狼，是上帝创造的，狼自己又有什么法子呢？但人们只要有可能，仍要把狼射死。"但奥地利对波兰人一向不错，它所面对的情形要微妙得多：加利西亚的波兰贵族是施默林在国内除了德意志人以外唯一忠实的支持者；弗朗茨·约瑟夫则梦想着为哈布斯堡王室获得一顶波兰王国的王冠，但是他又不可能与英国、法国的步调完全一致。因此，一方面是俾斯麦成功地获得了沙皇的欢心，另一方面是奥地利失去了外交主动权。

奥地利的困境同样反映在石勒苏益格—荷尔斯泰因问题上。这一问题自1848年以来就困扰着欧洲的外交家们。英国首相帕麦尊曾说，只有三个人明白这个问题的症结所在，一个人死了，一个人疯了，还有一个人就是他本人，但他已经把这个问题完全遗忘了。石勒苏益格、荷尔斯泰因有富饶的农田和贫瘠的荒原，构成易北河下游地区和丹麦日德兰半岛之间的边界，数百年来一直受丹麦统治。维也纳会议肯定了1815年的现状，甚至还把劳恩堡小公国并入丹麦国王的版图。但是，在荷尔斯泰因和劳恩堡这两个地方，德意志居民占绝大多数，它们一直是神圣罗马帝国的一部分，丹麦国王作为荷尔斯泰因的统治者自然也被承认是德意志邦联的成员。与此相反，在石勒苏益格，城乡居住的丹麦人多于德意志人，虽然这个公国的南部几乎像荷尔斯泰因一样德意志化了。

19世纪40年代末期，丹麦的民族运动争取使这两个公国完全并入丹麦。这种倾向在德国引起强烈的反响，反抗丹麦的侵略成为1848年的战斗号召。为了调整这一地区的统治秩序，1852年，奥地利、法国、英国、俄国、普鲁士和瑞典在伦敦签约承担了保障丹麦君主国领土的义务，为无嗣的丹麦国王规定了王位继承顺序，保证石勒苏益格、荷尔斯泰因及劳恩堡三公国不可分离，并在丹麦国王的统一领导下各自达成与丹麦王国的联合，从而使16世纪初统治过丹麦的克里斯蒂安三世的直系后代奥古斯滕堡公爵的继承要求落了空。

但是，像日盛一日的德意志民族感情一样，丹麦人在强烈的民族主义鼓舞下，积极宣传鼓吹将这三个地区并入丹麦民族主义国家。1863年3月，鲁莽的丹麦国王弗里德里希七世发表了一项实际上等于吞并石勒苏益格的声明，并提出扩充丹麦在荷尔斯泰因的特权。11月，克里斯蒂安亲王按照伦敦协议的规定继承丹麦王位，是为克里斯蒂安九世。他即位后就批准了丹麦—石勒苏益格新宪法。

这在德意志人看来不啻为对石勒苏益格的吞并，何况德意志舆论普遍认为伦敦协议本来就是欧洲强国蛮横地强加给奥地利和普鲁士的。德意志邦联议会中的自由派极力主张将这几个公国建成一个独立邦，让对这几个地区提出要求的德意志公爵奥古斯滕堡来统治，再顺理成章地将其纳入德意志邦联之中，因此许多小的德意志诸侯承认了奥古斯滕堡。

弗朗茨·约瑟夫和他的外交大臣雷希贝格虽然不能忽视德意志人的愤慨情绪，但也不准备支持奥古斯滕堡，因为他的要求是以一种民族自决为依据的，而哈布斯堡出于原则考虑必须反对这种民族自决。俾斯麦明白，这个问题涉及强权与利益。或许是由于其异乎寻常的复杂性，俾斯麦突然间满口都是些梅特涅时代的术语。他明白，由于冲突地区的地理位置和历史地位，英国、法国和俄国都可能会干预，在国内他还必须应付普鲁士议会中对增加军费历来持敌对态度的多数派，因此他的行动分外小心。但是，普鲁士的这位首相不会让僵死的条文约束自己的行为。

1863 年年底，萨克森和汉诺威率先派军进入荷尔斯泰因。几个星期后，普鲁士军队也采取了同样的行动。第二年的 2 月 1 日，普奥联军共同侵入石勒苏益格。弗朗茨·约瑟夫感到满意的是，尽管普鲁士与奥地利之间在上年夏天发生了分裂，但这次又恢复了伙伴关系。奥地利其实对石勒苏益格与荷尔斯泰因没有什么真正的兴趣，也没有吞并北德意志领土的欲望，相比之下，匈牙利问题或者北意大利问题要重要得多。

在伟大的参谋总长毛奇的指挥下，普鲁士军队击败了丹麦人，奥地利海军则在水上取得了胜利。丹麦人的失败已成定局，但最主要的工作才不过刚刚开始。在英国的调停下，有关各方在伦敦就冲突地区的政治前景进行了漫长而时有间断的磋商。8 月中旬，弗朗茨·约瑟夫很高兴地迎来了普王威廉一世，在他眼中，满口原则与主义的大臣行动起来总是朝三暮四，因此，他宁愿与地位相当的统治者们进行直接交谈，而不愿委之于目光闪烁的臣子。他尤其不喜欢俾斯麦，习惯了温文有礼的贵族圈子，他对这个人的夸夸其谈总是不能理解："说话鲁莽，夸大其词，难道想用言辞的力量威吓我的人民吗？"他没有看到，在俾斯麦直率粗鲁的容克外表之下，隐藏着奥地利宫廷久已缺少的睿智、敏锐和自信。

被他低估的俾斯麦决意在香布仑宫的会谈中让对方采取主动，以便摸清对方的底牌。他发现，奥地利人虽然十分急切地想要获得报偿，但关注的依然是能不能帮他们弄回伦巴第，甚至18世纪被腓特烈大帝占领的西里西亚。最后，俾斯麦与雷希贝格在香布仑宫炮制出来一个反对"革命"的联盟，反对德意志自由派，反对意大利以及拿破仑三世。

俾斯麦承认了奥地利对北意大利的控制权，但奥地利对此要付出代价。一个潜在的代价就是普鲁士由此在德意志诸邦中获得了与奥地利同等的地位，而这是弗朗茨·约瑟夫历来所反对的。俾斯麦甚至明确要求奥地利"应当将其重心移往布达佩斯"，普奥联盟将不适用于匈牙利。位于东方的俄国已和奥地利失和许久，但俾斯麦没有就俄国问题给奥地利任何保障。雷希贝格原本希望建立一个持久的联盟，并使哈布斯堡帝国打入关税同盟的广阔市场，看上去已经毫无实现的希望了。

威廉一世与弗朗茨·约瑟夫最终摒弃了俾斯麦与雷希贝格的计划。威廉一世不想作为奥地利的附庸，又直截了当地承认普鲁士对石勒苏益格和荷尔斯泰因并无吞并野心，从而使两位大臣失去了讨价还价的可能性。弗朗茨·约瑟夫则既想得到计划的好处，又不想被其束缚住，由此，他更坚信与普王的直接对话是对抗俾斯麦的良方。

既然已经无话可说，香布仑官会谈便戛然而止，双方只是约定，在石勒苏益格和荷尔斯泰因问题达成最终解决方案之前，继续在各自占领区内实行军事管制。1865 年签订的《加斯泰因协定》规定，由普、奥两国君主对这几个公国实行联合统治，但行政管理将分开进行，与普鲁士接壤的荷尔斯泰因由奥地利管理，石勒苏益格由普鲁士管理。但普鲁士可以把基尔作为海军基地，并在荷尔斯泰因开挖一条运河贯通北海与波罗的海，还得以在奥地利管辖区保有两条军用道路。劳恩堡则被以 250 万塔勒的价钱卖给普鲁士，奥古斯滕堡公爵的要求被弃置一边。

谁都没有把这个协定看成是最终的解决方案。弗朗茨·约瑟夫打算以此赢得时间，为普奥之间迟早要爆发的战争做好准备。俾斯麦则称这是"掩盖裂痕"的一个行动，他认为普奥之间不免一战："德意志命运的难解之结，不能用执行双雄并立政策这种温和的方式来解开，而只能用剑来斩开。"通过这个协定，普鲁士获得了地位的提升，丹麦问题的分权方案使弗朗茨·约瑟夫一直坚持的只以邦联的名义共同行动的原则被打破了。


## 五、错上加错：悔恨终生的选择

当奥地利的海军在北方海洋上取得胜利时，曾任海军总司令的马克西米连大公已经无法平静地分享他的士兵们的喜悦了，他必须做出决断，是去还是留，去则意味着接受一顶充满风险的王冠，然而一旦成功地稳定下来，又会令他享有开国之君的盛誉。1519 年，哈布斯堡王室就曾经征服了美洲的阿兹台克帝国，从而为查理五世的西班牙帝国赢得了新大陆的富饶土地。马克西米连成为墨西哥皇帝，既有历史渊源，又有现实意义。但从他个人而言，留下来其实也很不错，目前他还是奥地利皇位的第二继承人，这里有他的父母兄弟，有一座美丽的家园以及一个平静但不失美好的前程。

很多人向马克西米连表达了反对意见。在法兰克福王侯会议上，不少人借机向他表明，拿破仑三世动机可疑，他们不希望像马克西米连这样尊贵的德意志王子去为拿破仑三世执行一个诡异的计划。在维也纳，苏菲皇太后与茜茜皇后难得地取得一致，反对马克西米连到那个蛮荒之地冒险，甚至远在布拉格的前皇帝斐迪南也一反其温和柔弱的脾性，对马克西米连去美洲当一个区区墨西哥皇帝大摇其头。就是赞同前往墨西哥的他的岳父、比利时国王利奥波德一世，也曾拒绝过要他担任希腊首任领袖的建议。

但是，政治上的事情谁又能根据别人的意见来决定自己的态度呢？这些反对意见也可以有全然不同的解释，谁又能保证那些德意志王侯不是出于嫉妒才出来反对的呢？他们有这样的机会时，说不定比谁都跑得快。苏菲当然是爱子情深，无论如何也不愿意自己钟爱的儿子离开维也纳，因此就谈不上是什么明智的建议了。而考虑到茜茜与夏洛特之间一直存在微妙的敌对情绪，所以她的反对不过是小女人对夏洛特有可能当上皇后的忌恨罢了，好让她自己始终处于上风。至于好心的斐迪南，则可以忽略不计。利奥波德一世既然一生谨慎，现在提出赞同意见自然分量不同一般。

此时的政治气氛倒是真的不利于马克西米连前往墨西哥。从墨西哥传来的消息表明，胡亚雷斯在国内很有影响，而推举马克西米连为皇帝的政治力量只代表了首都及其周边少数地区的意见。已在南北战争中获得军事胜利的林肯总统对于墨西哥变成君主国决不赞同。显然，一旦从内战中脱身，美国是不会听之任之的。

如果可以选择的话，马克西米连宁愿这世界上根本不存在墨西哥。他天性宽宏善良，喜爱美和引起人温柔情愫的东西，鲜花、香草、迎风屹立的海边别墅，这些才是他真正看重的。他不是一个有谋略的人，宁愿在充满艺术气息的欧洲享受生命。

小弟弟在给母亲苏菲皇太后的信中断言，夏洛特怂恿丈夫去美洲冒险。马克西米连据说也向一位朋友表示，虽然他对墨西哥计划颇感踌躇，但是如果拒绝了的话，"夏洛特怎么办？"满足妻子的愿望是这个痴心丈夫的动力，但这远远不能解释马克西米连的抉择。或许更根本的是，这个充满天真幻想的自由主义者缺乏常识，经不住国际阴谋的摆布，他以为凭着良好的愿望和开明君主制的有效统治，就可以给贫穷无知的墨西哥农民一个美好的未来。前往美洲做一个受人爱戴的救世主，其光荣与不朽当然胜过在海边别墅中侍花弄草，虽然后一种生活更符合他的天性。

弗朗茨·约瑟夫的态度也很关键。无论作为兄长还是君主，他都可以对马克西米连发挥重大的影响力，但是，正像每次做出重大决策前那样，弗朗茨·约瑟夫又变得游移不定。他对拿破仑三世素无好感，认为"巴黎的那个人是我们最大的敌人"，却又不让马克西米连彻底断了去墨西哥的念头，这使他的动机显得非常可疑。马克西米连曾是他幼年很少的几个伙伴之一，在1853年遇刺事件之后表现出对兄长极度的关切，并倡议集资修建一所感恩教堂。此时，教堂尚未竣

夏洛特

工，兄弟之情却已笼罩在一些难以名状的阴影之下。有人会说，在其潜意识中，弗朗茨·约瑟夫会愿意将这个享有自由主义者的声誉、受人欢迎的弟弟输出国外，但是无论从政治还是私人的角度来看，这都不是主要动机。

哈布斯堡王朝总是不能抵御一顶新王冠的诱惑。弗朗茨·约瑟夫不愿意被什么政治理念束缚住，而把维护帝国的伟大当作终极目标。因此，将哈布斯堡王朝的光荣扩张到新大陆的前景就有一种难以言传的魅力，尤其在革命运动此起彼伏的 19 世纪，君主的权威和贵族的势力受到了知识分子和平民大众强有力的冲击。中下层人士步步紧逼，欧洲的君主国步步后退，拱手让出"神授"的权力，反而要感恩戴德"民意"的恩惠。如果墨西哥的冒险有所成就的话，则可视为君主制度一次主动的扩张。

马克西米连性格轻松愉快，但也非常倔强。从小在权力与荣耀的中心长大，被灌输以王者的风范，习惯纸上谈兵，因此，如果弗朗茨·约瑟夫强迫他放弃这次机会，说不定反而会激起他偏向虎山行的雄心。作为一个高傲的男人，弗朗茨·约瑟夫深知同样自视甚高的马克西米连渴望有所成就的迫切心情。兄弟俩只是由于出生时间的不同，就产生了社会角色的天壤之别。如果把这归于上帝的安排，那么，墨西哥计划岂非又一次天意的设计？如果接受了前者，为何不能接受后者呢？当然，马克西米连可以一方面享受生活，一方面等待承嗣的机会，毕竟他还是皇位的第二继承人。6岁的小侄儿鲁道夫聪明伶俐，但1863年12月，一次严重的伤寒病发作之后就格外娇弱，第二年夏天又从树上掉下来，导致脑震荡。女人们的悉心照顾虽然无微不至，但过于谨小慎微，使他不像一般男孩子那样强壮。马克西米连留在国内对王朝的顺利继替来说是一个有力的保证。如果弗朗茨·约瑟夫有什么意外发生，鲁道夫又年幼体弱，马克西米连就可以挑起重任，但是坐等意外发生又不是这位年轻、高傲的大公所心甘情愿的事情。

或许可以说，弗朗茨·约瑟夫用另一种间接的方式来说服弟弟放弃墨西哥，但由于他天性木讷，其方法仍然是非常严厉的。1864年年初，马克西米连接到一份由皇帝授意、雷希贝格起草的备忘录，表明如果他接受了墨西哥的位置，则将丧失在奥地利的继承权和作为奥地利亲王的收入，同样的情况将适用于他和夏洛特的孩子。

这样一种傲慢、官僚式的做法非常符合弗朗茨·约瑟夫呆板的个性，马克西米连原本将此视为家庭内部事务，以为自己毕竟与那些你来我往的大臣不一样，因此，他激烈地反对这样的安排，却没有受到宪法专家们的鼓励。没有多少政治经验的马克西米连初次感受到，冰冷的制度可以抽去人间最美好的亲情，这与他心目中充满人性的政治相差很远。

马克西米连没有在条约上签字，但是兄弟俩之间显然产生了更深的矛盾。与此同时，一个墨西哥代表团已经从巴黎出发，前往维也纳准备迎接马克西米连了，奥地利和法国的战舰停泊在的里雅斯特港，只等未来的墨西哥皇帝与皇后开始前往美洲的旅程。

箭在弦上，不得不发。何况夏洛特真的不愿意放弃这么一个成就大事的机会，她成了丈夫的信使，独自前往维也纳与皇帝谈判，争回了马克西米连每年的津贴，用以维护他们俩的豪宅。这座房子将保留为墨西哥皇帝与皇后在欧洲的隐居之处。

夏洛特胜利地回到的里雅斯特的家中，弗朗茨·约瑟夫随之而来，与之同行的是几位大公和朝臣。是该最后决断的时候了，兄弟俩在书房中密谈良久，对马克西米连来说，这将是他一生中最关键的一个选择。有人看见他在朝向大海的平台上迎风而立，陷入深思，孤独而无助的样子完全不像一个受上帝垂青的幸运儿。

4月9日，马克西米连做出了最后的选择，一出悲剧在经历了阴谋的策划、微妙的权衡、欲望的挣扎、情与理的紧张之后终于迈向了不可逆转的结局。马克西米连在弃权声明上签了字，从而意味着他与奥地利未来发生的一切脱离了干系。

高度的紧张使马克西米连发起了高烧，行期被推迟了几天，但事情已经决定，无可挽回。数日后，奥法联合舰队护送墨西哥新皇启程，前往一片全然陌生的土地和未知的命运。

维也纳人很快便忘记了这位俊秀的大公，一场好戏落下了帷幕。对于千里之外剧情的发展他们缺乏兴趣，天气晴朗的星期天或假期，这些"不虔敬"的人都会聚集在小酒馆里买醉寻欢，曼妙的乐曲一支接着一支，轻快的舞步可以从下午一直欢腾到半夜。这是一个守旧而迷人的城市，是步行者的天堂，是思想者与梦想家的乐园。

尽管同是德语国家，但是普鲁士与奥地利在某种意义上代表着德意志精神的两个方面：前者以柏林为代表，其有条不紊的秩序，干净简朴到了索然无味的地步，那种一丝不苟的劲头甚至会令人十分不

哈布斯堡王朝的纯银酒杯

快；后者自然以维也纳为典型。这里一年到头仿佛都是狂欢节，居民无忧无虑，男人风度翩翩，女人聪颖迷人，虽然并无过人的才智，却当之无愧地成为欧洲最具魅力的文化代表。柏林缺乏真正的传统，也因此吸引着青年人来这里创新；维也纳十分保守而且多疑，任何重大变化都会引起守旧派的强烈反应，因此，改革方案就像其商店里的营业时间一样，总是不断改动。普鲁士自弗雷德里克大王以来就像个大兵营一样，其政治野心与军事强力发展了德意志精神中嗜好侵略和挑衅的本性；奥地利则在保守、温和、如沐春风的惬意表面之下，压抑着某些东西，而那正是奥地利人本性中狂乱与黑暗的一面。

19 世纪刚开始的时候，维也纳是欧洲最引人注目的首都之一。50多年过去了，生气勃勃的柏林在德意志乃至全欧洲都成为一个不容忽视的声音。自认为是德意志兄弟国家的普鲁士和奥地利将在权力的争斗中上演一出新的剧目。

# 第八章
## 兄弟阋墙：强权与利益

### 一、戴阿克：二元制的始作俑者

香布仑宫会谈和《加斯泰因协定》的经验使弗朗茨·约瑟夫再次确认，君主与君主之间的直接联系是对抗俾斯麦这样的政治强人的有力武器。同样地，他自己也不需要有独立政治理念的大臣来主导朝政，他对自己的权威充满信心，甚至打算自行制定政策，仅仅在愿意的时候听一听顾问们的意见。因此，1864年10月，雷希贝格辞职，一位军官出身的贵族门斯多夫接任外交大臣之职，标志着奥地利的外交政策放弃了任何原则，转而基于王朝的私利。

门斯多夫出身高贵，是比利时国王利奥波德一世的侄子和英女王的表亲，在战场上出生入死，经历了大大小小22次战争，还曾在圣彼得堡寒气逼人的政治气氛中完成了外交任务，无可挑剔地显示出他是哈布斯堡王朝忠实而干练的军官和外交官。在人们眼中，他还是一个脾气温和的世家子弟，会为前来办事的下级亲自打开房门，彬彬有礼当中不失其落落大方。他看出奥地利的问题在于它是一个"多民族的大帝国"，每一个民族都有其独特文化、历史记忆与权利诉求，向任何一个民族的让步都意味着帝国统治结构的崩溃，但是，军官加贵族的身份使他颇为赞同强硬的中央权威，在决策上，他倾向于听从不管部大臣埃斯特尔哈吉的意见。

遗憾的是，埃斯特尔哈吉家族尽管在 18 世纪就成为匈牙利最大的地主，其财富甚至超过他们支持的哈布斯堡家族，并且为匈牙利贡献了多位外交官、军官和艺术爱好者，但是这位埃斯特尔哈吉却是一个绝望的保守主义者，坚信奥地利必将陷于失败的命运。因此，他既不为施默林的德意志自由主义所动，也不对雷希贝格的保守主义抱有希望，他像梅特涅一样认为奥地利没有力量，又像施瓦岑贝格那样奉行孤立政策。这位大臣与弗朗茨·约瑟夫有惊人的相似：两个人都以维护王朝的光荣与伟大为己任，又都相信无法做到这一点，从而对王朝的前途有一种悲剧性的伤感和英雄主义情绪；两人都相信奥地利的敌人拥有无法抵御的强大力量，却都拒绝与其中的任何一个谈判以获得主动。埃斯特尔哈吉对弗朗茨·约瑟夫的影响力使匈牙利老保守派在宫廷中重新得势，这对施默林造成了威胁。

施默林的德意志支持者也在 1864 年年底离弃了他。他们最初将施默林奉为"宪法之父"，希望他在任期内能够弥补《二月特许令》的不足。渐渐地，他们发现，施默林对德意志自由主义者的政治原则殊无兴致，甚至将咨政院中的激烈争论视作政府运作过程中的绊脚石。哈布斯堡王朝没有如他们所愿带上自由主义色彩，他们自己反而羁绊于咨政院里表面上的多数派地位，没有办法与其他民族获得和解，赢得讨价还价的地位。对施默林失望之余，他们变得像 1848 年激进分子那样，为了获得德意志人在帝国其他部分的主导权力，必须付出承认马扎尔人特殊地位的代价。

施默林前途暗淡，戴阿克的机会便来了。1861 年以来的 4 年间，戴阿克一直在他的乡间寓所过着宁静的隐居生活。有趣的是，在他离开名利场期间，声誉却不断上升。因为对意大利人和拿破仑三世结盟的前途丧失了希望，传奇式的英雄人物科苏特放弃了发动一场新的暴力革命的计划，但他的目标始终是建立一个不存在哈布斯堡王朝的中欧，因此转而试图号召与塞尔维亚、罗马尼亚、克罗地亚等建立所谓的莱茵邦联。这样的计划反而损害了科苏特的声誉，匈牙利人在多次交锋中积累的政治直觉和自我定位使他们既不接受与斯拉夫人合作，也不愿意让哈布斯堡王朝彻底消失而承担民族冲突的某些风险。因此，人们往昔给科苏特多少信任与崇敬，现在又转给戴阿克多少。只不过民心有时也如维也纳的风一样，变幻莫测，难以逆料。在一个大众力量崛起的年代，政治人物不仅要表现出来他的能力，更要能够控制善变的民心，或者威慑，或者引诱，俾斯麦可谓个中高手。戴阿克则凭借其冷静干练、品德高尚给一个历经风波的民族指出了一条奋斗之途，他完全配得上人民赋予他的热情。

在埃斯泰尔哈吉的怂恿下，弗朗茨·约瑟夫曾在 1864 年年底与戴阿克秘密接触过，凭借当政 16 年的经验，他立即发现了戴阿克罕见的政治才干。后者坦率地表明，他要在匈牙利建立一种后来被称为"地方自治"的体制。次年春天，戴阿克发表文章，提出妥协的方案，即在承认哈布斯堡王朝统治权的前提下，恢复宪法，使匈牙利依法享有特殊地位。

戴阿克的文章透露出某些可以讨价还价的地方，弗朗茨·约瑟夫只想保持帝国不受损害，对帝国的伟大建立在什么样的原则之上并不在乎。戴阿克的文章一发表，他就前往布达佩斯作短暂访问，第一次作为匈牙利国王而不是奥地利皇帝，宣布将满足匈牙利人的合法要求。把一个君主国变成一个二元制国家的前景几乎遭到所有政治集团的反对，特别是捷克人，帕拉茨基出版了《奥地利国家的设想》，主张实行各民族的政治平等。弗朗茨·约瑟夫于是又向捷克人允诺要加冕为波希米亚王。

来自普鲁士的威胁使弗朗茨·约瑟夫意识到战争的可能性，但施默林内阁既没有消除马扎尔人的抵抗，也没有控制住德意志自由派在咨政院里对庞大军费开支的公开指责。弗朗茨·约瑟夫不再需要这种假宪政了，但不是代之以真的宪政，而是完全抛弃这层伪装。这年夏天，"施默林剧场"解散了，与马扎尔人还在讨价还价之中，德意志自由派又被视为"不忠诚"，可选择的就只有保守派贵族了。一位摩拉维亚贵族贝尔克雷迪继任为国务大臣，原内阁成员中只有门斯多夫和埃斯泰尔哈吉保留了下来。

贝尔克雷迪的"伯爵内阁"已经是主张实行保守的联邦制的最后一届奥地利政府了。贝尔克雷迪本人富于勇气，具有长期的行政经验，像真正的奥地利贵族那样深切关注保护帝国的光荣，并且相信这一点只有通过恢复贵族的尊贵地位才能做到。几个世纪以前，培根就曾指出，民气如水，时而平缓，时而湍急，君主国中有必要培养出一个有一定数量的贵族团体。这样，当民气涌动之时，首当其冲的不是君主制本身，而是贵族阶级，分其流，减其势，庶几有利于稳定统治。但是，奥地利贵族实际上并未享有过贝尔克雷迪断定的那种权势，弗朗茨·约瑟夫任命他是希望与匈牙利人打交道会容易一些。贝尔克雷迪则以建立联邦制为最终目标，因此把向匈牙利人的妥协看作必不可少因而也是无害的一步。

贝尔克雷迪将施默林的政策完全反转了过来。特兰西瓦尼亚议会本来是支持维也纳的，现在被解散了，代之以一个亲马扎尔人的议会，唯一的任务就是投票要求特兰西瓦尼亚与匈牙利合并。原有的帝国咨政院退出政治舞台，旨在将奥地利建成一个中央集权的德语国家的《二月特许令》也旋即被取消，作为对斯拉夫民族集团，特别是捷克人的让步。

保守派贵族欢迎贝尔克雷迪的政策，弗朗茨·约瑟夫也愿意看到动辄以宪政为号召的德意志官僚的失败。但是，马扎尔人才是真正的赢家，帝国的非匈牙利部分丧失了发言权，弗朗茨·约瑟夫就丧失了与马扎尔人讨价还价的筹码。之前德意志人、捷克人等境内各民族是反对马扎尔人的重要力量，现在他们的消失意味着皇帝与马扎尔人平等地坐在谈判桌上，讨价还价还没有开始，匈牙利就胜利了一半。

但是，贝尔克雷迪与施默林的政策核心都是等待：施默林想拖延到匈牙利人接受《二月特许令》，贝尔克雷迪想坐等匈牙利人接受《十月文告》。匈牙利人则哪个都不想要。1865 年年底，新的匈牙利议会召开第一次会议，弗朗茨·约瑟夫亲自主持开幕，并发表了马扎尔语的演说。贝尔克雷迪只想在匈牙利恢复地方自治，赋予其议会某些行政权力。戴阿克则要求按照 1848 年法律建立一个责任内阁。匈牙利是帝国内部的一个独立成分，但是其外交与军事政策将由双方国会分别选举的"代表团"按照多数原则做出决定。匈牙利政府不设外交与军事大臣，代表团不对各自的国会负责。如果两方面的代表团发生意见分歧，则将合二为一，按照多数原则投票做出最终的决定。

外交与军事历来是弗朗茨·约瑟夫最关注的两个方面，因此，他被戴阿克的条件吸引住了。1866 年 1 月底，他偕同皇后伊丽莎白前往布达，一直待到 3 月初。

## 二、匈牙利之行：茜茜的马扎尔情结

1862 年以来，茜茜的状况看上去一天好过一天。她的生活非常规律，每日清晨她都会在寝室里的木制健身器材上一丝不苟地锻炼身体，其态度之虔诚犹如每天向上帝履行义务一样。之后就是长达 4 小时的梳妆时间，发型师为她美丽的栗色长发专门设计了一种精巧而复杂的发式，缀以闪闪发光的钻石镶制的星形装饰物，令她看上去既有皇家的高贵典雅，又不乏妙龄仕女的自然风韵。她的美在经历了青年时期的危机之后，终于克服了傲慢与羞涩的个性带来的自我怀疑，流动于眉眼之间，宛若行云流水，无阻无滞。她结识了新的朋友，其中一位匈牙利人不仅担任了为她朗读马扎尔文的职务，而且成了她的闺中密友。她在这段时间内再也不需要借助于马背上的孤独狂奔来安定心神，生活变得充实而有意义。

自信起来的茜茜第一次表示出了对鲁道夫教养方式的强硬立场。鲁道夫已近 7 岁，按照安排离开了保姆的监护，由苏菲所赏识的一位道德严谨的将军亲任教师，训练他学会纪律、服从之类的军人品格。妇女们细致入微的呵护陡然转为一位严厉、善于出其不意的男人不近人情的控制，鲁道夫幼小的心灵所受的震撼可想而知。他曾经被要求在冬日凌晨冒着寒风在雪地里操练，以便磨炼他的意志力，甚至有一次把硝烟弥漫的空子弹扔进他的房间，以察看他的反应。但是，鲁道夫不具有父亲那种木讷镇静的士兵气质，他天性敏感，较为脆弱，这位家庭教师将军队中粗暴无情的训练方式照搬到儿童教育中，对鲁道夫后来的生活产生了难以估量的消极影响。茜茜不能容忍儿子从小就被置于这种严厉、无情的管教之下，这种管教剥夺了她11年婚姻生活的许多乐趣，其后果在丈夫身上已经深有体会了。因此，茜茜正式向皇帝陛下提交了一份语气坚定的文件，要求在"有关孩子们的一切事情，包括他们的日常起居、住所及教育"上获得"全部的、没有任何限制"的权力。她将单独决定孩子们的一切，直至他们长大成人，另外，皇后本人也将有权决定其一切个人事务和家庭生活的安排。

尽管不无疑虑，弗朗茨·约瑟夫还是向妻子投降了。她的决定很可能过于任性，有时甚至会危及皇家的尊严。皇帝与皇后并非普通人想象的神仙眷属般悠游自在。当享乐成为一种职业时，便也毫无兴趣可言了。这样的位置外表风光而内里令人疲倦，私人生活与政治使命不可能完全分开。他们一家人前往普拉特游乐园并非真的只是去感受春风与阳光，而是要让维也纳人愉快地体会到奥地利的强大与哈布斯堡王室的光荣。茜茜的许多怨言皆是因为不理解或不能接受这一点，但是这次她的意志分外坚决，弗朗茨·约瑟夫只好顺其自然，为鲁道夫另觅一位严厉而不失同情心的指导教师。

茜茜的坚强还体现在她这次对匈牙利的访问上。在布达，她失去了自己的第一个孩子苏菲，导致她在长达9年的时间内再也没有踏上匈牙利的土地，但这次她陪同丈夫在这里整整待了5个星期，每天都不得不参加看上去没完没了的舞会、餐会、招待会。弗朗茨·约瑟夫给母亲苏菲的信中对茜茜大加赞扬："她的彬彬有礼、技巧和谨慎，加上极好的匈牙利语，使她对我甚有助益。"实际上，茜茜写给鲁道

弗朗茨·约瑟夫夫妇与孩子们

夫的信说明，她在这些繁杂的事务中依然感到了难以平息的焦虑不安，她那内向羞涩的天性并没有因为频频出头露面而有所改变，反而由于受到批评、抑制而分外顽固。

茜茜与匈牙利最有影响的两个人有了初步的交往，她非常尊敬诚实温和的戴阿克，但更吸引她注意力的是前科苏特的亲密战友安德拉西。年轻时鲁莽冲动的伯爵参加了科苏特的匈牙利激进改革党，1848年起义时任营长，失败后逃亡国外，被缺席审判，处以模拟绞刑。在流亡中他渐渐对科苏特试图依靠国外势力推翻哈布斯堡王朝的计划丧失信心，因此，转而与帝国谋求和解。1857年获赦免回国，此时，他已经是戴阿克的主要谋士，在皇帝与戴阿克之间起到重要的沟通作用。皇帝虽然尊重戴阿克，但被他的正直和一举一动依法而行的书生气弄得有些心烦意乱。安德拉西则带有科苏特时期的浪漫主义色彩，黝黑修长的外表自然散发出一种迷人的气质，年少轻狂的时期已成往事，悲剧般的记忆把一个冲动、激情四射的灵魂锻造成精光内敛又反应敏锐的稳健的中年人。

戴阿克与安德拉西结成了完美的伙伴关系。前者人品高尚，通晓法典，熟稔议会斗争的种种策略，后者了解周围的世界，具备出色的外交技巧。双方都既想同皇帝又想同境内各民族达成和解。相比之下，安德拉西更急于表现其外交天才，其野心是成为一个强大的奥地利帝国的外交大臣，戴阿克清静无欲，却已经认定安德拉西将成为匈牙利第一任首相。

安德拉西显然给茜茜留下了深刻印象，他使老一套的社交会面不落痕迹地转入舒适的个人交谈，他对皇后的赞美显得那么得体而不俗。不知不觉间，连向来为人拘谨的茜茜也变得大方了许多，她对马扎尔的一切都更加倾心了。

但是维也纳的贝尔克雷迪内阁没有被戴阿克的计划或安德拉西的魅力所打动。一旦将施默林体系全盘破坏掉，这个继任的内阁就丧失了其政治资源。经过一段时间步履杂乱的试验，反对者渐渐步入其前任的轨道，开始像他们一样，认为匈牙利内阁是个总爱惹是生非的颠覆性政治团体。新内阁成立之初本来是要与匈牙利人达成和解，以便在与普鲁士发生战争时加强帝国力量，现在他们的意图发生了逆转，反而认为战胜普鲁士会使与匈牙利人的和解变得没有必要。但是，奥地利不可能在外交孤立的情况下投入一场引人注目的战争，而门斯多夫和埃斯泰尔哈吉并无真正的外交政策可言，他们只是无休止地谈论奥地利的权利，却不肯做出哪怕些许的让步来争取盟友，贵族的保守与不知天高地厚使他们在奥地利面临挑战时举止失措。为了保存哈布斯堡帝国多民族共存的特点，他们不能以德意志民族主义来反对普鲁士的敌意；出于其保守性，他们不会对"革命的"拿破仑三世让步；在南方的意大利，他们还梦想着要恢复1859年以前的局面，遑论舍弃奥属北意大利的领土。他们看到与普鲁士的战争已逼近，却像害怕失败一样害怕胜利，失败固然不幸，胜利又意味着奥地利必须承担起领导德意志诸邦的任务，而这显然与他们如此迷恋的哈布斯堡帝国的民族大家庭的特色相违背。埃斯泰尔哈吉虽然比任何人都应当承担起发动战争的责任，却曾经对人说："我恨这场战争，因为无论输赢，奥地利都将不是原来的样子了。"

## 三、普奥对决：不可避免的祸害

在奥地利的贵族们伤感地坐以待毙的同时，俾斯麦精神抖擞地展开了外交活动。由于在1863年波兰起义时普鲁士采取了同情俄国的行动，俾斯麦对俄国的友谊已经成竹在胸，于是又设法从法国获得某种保证。在比亚里茨，俾斯麦与拿破仑三世进行了会谈，确认法国会保持中立。意大利是奥地利的宿敌，虎视眈眈地等待着收回北部威尼斯地区的机会。1866年4月，俾斯麦与意大利结盟，规定如果普奥在3个月内爆发战争，意大利保证参加普鲁士一方。

与意大利订立盟约的第二天，俾斯麦就向邦联议会提出一项建议，要求按照1849年的选举法，通过普选召开全德议会，讨论改革宪法的问题。俾斯麦是一个传统的贵族，并不十分重视舆论与大众的支持，但作为政治人物他非常灵活而富于策略，这项建议本身就是为了吸引自由派支持，激起奥地利反对，从而有助于引起直接冲突，何况俾斯麦认为忠诚的农民会支持保守的教士和地主，反而能够加强自身力量。总之，为了在国内获得足够的支持来反对奥地利，俾斯麦这个容克和君权神授论的主要捍卫者，摇身一变又成为普选制的主要鼓吹者了。驻石勒苏益格—荷尔斯泰因的普、奥两国军队关系紧张，普鲁士人不断对奥地利的行政管理进行指责，有意要激怒奥地利人。俾斯麦本人频繁与匈牙利流亡者联系，柏林出现了一个意大利高级军事代表团，普鲁士参谋总长毛奇随后前往意大利的佛洛伦斯，看来战争的阴影已笼罩了从莱茵兰到亚平宁半岛的广大区域。

4月份，意大利军队开始总动员，弗朗茨·约瑟夫不想冒两面作战的风险，起初他建议普鲁士与奥地利同时裁军，但军方要求在南部地区进行总动员，以防意大利军队乘虚而入。因此，4月底，他下令驻意大利的奥军进行总动员。

这使普鲁士有了扩充军备的借口，在5月的第一个星期里，普鲁士军队也开始作战准备。这是一支装备精良的部队，1841年起其陆军就采用了新式的后膛装弹的"撞针枪"。这种枪的发射速度是前膛枪的3倍，士兵能够平卧在地上装弹和发射，在射击对方时易于保护自己。另外，普鲁士人很早就发现了铁路的重要性，著名经济理论家李斯特从美国回来之后，用了很大的气力鼓吹发展铁路，伟大的军事家毛奇于1839年就投资新建了汉堡与柏林之间的铁路。1846年，李斯特去世时，普鲁士陆军实施了第一次大规模铁路运输军队的演习行动，毛奇在1857年担任参谋总长之后，更加不遗余力地进行利用铁路实施军事进攻的准备。因此，虽然普鲁士军队动员较晚，但是有5条铁路线把部队集中起来，而奥地利只有一条从维也纳开出的铁路，而且没能有效地利用起来，反而让普鲁士人抢占了有利位置。

两方军队一方面紧锣密鼓地为拟议中的战争做准备，等待着有利时机，另一方面互相谴责对方促成了战争的爆发。到了5月中旬，弗朗茨·约瑟夫便对这种对峙局面失去了耐心，他在给母亲的信中写道："宁可让战争快些来临，也不要再持续这种局面。花了这么多钱，做出这么多牺牲，无论如何我们也要得到一个结果。"为了得到这个结果，奥地利政府提出放弃威尼斯地区，但被意大利人拒绝。奥地利人取得妥协的欲望突然间像之前不妥协一样坚决，负责调停的加布伦茨将军建议建立一个由一位普鲁士王公统治的石勒苏益格—荷尔斯泰因公国，在德意志则分别由普鲁士、奥地利进行军事领导。

加布伦茨的个人境况反映了许多德意志家庭左右为难的处境，他和哥哥路德维希都出生于萨克森，但是一个当了奥地利将军和荷尔斯泰因总督，另一个成了普鲁士大地产主和柏林议会的议员。兄弟阋墙不仅是德意志民族的悲剧性历史命运，而且深刻地影响了德意志无数个家庭的生活。

1866年6月1日，奥地利将普奥之间关于石勒苏益格—荷尔斯泰因的争端提交到德意志邦联议会要求解决，试图要诸中小邦国在战争爆发时支持奥地利。但是，德意志邦联内部的各中小邦国出于经济需要和政治利益，除了支持普鲁士或保持中立之外别无选择。萨克森在战争中与奥地利并肩作战，表现出色，但巴伐利亚的国君路德维希二世政治上支持德意志的统一，况且此时他已经表现出了孤僻、不愿意与人交往的性格特点，其个性妨碍了巴伐利亚在德意志邦联中发挥重要影响。

俾斯麦谴责奥地利的行动，很快宣布原来的协定已被破坏，命令普军开进荷尔斯泰因。6月11日，奥地利提议号召邦联所有军队对普鲁士作战，普鲁士则宣布如果就此计划进行投票，将被认为是向它宣战。14日召开了最后一次邦联全会，但没有讨论奥地利的建议，而由巴伐利亚提出了一项较为温和的建议，即要求给德意志邦联的军队选出一位司令官，同时将中小邦国的军队动员起来。这一提议以9票对6票获得通过，但普鲁士代表拒绝接受这个结果，宣布邦联业已解散，号召各邦国跟随普鲁士，建立一个新的邦联。

战争正式开始了，普鲁士军队在两天后就穿越了德意志小邦国的边境。在巴黎，拿破仑三世预言普奥将陷于长期战争，因此准备坐山观虎斗，相信最后将由法国进行调解。但是，巴黎、伦敦的军事专家与充满自信的维也纳人一样，认为奥地利将在秋天到来之前取得胜利。双方兵力相当，萨克森的2.5万名士兵直接加入奥地利一方作战，巴伐利亚和符腾堡等邦国还有相当数量的间接军事支援，但是，贵族的无能与盲目的自大使奥地利失败的命运在开战之前就已成定局。

普鲁士有伟大的参谋总长毛奇，奥地利本来也有精明强干的阿尔贝特大公，他是当年打败拿破仑一世的卡尔大公的儿子，20岁就加入了奥地利陆军，师从拉德茨基元帅，进行了完整而系统的军事训练，在意大利战场功勋卓著。虽然1866年战争的焦点在波希米亚，虽然阿尔贝特大公是哈布斯堡帝国最出色的将军，然而为了不使皇家的声誉受到可能的失败的影响，阿尔贝特大公被避重就轻地派往意大利战场。不出一个星期，阿尔贝特就向皇帝陛下报告了库斯托扎战役的胜利消息。这种胜利空洞而无用，因为按照奥地利的计划，在威尼斯地区的胜利只是为了战后将它交出去，对于战争的进程并无实际意义。

哈布斯堡帝国的将军中排名第二的贝内德克将军受命指挥北部战场。他在 1849 年、1859 年均战功卓著，被誉为"新拉德茨基"，19世纪 60 年代以来一直担任驻意大利的奥军总司令。这次，面对上上下下充满希望的目光，只有贝内德克自己预感不妙，他认识"到米兰的大路旁的每一棵树"，而毫不熟悉欧洲中部的平原和山隘。但作为一个来自匈牙利西部的严格的加尔文教徒，他将接受上帝安排的命运和皇帝交给他的职责。他和他的谋士们坚持要所有奥地利军队都集结到奥尔穆茨的指挥部附近，结果被行动迅速的普军抢先穿越了波希米亚的山隘，占据了有利位置。

普鲁士的战场拉得很长，25 万主力部队分布在一条长达 276 英里的战线上，目的是要保护西里西亚和柏林，并利用一切可用的铁路线运输士兵与给养，以空间换得时间，这就意味着普军的兵力与面积比例极低。更何况，战争爆发之初，普鲁士人错误地估计奥地利将入侵他们念念不忘的西里西亚地区，因此由王太子率领一支军队移向东南方，使普军刚刚有所收缩的格局又扩得很大。但是，贝内德克并未利用普军战线拉长的机会，连王太子军艰难地受困于山间小路时都没能趁机进攻。他被来自侧翼及后方愈来愈大的威胁弄得手足无措，动弹不得。本来他可以利用自己处于中心位置的优势，打破普军漫长而单薄的战线，但他唯一做到的事情就是将部队收得更紧，将自己束缚住了。

由于有了电报，毛奇得以在柏林的办公室里指挥作战。普军的指挥系统灵活机动，各级指挥官从上级获得的指令都不是死板全面的命令，可以随时根据情况的变化改变作战方案。因此，虽然他们最初对奥地利人的意图做出了错误估计，但立即进行了补救，变被动为主动。

普鲁士的普奥战争勋章

　　在普军猛烈的炮火之下，贝内德克的部队连连受创。弗朗茨·约瑟夫吸取了意大利战争的教训，满足于待在维也纳接收前线来的消息，但为了监督战争的进程，他派遣特使前往柯尼希格雷茨，在那里找到了心情沮丧的指挥官。连日来的挫折使贝内德克完全丧失了信心，绝望中，他发给皇帝一封电报，请求"不惜一切代价，立即谋求和平"，但被弗朗茨·约瑟夫严词拒绝，并在回电的最后质问贝内德克："战争是否已经打响？"为了加强波希米亚战场，特别是尽快将阿尔贝特大公调去参战，奥地利接受了由拿破仑三世主持的奥意停火协定，这就意味着无论波希米亚发生什么情况，威尼斯地区都将被交给意大利王国。

　　在弗朗茨·约瑟夫的催促下，贝内德克真的投入了战斗。7月3日，柯尼希格雷茨战役爆发，双方投入兵力在44万至46万之间，在欧洲史无前例，是一战前规模最大的战役。德意志人站在相似而不同的旗帜下，为了想象中的利益厮杀不已。在维也纳，弗朗茨·约瑟夫紧张地等候在电报机旁，截至中午时分，普鲁士军队的进攻受阻，但是结果仍不明朗。晚上7点钟，失败的消息传来了：普鲁士王太子率部队从东面袭击，迫使奥军放弃阵地，溃不成军。

奥地利依然有实力与普鲁士抗衡，弗朗茨·约瑟夫下决心继续战斗。他一方面寄希望于诱使拿破仑三世趁机在莱茵兰威胁普鲁士，以便于奥地利集结更多军队，另一方面指望阿尔贝特大公能够力挽狂澜，扭转不利局面，后者从意大利返回，在多瑙河一带组织防御，打算与普鲁士进行一次长期战斗。

尽管普军的前锋已经推进到距离霍夫堡仅 14 里地的瓦格拉姆，但是，战斗已经结束了。俾斯麦不想摧毁奥地利，相反，他要保护这个"兄弟之邦"，他向普鲁士人解释这样做的理由："……今后关系最重要的是尽可能防止奥地利产生一个侮辱性的回忆。……普鲁士军队以战胜者的姿态进入敌国首都，这对我们自己的将士当然是非常愉快的回忆，但是对我们的政策并没有必要。"他相信，普鲁士即便能够给予拿破仑三世因中立而盼望得到的一些补偿，"按照历史逻辑的推论"，下一步仍然是对法国的战争；另外还有俄国，虽然迄今为止双方关系融洽，但随着奥地利的失败和普鲁士力量的增强，俄国作何反应还很难预测。为了避免拿破仑三世或俄国的干预，俾斯麦抢先与奥地利进行谈判。7 月 22 日，双方实现停火，并着手和平谈判。8 月份，《布拉格和约》签订，奥地利失去了威尼斯地区，同时被剥夺了对德意志的领导权，被排斥于南德意志联邦之外，并放弃了在荷尔斯泰因的一切权利，但是它保持了领土完整，依然是中欧强国。

俾斯麦在对待敌对的德意志各邦方面更表现出了其政治家的远见卓识。普鲁士建立了北德意志联邦，既然已经成为新的霸主，那么就有必要将过去的敌人转变为感恩的友邦。因此，巴登和符腾堡只需付出一笔赔款，黑森依然是一个自治邦。巴伐利亚在领土方面略做调整，并支付了一笔战争赔款，秘密答应在与法国发生战争时帮助普鲁士。

就这样，1866 年，俾斯麦一手缔造了一个新的奥地利，就像另一个莱茵兰人梅特涅在拿破仑战争之后所做的那样。梅特涅的奥地利是欧洲势力均衡的必要保证，俾斯麦手中的奥地利则是普鲁士的需要，保留它的存在，就可以有效地反对普鲁士容克们的大德意志计划。自神圣罗马帝国消亡以来，无数德意志人为建立统一、强大的德国而魂牵梦萦，但这一宏大理想却是捷克人、波兰人等中欧民族所不愿意看到的，也是法国最为忌讳的事情；而如果奥地利帝国彻底溃败，取而代之的将是泛斯拉夫主义或俄国势力的扩张。换言之，奥地利帝国的多民族特点使它在握有霸权时成为几乎所有民族主义理想攻击的对象。一旦它不存在了，又马上会带来中欧和东欧一系列民族和政治问题，因此普鲁士的策略是打击它、削弱它，却不消灭它。推迟各种社会矛盾的爆发，有利于普鲁士发展力量。奥地利于是成了激烈冲突着的各方的减压阀，哈布斯堡王朝的世界主义色彩和多民族的结构使它能够包容这些冲突，却不可能真正强大起来。自此以后，哈布斯堡君主国成了欧洲的病夫，靠各大国的宽容甚至支援维持生存。

至于这场战争本身，毛奇称之为"不可避免的祸害"，对普鲁士来说，战争"并不是因为普鲁士的生存受到威胁而开始的，这是一场政府早就预见的斗争。这场斗争不是为了争夺领土，而是为了争夺想象中的利益，为了争夺权力。"但是，对于弗朗茨·约瑟夫而言，坚持在德意志邦联中的领导地位使奥地利付出了昂贵的代价。这次他虽然没有亲往战场指挥作战，但是通过派遣信使和施加压力干预了战争的进行，其结果是灾难性的失败。贝内德克在意大利出生入死换来的一世英名毁于这个此前默默无闻的波希米亚小镇，不得不引咎辞职，但是，奥地利的失败不能简单地归因于他确实不太高明的指挥。

缺乏足够的资金阻碍了奥地利军队的装备现代化。以这次战争中大显神力的撞针枪为例，奥军将领早在 1851 年就建议使用这种新式武器，但是弗朗茨·约瑟夫身边那些保守的军事"专家"依然坚持使用前膛装弹药的火枪，直到 1865 年，皇帝本人亲自见到撞针枪的好处时，才下令奥军统一装备这种"新武器"。但是 5 个星期以后，奥军才回复他，资金不足，只能满足极小数量的武器要求。其实，一方面是资金不足，另一方面是军方大手大脚，任意挥霍，每年的军费开支中只有大约一半是用在刀刃上，另一半则用于维护人员冗多的军事机关的日常运转以及从事某些干预内政的活动，后者还得到了弗朗茨·约瑟夫的纵容。

与奥军将领的无能粗鲁相应，士兵大都"没读过多少书，没受过什么训练，也不会讲德语"，既不会准确射击，也无法弄懂军事命令。因此，即便咨政院慷慨解囊，能够装备足够的枪支，这些一无所知的士兵也难以掌握这种新式武器的操作方法。

所以，贝内德克在一定意义上当了替罪羊。在他背后，不仅是奥地利军队的落后、无能，而且是官僚系统的腐败、保守、行动迟缓。更重要的是，这个国家的人民在哈布斯堡王朝的保守统治下没有权利可言，他们在无知与混沌中忠顺地服从皇帝及其代理人的命运，浑然不觉自己在一个令人窒息的铁屋中已经丧失了生命力与创造力。

## 四、国难当头：战败的连锁反应

在维也纳，弗朗茨·约瑟夫为普鲁士出人意料的宽容感到庆幸，但更多的是对再一次惨重的失败感到无比沮丧。仅仅是由于普鲁士的施舍，奥地利才没有遭到四分五裂的命运，而这个洋溢着胜利喜悦的恩主仅仅在半个世纪之前还是奥地利恭顺的小兄弟。特别是奥地利从实力上并不比对方差很多，但却事事被动，让俾斯麦牵着鼻子走。弗朗茨·约瑟夫最看重的就是哈布斯堡王朝的形象，现在他不得不忍受维也纳人冷漠而敌对的情绪。事先有多大的期望，现在就有多痛的体验，弗朗茨·约瑟夫被挥之不去的失败感笼罩。在他眼中，奥地利的邻居们操纵着民族主义的武器，搅得维也纳不得安宁。"这是一场尚未结束的生死斗争，当整个世界都反对你，而你没有任何朋友时，几乎不可能获得胜利，但是你还得继续做你能够做到的事情，尽力履行你的职责，最终体面地结束。"登基之初那位威严而沉着、热情又宁静的年轻人已经在尽职尽责的过程中变成了一位心甘情愿地背负重任的过早进入中年心境的人。一方面是内心固有的骄傲，另一方面是奥地利一次次的失败，而对于这些失败他难辞其咎。因此，弗朗茨·约瑟夫的内心世界一片灰暗，在无情的政治斗争中，他本来就不相信什么人或奇迹，现在放眼望去更是人人可疑，这更强化了他根深蒂固的使命感和如缀网劳蛛一般勤谨地履行其义务。

在这种时候，弗朗茨·约瑟夫尤其需要茜茜的帮助。在战争期间，茜茜表现出色，投身于伤病员的治疗和护理工作，亲自前往维也纳的各个医院，探视伤员。她天使一般的面容和母亲一般的关切抚慰了那些年轻的士兵。当她用马扎尔语轻柔而温和地问候匈牙利伤兵时，人们忘却了她曾经是那么一个困于自我怀疑的年轻女子。在关键时刻，茜茜的出色表现缓和了维也纳的紧张气氛，有助于提高皇室的声望。

茜茜的匈牙利朋友希望得到更多。柯尼希格雷茨战役的几天之后，茜茜前往佩斯巡视那里的医院，戴阿克与安德拉西在火车站觐见了年轻的皇后，向她陈述了俾斯麦与流亡国外的科苏特激进分子勾勾搭搭的情况，请她提醒皇帝，在这种特别的时刻，为了避免更坏的情况发生，应当向他们，也就是温和的匈牙利人做出友好的保证。

戴阿克提出，尽管奥地利战败了，但匈牙利的要求一点也不比战前多。弗朗茨·约瑟夫明白其中的含义，匈牙利人认为实现其政治理想的时候到了。紧随着茜茜的行程，安德拉西乘夜班车赶往维也纳，充满信心地等待皇帝的召见。

茜茜把与匈牙利人的和解看作是避免灾难发生的必然做法，她以一个母亲和皇后的名义，要求丈夫与安德拉西会面，以便找出合适的方式达成和解。弗朗茨·约瑟夫担心她

安德拉西

对马扎尔人一贯的好感会导致某些政治上的困难，要求她在与安德拉西伯爵接触时要谨言慎行，以免造成政治上的误解或麻烦，但却无法拒绝等在家门口的伯爵。6月17日，他与安德拉西进行了90分钟的会谈，对方的口才与风度给他留下了好印象，但他认为他们"要求的多而给出的少"。3天之后的另一次会谈中，63岁的戴阿克表现得比

安德拉西更为实际一些，考虑到其他民族的利益，弗朗茨·约瑟夫相信这是一个诚实而且忠于哈布斯堡王朝的人，但有点书生气，不够灵活。因此，他将在戴阿克提出的原则基础上，与安德拉西进行更深入的讨论。

但是，从内心深处，安德拉西关于德意志化的奥地利的夸夸其谈着实令弗朗茨·约瑟夫有些恼怒。安德拉西虽然是由一些匈牙利老保守派介绍给皇室的，却恢复了1848年的理想，要使奥地利变成中央集权的、自由主义的和德意志人的奥地利。匈牙利则将是中央集权的、自由主义的和马扎尔人的匈牙利。对于境内的其他民族，来自匈牙利北部斯洛伐克人地区的安德拉西对这些斯拉夫人的危险性要比其他人更为敏感。因此，他认为斯拉夫人不适合一般的政府管理，而必须将他们置于被统治的地位。但是，弗朗茨·约瑟夫之所以想与马扎尔人达成和解，只是想避免对其他政治集团做出让步，他可不想最终把权力交给德意志自由派。因此，当他还需要对抗普鲁士人的时候，弗朗茨·约瑟夫表现得似乎会接受匈牙利人的一切要求。到了8月份，《布拉格和约》的签订解除了眼前的危机，他就转而支持贝尔克雷迪，以获取支持，应付德意志自由派。

匈牙利既然已经亮出底牌，贝尔克雷迪就计划带动帝国其他省份提出类似的权利要求，以使匈牙利失去其特殊地位。但是如果按照已有的方式选举省议会的话，必然会再度制造出来德意志人占多数的情况，从而倾向于中央集权。因此，贝尔克雷迪不仅要完全改变选举体系，而且要把各级官僚换成贵族联邦主义者。但是，他自身的保守倾向阻碍了他从大贵族以外的政治集团寻求支持，他既要在议会中造成斯拉夫人占多数的局面，又不想让他们真正代表民意，他反对德意志人的自由主义思想，但并不反对德意志人。

茜茜不愿意她的匈牙利朋友被搁置一边。和平谈判期间，她继续待在匈牙利，并要求丈夫任命安德拉西为外交大臣，甚至要他在佩斯附近空气清新、风景如画的地方购置一所别墅，安德拉西有时会陪伴她在那里骑马，他非常赞同茜茜的意见。

在这种时候提出这样的要求实在有些不合时宜。弗朗茨·约瑟夫语气尖刻地回绝了她的所有要求：他不可能在普鲁士人还虎视眈眈的时候冒犯奥地利的德意志人和斯拉夫人，因此他不可能任命一位马扎尔人为外交大臣；不要再去看那别墅，免得别人以为皇帝会买下它，在国难当头的时候更要紧缩开支、谨慎行事。总之，他不可能按照她的意见去处理国务，因为采用她那种"彻底的匈牙利人的观点"会与他作为奥地利皇帝的职责发生冲突。

发生分歧对两个人都是很不愉快的事情。茜茜又像几年前那样，骑马狂奔在无人的乡间。弗朗茨·约瑟夫写给她的信也充满浓重的思念与悲哀。8月18日他过生日的时候，茜茜赶回维也纳为他庆祝，稍事停留就又匆匆回到匈牙利，为的是与她的朋友们一起庆祝匈牙利最盛大的圣史蒂芬节（8月20日）。茜茜的行为使宫廷和朝臣为之哗然，这样明显地偏爱马扎尔人对于一个多民族帝国的皇后来说是相当不理智的行为。

普鲁士的军事胜利还间接地改写了另一块大陆上人们的命运。不出弗朗茨·约瑟夫所料，拿破仑三世借口法国国防力量不足，要召回驻墨西哥的军队。真正的原因乃在于马克西米连在墨西哥的失败已成定局。他天真地相信自己将成为印第安农民的解放者，实行了一系列自由主义的改革，试图给贫苦农民以土地和希望。但这触犯了拥有大量土地的教会的利益，这些保守而有钱有势的人对马克西米连从欧洲带来的种种改革方案丝毫不感兴趣。法国军队虽然在 1865 年把胡亚雷斯赶到了北方，但这时美国内战已经结束，可以腾出手来料理墨西哥的事务了。而且由于马克西米连的自由主义倾向和当地教会与他为敌，1866 年，罗马教廷也抛弃了他。由于法国军队是马克西米连赖以维持统治的核心，34 岁的墨西哥皇帝在这块陌生的土地上陷于孤立无援的地位，他考虑过退位，但那将意味着失去一切。女人在这种时候总是显得更坚强和果断一些，夏洛特一边劝丈夫冷静下来，从长计议，一边收拾行装，打算先回欧洲寻求支持。

她直接去了巴黎，试图说服拿破仑三世收回成命。但政治总是无情的，拿破仑三世为了满足自己对外征服的愿望一手促成了墨西哥建立君主制，现在，马克西米连四面楚歌之时，他出于自私的考虑又无情地抛弃了对方。

面对挫折，夏洛特仍然充满希望。夏洛特的父亲、比利时国王利奥波德一世已经去世，小小的比利时也无法提供什么实质性的帮助，于是她南下到达的里雅斯特，期待着奥地利皇帝的接见。但是，弗朗茨·约瑟夫最终取消了这次既关系到家庭事务又是国家事务的会见。他感到无法面对夏洛特，因为弟弟被困在遥远而满怀敌意的地方，而奥地利又无法腾出手来帮助他。弗朗茨·约瑟夫写信要求茜茜回到他身边，给他以情感的安慰与支持。

茜茜果然回来了，孩子们兴高采烈地扑向父亲的怀抱，一派其乐融融的景象。但是，对急需救助的马克西米连和夏洛特来说，既没有家庭团聚，更没有军事帮助。以马克西米连命名的海军旗舰刚刚从普奥战争中凯旋，静静地停泊在海港中。海风依旧轻柔，马克西米连钟爱的花草依旧笑意盈盈，但物是而人非，夏洛特困在的里雅斯特的别墅里，时而被突如其来的一线生机紧紧地吸引住，时而又悲观而消沉地痛悔错误的抉择。她牵挂留在墨西哥的丈夫，却已经不能与他患难与共，胡亚雷斯那张坚毅的印第安特色的脸庞时时会使她从梦中惊醒，月朗风清的夜晚便从此无眠。

弗朗茨·约瑟夫或许对弟弟的状况感到无能为力，而且从政治上来说，他与马克西米连的关系更是奥地利皇帝与墨西哥皇帝的关系。在普鲁士强大力量的威慑之下，奥地利的外交政策必然是与法国达成某种默契甚至合作。在奥地利实际上已经不是一个独立存在的欧洲强国的情况下，它的皇帝不可能出于情感的原因贸然出兵，挑起一轮新的外交争斗。因此，作为前奥地利大公夫人的夏洛特或者还可以得到维也纳的欢迎，但作为墨西哥皇后的她就只好无望地等待在的里雅斯特那所空洞的豪宅里了。

所谓的亲情，所谓的原则，在哈布斯堡王朝的政治利益面前都得退避三舍。弗朗茨·约瑟夫没有原则的原则实际上就是力求自保，他的责任感使他不可能纵容感情去影响决策。作为一个在民众革命的浪潮中成长起来却以维护君主制为己任的君主，他其实很明白自己的不合时宜，只是他把这种不合时宜当作某种尊贵的因而不是每个人都能享用的特权，这使他勤谨的劳作更具有一种辛辣的讽刺性和深刻的悲剧性色彩。普鲁士与奥地利这两个德意志最重要的国家在俾斯麦的一手操纵下发生了具有决定性影响的分裂，弗朗茨·约瑟夫与马克西米连也从同一个家庭走向不同的生活路线。伤感与惆怅都不会阻止渐行渐远的脚步，无论已经发生了什么，生活还是会继续，生活的悲喜剧还是会给维也纳的诗人带来无数甜蜜的悲哀。

# 第九章
## 多瑙河之波：喜剧与悲剧


## 一、梦幻华尔兹：奥匈帝国的诞生


维也纳的 1867 年开始于一种罕见的低落情绪之中。这座一向轻松愉快的城市还沉浸在柯尼希格雷茨之战带来的震惊和挫折感之中。往年人潮涌动的嘉年华会和兴高采烈的跳舞会都静默了下来，一时之间，维也纳最通行的语言——音乐也不再响起。

打破沉默的是才华横溢的小约翰·施特劳斯，他在 4 年前就已成为在霍夫堡演出的皇家指挥，此时他用舒缓深沉的前奏引出了被誉为"真正出色的华尔兹"的《蓝色多瑙河》。3 月的维也纳春寒料峭，小约翰·施特劳斯在市民公园指挥自己的乐队，为无数困惑无助的维也纳人奏响了这支解忧曲，也拉开了奥地利和解和繁荣时期的序幕。

一位萨克森政治家和一位马扎尔贵族亲手缔造出了奥地利—匈牙利帝国。

博伊斯特曾经担任萨克森王国首相兼外交大臣达 8 年之久。在此期间，他的政策旨在保存德意志诸小邦，作为奥地利与普鲁士之间的第三种力量。因此，萨克森虽然在经济上与普鲁士联系密切，博伊斯特却在政治上越发倾向于奥地利。在德意志邦联中，他一向都是反对俾斯麦的领袖人物之一。他对俾斯麦一贯的敌意使他在1866年战争结束以后被迫辞职，却也使弗朗茨·约瑟夫在当年10月选中他为奥地利帝国的外交大臣。

每一个奥地利政治家都面临着多个政治集团的不同要求，他必须在其中选择一条道路，小心翼翼地达成自己的目标。比如，德意志人占主导地位的官僚体系有实行中央集权和大一统的传统，贵族会提出所谓的历史权利和要求，哈布斯堡王朝则始终以庇护其从属民族为"使命"。作为外来者，博伊斯特对奥地利原有的种种政策偏好并不熟悉，正所谓外来的和尚会念经，这反而使他免于陷入奥地利政治集团的复杂斗争中不能自拔。而且，在萨克森长期任职的经验与阅历使他具有相当的判断力，他是一个意志坚定的现实主义者，从来没有什么政治哲学，对奥地利帝国也没有既定的想法，其政策核心是消除战争的消极影响，从而使奥地利重新以强国的面貌出现在欧洲，最终可以建立一个反普鲁士的联盟。

因此，博伊斯特立即就抓住了奥地利内政的症结所在，他向皇帝提出，唯一的出路就是与匈牙利人达成和解，唯一的办法就是给匈牙利人他们想要的东西。

另一方面，贝尔克雷迪仍然按照自己的方式，试图在非匈牙利人的地区唤起当地人的政治觉悟。他意识到，只有这些民族被动员起来，才能借其力量压制匈牙利人的气焰。但是此前的《二月特许令》带来的选举结果是德意志人在大部分地区的议会中都占多数派地位，因此，贝尔克雷迪重返《十月文告》，其中规定非匈牙利地区可以召开一个"特别咨政院"，地方议会可以按照简单多数原则选出与人口分布相当的代表，从而以一个保守的斯拉夫人的咨政院抗衡匈牙利人，尤其是克罗地亚人，可以被用来从内部削弱匈牙利。

当贝尔克雷迪细致规划他的方案时，"外国人"博伊斯特已经投入行动了。1866 年圣诞节前夕，弗朗茨·约瑟夫迈出了意义重大的一步，派博伊斯特前往布达佩斯，与匈牙利人会谈。他在新年之初召开大臣会议，宣称："政府永远不可能满足所有民族的要求，因此，我们应当依靠那些最强大的民族……即德意志人和匈牙利人。"

在布达佩斯，机灵的萨克森政治家与雄心勃勃的马扎尔贵族安德拉西坐在了一起，两个人都对贝尔克雷迪的老调重弹、弗朗茨·约瑟夫的犹豫不决和戴阿克的刚直不阿很不耐烦，据说安德拉西私下里这样总结二元体制："你们照管你们的斯拉夫人，我们照管我们的斯拉夫人。"

在最后关头，一个克罗地亚代表团前往维也纳，要求获得与马扎尔人同等的政治地位。但是他们被告知，必须与匈牙利人和解，而且帝国也不需要克罗地亚人以对抗马扎尔人的形式提供的帮助。贝尔克雷迪虽然还发布了一个新的文告，要求召开不包括匈牙利人的"特别咨政院"，但是已经于事无补。2 月初，贝尔克雷迪和他的"伯爵内阁"被解散，只有博伊斯特留任。这样，以一种弗朗茨·约瑟夫特有的、长期拖延之后的手忙脚乱的方式开始了奥匈帝国的二元体制。

匈牙利人始终坚持 1848 年法令是由斐迪南皇帝批准的合法文件，因此，博伊斯特说服弗朗茨·约瑟夫把戴阿克这些匈牙利民族领袖看作是一个责任内阁，允许他们来到维也纳，直接与帝国官员谈判。在法律程序上，这是关键性的一步，因为承认对方的合法性地位就意味着要接受其政策，传统的讨价还价策略就没有必要了。

除了偶尔请教一下戴阿克以外，博伊斯特与安德拉西两人很快就拟定了一份文件，哈布斯堡王朝在奥地利几百年的统治以一种奇怪的方式被仓促而决定性地改写了。文人为之高歌的历史，政治家为之振臂高呼的权利，人民为之激情汹涌，志士为之抛头颅、洒热血的信仰，有时候竟是在非常条件下被一个无意的偶然所决定的，命运漫不经心地扔进凡间的石子，往往会在岁月的池塘激起一波又一波的涟漪。

1867 年 5 月，奥匈协议（奥地利称之为"第七号法律"）获得新召开的匈牙利议会的批准。其中规定，弗朗茨·约瑟夫承认包括特兰西瓦尼亚、斯洛伐克高地、边屯区及克罗地亚、斯洛文尼亚在内的"圣史蒂芬王室领土"的统一与完整。相应地，匈牙利国会承认皇帝兼国王负责外交与国防，他有权任命掌管这些事务及双方共同财政的联合大臣。因此，协议制造了 3 个独立组织：一个是永久的"共同君主国"，系指对外交往中由哈布斯堡王朝所代表的政治存在，实际上是为了避免匈牙利人所不乐意见到的"帝国"一词；一个是奥地利（在此指哈布斯堡王朝领土中非匈牙利的"另一半"，一般可以"奥地利"称之，有时亦称"内莱塔尼亚"，意即"莱塔河这边的国家"）与匈牙利之间的暂时性经济联盟；另一个就是作为国家形式的奥地利与匈牙利两部分。

匈牙利王国与"帝国其余部分"各自设立两院制国会及由首相领导的责任政府。至于双方的共同事务，则由两个国会各自提名 60 位代表组成"代表团"每年会商，地点是维也纳或布达佩斯，每年轮换。在匈牙利，由上院直接选举出 20 位代表，其中有一位是克罗地亚人，下院 40 位代表亦由直选得来，其中有 4 位克罗地亚代表。在奥地利，同样是上院 20 位代表、下院 40 位代表，但来自不同省份，代表的民族成分也与各地的人口分布相应，从波希米亚的 10 位代表到蒂罗尔或伏拉尔贝格的 1 位代表，参差不等。其结果是，占全国总人口 2/5 的匈牙利在国家事务中拥有与其他所有 3/5 的人口同等的决策权。

尽管弗朗茨·约瑟夫做出了让步，但正如他一贯想要的那样，权力依旧掌握在他的手中。所谓"共同君主国"，实际上仅限于皇帝及其朝廷、外交大臣和国防大臣，两部分没有共同的首相及内阁。当博伊斯特被任命为"皇家首相"时，他试图发挥一种超越于两位国务大臣的权威，结果受到匈牙利人的抵制。加上从维也纳开出的火车只需 4 小时就可到达布达佩斯，原来的匈牙利总督（帕拉丁）也被废除，皇帝可以直接对布达佩斯发挥作用。在维也纳，皇帝的御前会议作用类似于共同内阁，但其成员均系皇帝亲选，功能也限于提出建议，决定权在皇帝手中。总之，制度博弈的结果是使弗朗茨·约瑟夫居于权力的核心。

代表团制度也对弗朗茨·约瑟夫有利。这是一个费力而脆弱的制度。当两方代表团发生分歧时，就会按照简单多数的原则进行统一投票，从而体现出"共同君主国"的基本性质。但是，匈牙利不愿意自己的政治权利受到侵蚀，因此这一规定从来没有实行过。代表团的这一弱点就有利于皇帝本人发挥作用，匈牙利人的抵制实际上加强了皇权。

协议对共同国籍未作规定，因此住在匈牙利的"奥地利人"只有在归化之后才能参与公共事务，反之亦然。自始至终，奥地利帝国除了匈牙利以外的部分没有一个确定的名字，这其实反映了奥匈协议的真实性质，即人口、经济实力等各方面都不具优势的马扎尔人得以与奥地利皇帝本人直接谈判，获得了优于其他民族的地位。人口占优势的斯拉夫人和传统上具有政治特权并一直享有经济优势的德意志人都被取消了与君主合作的权利，马扎尔人单枪匹马地战胜了境内其他民族。

但是，许多马扎尔人都认为协议只是满足了他们的最低要求，某些强硬的科苏特分子对戴阿克甚为不满。对此，安德拉西在一次演讲中提醒他们，匈牙利从共同的财政管理中获益良多："如果有人抱怨说协议的条件不利于匈牙利，我要回答说我们目前只付共同开支的30%，享受的权利却与付70%的那些人相同。"而且，双方"共同的"财政大臣毋宁说是一个发言人，而不是决策者，因为税收的责任完全落在两部分各自的财政大臣身上，留给匈牙利的空间依然足够大。

维也纳的军方领袖对协议也颇有微词。所谓"军屯区"位于匈牙利南部，原本是为了对抗东方的土耳其人而由军队开发并占有的地区，现在也归匈牙利所有。再加上特兰西瓦尼亚，新的匈牙利王国比以前任何时候的疆域都要广大。

弗朗茨·约瑟夫一旦得到他最看重的外交与国防权力，就不计较太多了，被他抛弃的其他民族只得再去与马扎尔人

奥匈帝国国徽

达成和解。无意之中，他和博伊斯特作茧自缚，君主将无法采取满足任何另一集团的政治要求的行动。

马扎尔人从这份协议中得到的好处使奥匈成为一个不平衡的二元体制：匈牙利王国的政治结构是一元化的，其精神主要是马扎尔式的，"帝国领土"则是一种没有头绪的联邦制，地方议会保留有广泛的权力，虽然不足以与朝廷的中央集权趋势相抗衡，却也不会酝酿出来强大、独立的政治声音。所以，协议产生了一种"过滤"效果，即匈牙利成了一个意志统一、行动有力的政治单元，原有的民族矛盾被过滤之后留在了帝国的非匈牙利部分，各个民族都在要求自己的权利，哈布斯堡王朝又缺乏满足这些要求的政治资源，无法成为不同政治集团的黏合剂。因此，非匈牙利部分成了一个剩余概念，不仅没有共同的名称，而且没有共同的声音。


## 二、盛筵难再：布达佩斯的加冕礼


由于与马扎尔人达成了和解，弗朗茨·约瑟夫得以在布达佩斯举行一个隆重的加冕仪式，匈牙利人视若生命的神圣王冠将被授予这位皇帝兼国王。据说，1000 年时的匈牙利国王史蒂芬皈依了基督教，从罗马带回来王冠和十字架，作为他统治多瑙河平原的神圣权力的证据。在随后的岁月中，越来越多的附会给史蒂芬的王冠罩上了神圣和神秘的色彩，使它成为凝聚匈牙利人的共同信仰。在承受着来自东欧与西欧不间断的政治风暴的漫长历史时期里，王冠是民族团结、政治统一的内在象征。哈布斯堡王朝的玛丽亚·特蕾西亚女王为了抵抗普鲁士的觊觎，于 1741 年加冕为匈牙利女王。经历了约瑟夫二世的中央集权的努力之后，同样精心设计的仪式在 1792 年为女王的孙子弗朗茨皇帝举行过，1830 年则轮到了斐迪南皇帝。1848 年革命期间，科苏特宣布哈布斯堡王朝已经不再是匈牙利合法的统治者了。次年，在他面临失败、出逃国外之前，科苏特将王冠埋在奥萨瓦的一株桑树之下。就这样，圣史蒂芬王冠在多瑙河附近这个偏僻的地方静静地躺了 3 年。后来，奥地利官员设法从一个境况窘迫的流亡者那儿买到情报，才使匈牙利人的圣物重见天日。

奥地利人把王冠作为战利品敬献给弗朗茨·约瑟夫，但是，在当时的匈牙利人眼中，他的手接触到王冠的那一刹那，就已经亵渎了它。在没有加冕为王之前，王冠不属于他，尽管他一直把王冠放在维也纳的宫中。现在，弗朗茨·约瑟夫已经接受了作为匈牙利国王的诸种特权与义务，安德拉西决定给予神圣王冠以特别的尊贵地位，以强调匈牙利人的传统，以抵消弗朗茨·约瑟夫与王冠之间曾经发生过的令人不快的往事的影响。

还在匈牙利议会批准协议之前两个月，弗朗茨·约瑟夫就被告知，加冕日期定在 1867 年 6 月 8 日，正是气候宜人的初夏。他还发现，鉴于茜茜一贯对马扎尔人持有一种浪漫的热情，并且在奥匈协议的达成中起到了重要作用，衷心热爱她的匈牙利人特地为她修改了加冕仪式，使她紧接着丈夫接受匈牙利王后之位。在这个时刻，谁还会想起茜茜曾经是那样一个无力摆脱内心紧张、受无名病症困扰的年轻女人呢？匈牙利人还记得茜茜对佩斯附近那所别墅所怀有的异乎寻常的热爱。安德拉西代表他们向弗朗茨·约瑟夫宣布，这所已有 120 年悠久历史的别墅将在修葺一新后作为人民的礼物呈送给国王及王后陛下。

　　和解的气氛与重建的热情使布达佩斯美丽的 5 月处处流淌着欢乐。在玛丽亚·特蕾西亚统治后期，布达与佩斯还只是规模不大的市镇，不仅不能与巴洛克式的维也纳相提并论，甚至连普赖斯堡和德布勒森都比不上。18 世纪后半期，布达与佩斯才进入飞速的发展期，其总人口从 1787 年至 1848 年增长了两倍，手艺人、工匠、劳工、农民和自由职业者纷纷涌入，中产阶级、新近到来的犹太人和其他民族的工商业者聚集在一起，富有的希腊巨贾、德意志商人和政府高级官僚、上层知识分子则组成了更加"高尚"的社区。

　　与维也纳处处可见的巴洛克风情相比，布达佩斯体现着简单、统一和庄重的新古典主义建筑风格。这种风格在 18 世纪末 19 世纪初风靡全欧，体现着古希腊与古罗马建筑的回归，其冷静、尊严、简单又四平八稳的特色宣布了外表繁复的巴洛克贵族风格的过时。新的建筑潮流体现着新兴的中产阶级的口味，其花费较小和较易改动、扩建的优点有意无意间吻合了资本主义飞速发展的时代要求。在 1867 年的布达佩斯，3/4 的建筑物仍是一层的平房，这座城市为新来者提供的典型的出租房在其古典风格的外表之内是比德迈风格的装饰，非常舒适而方便。房间功能的分化使居家的生活远离了工作区的喧嚣，最为流行的家具是圆桌及环绕一周的扶手椅或沙发，显示着家庭成员及朋友间亲昵平等的关系。

　　维也纳是中欧的花园，布达佩斯则更像一座欣欣向荣的工场。前者有美丽的公园、绿地，山水环绕，建筑物掩映在绿树红花之间，流畅的音乐将整座城市连缀成一段魔力无限的传奇；后者没有那么多空间展现自然之美，人口的高速增长使人们只能见缝插针地建设工厂、住宅。处处烟囱林立，体现着科学技术在人类欲望的驱使之下如何以惊人的速度创造出新的生活方式。

正是在这个现代化与都市化飞速发展的地方，欧洲封建君主进行了最后一次盛大的表演。哈布斯堡君主国尽管竭力要保持自己的尊严，却已经无可挽回地变成了一种不合时宜的中世纪的事物。

匈牙利国王的加冕仪式"像梦境一样美丽"，伦敦《泰晤士报》的记者用了丰富的辞藻热情洋溢地描述布达佩斯的盛况。盛大的弥撒选用了匈牙利伟大的音乐家弗朗兹·李斯特特地写作的乐曲，一长串高贵的姓氏终于有机会罗列在一起，每一个都有不容忽视的光荣历史。仿佛还嫌金线银线交织的图案不够艳丽似的，身穿传统服装的匈牙利贵族用鸵鸟、雉鸡的羽毛来装饰自己的外衣。这使他们聚集在一起的时候，俨然成了华美衣装的展示会。他们金光闪闪的马鞍更引起了以骑射为乐的英国人的艳羡。熟谙表演之道的奥地利人安排了壮观的游行，"白马上的黑衣骑士"与"黑马上的白衣骑士"从陡峭的山峰奔驰而下，马蹄声声，穿过佩斯的街道，一直到达多瑙河边，营造了一种严整、简洁又不失其吸引力的视觉效果。

8岁稚童鲁道夫用他写实的语言留下了关于庆典的别致记载。这一天，早上7点钟他就出门了，但是"我们费了好大的劲才找到我们的马车"，因为"广场上满是卫兵、大公和马匹"。他立刻注意到，其中有匹骏马是国王御用的。到了教堂之后，照样有很多人。鲁道夫看见"好多地主、官员、主教以及好多其他的神父"。鲁道夫的母亲茜茜端坐在宝座上，他的父亲庄严肃穆地走向圣坛。"圣坛那边的人念了许许多多的拉丁文……"安德拉西与主教一起，将神圣王冠戴在弗朗茨·约瑟夫的头上。他手握宝球与权杖，与茜茜一起坐回宝座。安

布达佩斯的加冕礼

德拉西走到教堂中央，三呼"国王万岁"。然后轮到茜茜加冕了，在为她戴上王冠时，年幼的鲁道夫叹息"人们念了更多更多的拉丁文"。

仪式结束之后，孩子们与茜茜一起坐上一辆"玻璃马车"，然后换乘一艘汽船，沿着多瑙河顺流而下。令人眼花缭乱的所有这些景象的中心人物是弗朗茨·约瑟夫。他头戴王冠，身着已有800年历史的圣史蒂芬披风，骑马穿过狭窄的街道。在佩斯古老的教堂外面，矗立着从匈牙利每个县搜集来的泥土堆积而成的土堆。弗朗茨·约瑟夫策马跃上，将土堆践踏为平台，然后挥舞着手中闪亮的宝剑，依次指向东、南、西、北四个方向，宣誓要保护匈牙利人民及宪法。

当天晚上，他们举行了盛大舞会，欢庆和解的达成。连续好几天，整个布达佩斯夜以继日地沉浸在和谐与谅解的气氛之中。通过象征性的手段，弗朗茨·约瑟夫赠予1848年到1849年内战的死难者亲属抚恤金，显示对不久之前发生的悲剧的遗憾。

## 三、不幸事件：接二连三的悲剧

但是，哈布斯堡王朝自己如何能够抵御悲剧的来袭呢？仅仅在庆典举行之前不久，弗朗茨·约瑟夫的家中就发生了一桩意外：阿尔贝特大公18岁的女儿玛蒂尔德嗜好抽烟。这天，她正在吞云吐雾的时候，发现父亲走了过来，她知道严厉的父亲一向不喜欢看到女人抽烟，情急之下，她把还在燃烧的烟卷藏在身后，试图掩饰过去。但是火星落在她的衣裳上面，火势在按照贵族习惯穿戴起来的层层叠叠的丝衣上迅速蔓延，连出生入死的大公本人都被惊呆了。很快这场小小的火灾就被扑灭了，但是玛蒂尔德重度烧伤，在匈牙利的庆典举行前两天死去。正值韶华之年的女儿这样莫名其妙地死于一支烟卷，阿尔贝特大公的悲伤与复杂心情可想而知。自战争结束以来，他就致力于军队改革，最终使奥地利陆军成为一支装备、管理和运输各方面都大为进步的现代化部队，但是世俗的尊荣无论如何都不能补偿这样的悲惨事件。

困扰弗朗茨·约瑟夫的还不止这一个不祥的事件。与布达佩斯的欢庆气氛相比，不安、悔恨、焦虑笼罩着马克西米连在的里雅斯特的豪宅，孤立无助的夏洛特在往事的折磨之下已经处于精神崩溃的边缘。马克西米连困在墨西哥，生死未卜，种种传闻织成一张不确定的网，让发生在美洲的事情越来越不清楚。但是美国人报道说，马克西米连已经被乘胜前进的胡亚雷斯抓获，并将以颠覆墨西哥共和国的严

重罪名受到审判。美国总统约翰逊、普鲁士国王威廉一世及许多欧洲
君主都为马克西米连求情，雨果、加里波第等民主志士也请胡亚雷斯
切勿仓促行事。作为马克西米连的兄长，弗朗茨·约瑟夫提醒墨西哥
人，"前墨西哥皇帝"更是一位奥地利亲王。或许他还设想有朝一日
马克西米连会再度安居于的里雅斯特，因此，庆典结束之后，在毫不
知情的情况下，匈牙利国王及王后就直接到了阿尔卑斯山的别墅中。
当他们像往年一样骑马打猎时，马克西米连悲剧的一生走到了头：6
月19日，他以甫到墨西哥就杀害共和志士的罪名被枪杀于克雷塔罗
城外的一个小山丘上。

　　最悲伤的总是母亲。苏菲皇太后在确认儿子的命运之前，就有不

枪决马克西米连

祥的预感，但是阿尔卑斯山皇家别墅中的人们还存有一丝侥幸，既然连美国总统都出面干预了，或许根基不稳的胡亚雷斯会顺水推舟，给马克西米连一条生路。加之墨西哥消息闭塞，马克西米连的死讯差不多 10 天之后才传到欧洲。在此之前，好像还嫌哈布斯堡王室的眼泪流得不够多似的，6 月 27 日，茜茜的姐夫又突然死去。弗朗茨·约瑟夫陪着茜茜去安慰悲伤的海伦。三天后，在巴伐利亚，他接到第一封告知马克西米连死讯的电报，震惊之下，他迅速赶回维也纳，与心碎的母亲一起承受这个最终到来的悲剧性结果。

虽然很为弗朗茨·约瑟夫骄傲，但是苏菲最钟爱的是马克西米连。此前，山长水阔，天各一方，现在，人间幽冥，永世相隔，更何况，白发人送黑发人，为人父母的悲怆岂是言语能够表达得了的？苏菲的日常生活完全被改变了，她只是不断地找来有关官员，让他们设法搜集来马克西米连在被俘后的一言一行，一遍遍地复述，想象那个遥远的大陆和她亲爱的儿子，为他的遭遇痛心，为他不失贵族本色的表现骄傲，在复述与想象之中，这个女人顽强的活力才渐渐恢复。

奥地利海军舰队驶往墨西哥的韦拉克鲁斯港，正是从这里，马克西米连在 1864 年登上了美洲大陆。3 年之后，也是在这里，他的遗物静静地踏上了返航之路。但是，作为一种姿态，胡亚雷斯拒绝将马克西米连的遗体交给奥地利人。几经交涉，时光已静静流逝到了深秋，马克西米连的遗体才回到故土。次年 2 月，在维也纳为他举行了国葬。悲剧与阴谋走到了头，自由、尊严、光荣这些梦想又重归虚无，马克西米连留下来的，只是一个痛悔的疯妻和一座再也没了生气的豪宅。

对弗朗茨·约瑟夫而言，更大的考验又接踵而来。得知马克西米连的死讯之后，拿破仑三世打算亲自前往维也纳表示慰问。仍然沉浸在哀痛之中的宫廷对这个出尔反尔的法国人厚脸皮的行为十分震惊和气愤。苏菲自然强烈反对，在很大程度上，拿破仑三世可算作杀害马克西米连的间接但是重要的凶手。弗朗茨·约瑟夫非常明白母亲的感受，但政治总归是政治，奥地利已经从西欧的政治角逐中被剔除出局，但它的东方政策必须在西部有一个安稳的后方。在普鲁士迅速崛起的时代，奥地利必须与法国拉拉关系，在强权之间求得生存。为了避免过于强烈的反应，更出于对死去的兄弟及母亲的尊重，弗朗茨·约瑟夫在萨尔茨堡接待了拿破仑三世及其皇后欧仁妮。

萨尔茨堡位于奥地利西北部，在地理上是西北奥地利的门户，又是欧洲最美丽的城市之一。在群山环抱之间，它的曲折蜿蜒的古老小巷如同幽幽开放的花朵，自然散发一种清秀妩媚之美。5月的每个晚上，诺恩贝格修道院的修女们做弥撒时要唱15分钟的赞美诗，歌声从哥特式的教堂悠然传出，如宇外仙乐，飘荡在暮霭沉沉的群山之间。在过去，萨尔茨堡由大主教管理，曾经有一位爱美人胜过爱江山的大主教为自己的情人修筑了气势恢宏的城堡，后来被称为米拉贝尔花园的部分更是如梦如诗，体现着这个胆大包天的主教出众的才智和品位。或许，这也是奥地利人的一种特色，即便他们勇敢地背负着反宗教改革的"使命"，虔敬、顽固、充满宗教热情地反对异端和异教信仰，但却会宽恕偶有不敬神灵的人，因此，补偿其宗教偏见的是他们对世俗之美的追慕。虽然那位萨尔茨堡大主教后来受到教会的惩罚，但他精心营筑的文化氛围却使这座外省城市面对维也纳时也毫不逊色。

萨尔茨堡在几百年间一直生产盐，这也是"盐的领地"得名的原因。虽然盐现在是人们生活中的普通日用品，但不久之前还是一种很重要的、由政府专门控制的商品，因此，萨尔茨堡出产盐的地方禁止游人进入，当地农民也不得随意进出，直到弗朗茨·约瑟夫在这里建立了夏宫，情况才有所改变。

萨尔茨堡的另一项重要产出是音乐奇才莫扎特，粮食街9号的莫扎特故居简朴优雅，室内布置一如当初，挂在墙上的小提琴和安静伫立的钢琴好似刚刚结束甜蜜的合奏一般。这里仿佛还有他的叹息："我活着的时候没能发挥自己的才能，生命曾是那么美好，前途是那么光明……但是无人能够改变自己的命运，任何人都不能估算自己的寿命，应该听天由命。尽管如此，我仍要把写到一半的《安魂曲》完成。"这位音乐神童将其生命的精华尽情挥洒在优美的乐章中，而孕育了莫扎特的这座美丽的城市直到19世纪初叶还是音乐世界的圣地。

1867年8月，欧洲最引人注目的两位君主和欧洲最美丽的两位女士在萨尔茨堡会面。清幽的山城一时间焕发出灼人的光彩，人们在彻夜的灯火下举行盛大的舞会，连维也纳宫廷剧院的演员们也赶来助兴。衣着入时的社交名流各显风采，但人们最关心的是两位皇后的出场，究竟谁更迷人，谁更优雅？

尽管有马克西米连之死的阴影横亘在弗朗茨·约瑟夫和拿破仑三世之间，两个人还是和和气气地互致问候。拿破仑三世花言巧语，企图用他的魅力打动对方，但前两次战争的惨败使弗朗茨·约瑟夫无意再卷入任何战争中，更不会贸然与拿破仑三世结成同盟关系。但是普鲁士对奥地利和法国都是一个强大威胁，因此，弗朗茨·约瑟夫宁肯让博伊斯特和理查德·梅特涅留在萨尔茨堡，与法国外交官继续协商，让俾斯麦在柏林去猜测其中的玄机。

女人们的竞赛也无结果可言。人们只好承认，茜茜是一种天赋的自然之美，举手投足洒脱清新；欧仁妮则更机敏灵巧，玲珑剔透，带着巴黎人特有的迷人气质。女人与爱情有时可以更清晰地衬托出人的不同，司汤达随着拿破仑一世出征到维也纳时大发感慨："意大利人感情强烈，法国人爱慕虚荣，而纯朴的古日耳曼后裔则富于幻想，例如他们才刚刚从生计愁城中脱困，就能搬出一大套人生哲学来面对，这是一种温和、可爱、不带一丝痛苦的疯狂。"在法国人看来，"没有人比维也纳姑娘更随和更温柔，她们看待爱情简直可用顶礼膜拜来形容"。

但是博伊斯特看来更被法国皇后所吸引，他盛赞欧仁妮举止高雅，气度非凡。她为马克西米连之死向苏菲皇太后表示慰问，其态度之诚恳、语气之真切深深打动了本来很有一些怨恨的奥地利宫廷。

礼尚往来，弗朗茨·约瑟夫接受了拿破仑三世夫妇的邀请，前往巴黎进行访问。因为发现已有身孕，茜茜不得不留在维也纳，皇帝与他的两个弟弟、博伊斯特组成了一个全部是男性的奥地利访问团，于当年10月到达巴黎。

深秋的巴黎风光迷人，塞纳河上新建的大桥像彩虹一样划过天际，映衬着平直宽阔的街道、整齐对称的房舍和林荫道旁的绿树红花。端庄华贵的公用建筑远看布局方正，气势恢宏，近看则采用古典艺术风格，精雕细琢，极尽奢侈之能事。正在举行的世界博览会更像磁场一样吸引了各国君主、政府首脑及追名逐利的显贵、商贾。1853年，英国在伦敦水晶宫成功举办了万国博览会，大不列颠帝国的繁荣昌盛尽显无遗。巴黎的这次博览会则是拿破仑三世执政20年的成果展示，它提醒人们，巴黎不仅是个热爱自由的革命之都，更是一个社会发展、经济繁荣、生活舒适的大都市，像博览会公园里每天冉冉升起的热气球一样追求着更美好的生活。截至 19 世纪初，巴黎还是人们心目中非同凡响的"光明之城"，其后的社会革命使它的光彩暗淡了下去，复辟的波旁王朝又带来了一种严肃的气氛，纯洁的虔诚和变本加厉的保守主义混合在一起。直到生性奢侈、挥金如土的拿破仑三世上台，其根深蒂固的花花公子嗜好带来了路易十四式的繁文缛节和浮华作风。在他的倡议下，巴黎被整修一新，所谓第二帝国风格的建筑拔地而起，仿佛记录着一个皇帝追求不朽与伟大的梦想。19 世纪 50 年代的经济繁荣造就了一批暴发户，随着原贵族退出社交界，他们便涌入了巴黎的上流社会。白手起家的皇帝无意歧视这些"新人"，继而产生了一个所谓的"半上流社会"，包括一些并不十分体面的富裕名妓或出身良好却想追求独立生活的女人们。她们与政府的高官往来密切，以其豪华奢侈的生活方式为巴黎赢来了花花世界的名声，其影响甚至及于 20 世纪。

尽管已有思想准备，弗朗茨·约瑟夫还是被巴黎迷住了，与维也纳相比，这里的一切都显得那么光彩夺目，法国人的轻灵气质也感染了他。虽然要履行职责地出席很多活动，但他写给茜茜的信总是用一种罕见的愉快口吻告诉她一些闻所未闻的趣事，用他在歌剧院里打瞌睡之类的小事来开自己的玩笑，甚至饶有兴致地描述她娘家兄弟、巴伐利亚国王路德维希二世与美丽的欧仁妮之间无伤大雅的玩笑。此次巴黎之行是弗朗茨·约瑟夫真正意义上的出国旅行，此前他跨越边界只是为了与其他国家的政治领袖进行严肃的国务会谈，没有机会去体察一个外国城市如何以其独有的方式进行日常运转。对于他这种缺乏想象力的人来说，直截了当的冲击才会改变他固有的观念。巴黎之行使这位未成年便登上帝位、所受教育又过于保守陈旧的皇帝大开眼界，维也纳在其后数十年间的大规模建设过程亦受益匪浅。

## 四、繁荣富足：G 小调的华丽假音

从巴黎回来，奥地利的重大内政问题等待着弗朗茨·约瑟夫的最后解决。博伊斯特已经解散了波希米亚、摩拉维亚、卡罗林那、加利西亚、蒂罗尔几个不肯服从的地方议会，按照施默林的选区制度在各地尽量造成德意志人多数派。这样得到的国会在 1867 年 12 月正式批准了宪政法令，从而接受二元制的解决方式，匈牙利的特殊地位得到最终认可，哈布斯堡帝国分为两个国情不同的部分已成为事实。

匈牙利得到特兰西瓦尼亚实际上使它的民族成分复杂化。特兰西瓦尼亚从玛丽亚·特蕾西亚时期就归哈布斯堡王朝，居住着斯洛伐克人、德意志人、罗马尼亚人和塞尔维亚人。尤其是其中的塞尔维亚人，在 1848 年革命中曾经激烈抗击马扎尔人。安德拉西对于斯拉夫人的一切都非常反感，这在维也纳和布达佩斯的贵族阶层中非常普遍。匈牙利得以自由处置境内的民族问题之后，戴阿克和安德拉西政府中的教育大臣艾厄特沃什共同促成匈牙利议会在 1868 年通过了一项宽容的民族法案，从而与科苏特的马扎尔沙文主义彻底划清了界限。这项法案给予少数民族以广泛的权利，他们可以在当地政府使用民族语言，在非马扎尔地区还可担任当地主要的行政长官，直到进入大学以前，所有非马扎尔人均可以受到本民族语言的教育。但以后各届政府顽固的沙文主义使这项法案成了空洞的文字，所谓的民族权利也成了一个莫大的讽刺。

　　科苏特曾经打算将克罗地亚吞并，为此一度宣称不存在什么克罗地亚民族，而且他在地图上也找不出来克罗地亚这个地方，所以，戴阿克时期能够有"纳果达"（1868年，匈牙利与克罗地亚人之间达成的解决办法）看来是相当宽大的。克罗地亚被承认是一个"政治国家"，其人民有权派代表出席萨格勒布的议会（沙布尔），一个克罗地亚行政机构掌管内政、司法及教育，塞尔维亚—克罗地亚语被承认为正式语言，看上去，克罗地亚获得了独立的存在，保有自己的议会和语言，按照固定的比例分摊匈牙利王国支出中的共同部分。它的议会可以选举40位代表参加布达佩斯的国会，只需参加与自己有关的事务，并有权使用克罗地亚语。但是克罗地亚人却很不满意：克罗地亚巴昂并不对弗朗茨·约瑟夫负责，而是对布达佩斯的一位国务大臣负责；克罗地亚与哈布斯堡领土中其他各省的关系都由布达佩斯管理，而不能在萨格勒布决定，加上财政政策都由布达佩斯决定，大大限制了当地的经济发展。匈牙利人的诡计中最出格的一个是关于阜姆地位的规定，克罗地亚人要求得到阜姆，匈牙利人坚持使它成为一个自由市，"纳果达"的匈牙利文本中宣称该港口作为王国不可分割的一个部分归还匈牙利，而克罗地亚文本只提到将就其未来地位举行进一步的磋商。在送交弗朗茨·约瑟夫签字时，匈牙利却在克罗地亚文本上贴了一张匈牙利文本的克罗地亚译文，皇帝批准了这份文件，最终使阜姆在1918年被承认是匈牙利的领土。

　　"纳果达"协定中的某些致命弱点实际上也来自克罗地亚领导人的政治落后。克罗地亚议会仍然带有旧制度的一切缺点，其选举极其腐败，拥有选举权的几乎都是大地主和官员，按人口平均计算的话，

阜姆港

大约每 50 个人中只有 1 个人有选举权。克罗地亚没有一个责任内阁，被派往布达佩斯的克罗地亚乡绅也弄不清楚什么是"大匈牙利"共同的开支，什么是与己无关的事务花费，因此，克罗地亚议会依然只会空洞地抱怨和抗议。如同匈牙利境内的其他民族一样，克罗地亚人没有获得真正独立的存在，对此他们颇有怨言。特别是克罗地亚人无论在 1848 年至 1849 年的大动荡时期，还是在扑灭意大利革命、协助驱逐科苏特分子中都忠诚地服务于哈布斯堡王朝，但却没有从皇帝那里得到任何物质或政治上的好处，最终还被他抛弃。匈牙利回到《三月法令》，奥地利则仿佛看到了自由的影子。

受启蒙思想影响的德意志自由派把保护个人自由不受国家侵犯视为神圣使命，却没有想过由人民主宰国家的可能性。国家似一种遥远的、威胁着个人自由的"权威"，至于由他们来执掌国政，则更是不可思议的。旧的王朝依旧存在，因此，德意志自由派满足于这么一个宪政法令的实施。自由只是存在于他们头脑中的理想，他们并没有意识到，如果国会不能对行政机构有所监控的话，就无法真正实现权力的转换。宪政法令最终也没有能够建立一个责任内阁，弗朗茨·约瑟夫如愿以偿地控制着朝政，从而为在情况紧急时恢复贵族权力开了方便之门。

弗朗茨·约瑟夫登基已近 20 年了，夜以继日的操劳和无情的政治角逐已经使他失去了当初"开朗而富有魅力的表情"，对于一个 40 岁左右的男人来说，他的身体被保护得很好，挺拔适中的身材看上去依然如同青年人一样行动敏捷。他戒了烟，饮食有节，每天都锻炼身体，有机会就去骑马爬山，间或还会游游泳。茜茜再度怀孕的消息像是上帝意外赠予的礼物，使他分外高兴。茜茜则宣布，这个孩子将在匈牙利出生，如果是个男孩的话，将被命名为史蒂芬，以纪念匈牙利历史上最著名的国王。虽然后来降生的是一位漂亮的小公主，但是王朝的继承已有保证，弗朗茨·约瑟夫很高兴再有一个健壮的、蓝眼睛又大又亮的小女儿。茜茜也毫不气馁，决定小女儿将是王室的匈牙利小宝贝，马扎尔语将是她的母语。

弗朗茨·约瑟夫不仅拥有了幸福的家庭，而且在其后几十年间，带给他的臣民以和平、稳定和富足的生存环境。奥地利人享用着比匈牙利或普鲁士人更多的真正的个人自由。国家财政在 30 年中达到收支平衡，货币稳定，政府信用好。梅特涅时代的"警察国家"依然存在并拥有较大的权力，但却不得不接受大众的监督与批评，约束自身行为。各少数民族得到了比较有保障的自由权利，他们的生存环境比匈牙利要宽松得多，发展的机会也更多更好一些。另外，摆脱了苏菲及其他保守派的影响，弗朗茨·约瑟夫早年顽固守旧的宗教观念也变得通达圆熟了，国家重新确立了对天主教会的权威，教会无权插手婚姻批准之类的事务，教育领域也从教会的控制下解放了出来，意义尤其重大。

实际上，从全欧洲的范围来看，法国人不断进行政治实验，官吏既无能又腐化，普鲁士人生活俭朴刻苦，俾斯麦还挥舞着鞭子不断驱赶这些忠诚的臣民去实现建立强大德意志帝国的梦想。因此，奥地利人的生活颇有值得羡慕之处，但他们却没有发展出来一个"奥地利人"的归属感和团体精神，哈布斯堡王朝也没有能够为他们找到一个新的共同"使命"。

宪政法令某些言语支吾之处形成了未来民族矛盾的根源。比如，法令大致规定在学校与官方机构中应有某种形式的语言平等，肯定各省可以有官方语言和"该省常用语言"，波希米亚的捷克人就提出，既然捷克语与德语都是波希米亚省的通用语言，那么捷克语就应当是全波希米亚各级学校与公务场合的通用语言。德意志人则争辩说，捷克语并不是德意志人居住区的"常用语言"。波希米亚议会中的德意志人多数派虽然也是自由派人士，却通过了一项法令，禁止各学校将第二种省通用语言列为必修课。因为他们知道，为了获得更好的前程，年轻的捷克人都更愿意学习德语，而不是捷克语。

1868年元月，博伊斯特组建了一个"官僚内阁"，但却并非一个真正的责任政府。诸位大臣都由弗朗茨·约瑟夫在博伊斯特的建议之下任命，他们是作为个人而非以政党领袖的身份被选中的。整个内阁没有共同的施政纲领，也不共同承担责任，阁员之间甚至钩心斗角，相互指责，司法部长被说成是"批评这个，批评那个，恨不得也把司法部长批一通"的人物。因此决策权依然掌握在皇帝手中，各位大臣毋宁说是各个行政机关的头头。

表面上看来，奥匈帝国在政治上分为两个部分，一个是以德意志人为主干的奥地利部分，另一个是以马扎尔人为主干的匈牙利部分，实际上，在这两部分之后还是哈布斯堡王室行使着最终的权力。弗朗茨·约瑟夫以某些直接管理权力为代价，换来了强大的皇权。保持哈布斯堡王朝的光荣与伟大，始终是他不懈努力的终极目标，为此，他不断地在自由与保守之间、在各个民族之间寻找行得通的中间道路。他已经是一个熟知政治游戏的老资格政治家了。1868 年，全欧的君主中只有英国女王维多利亚比他在位时间长，但是，虽然他过早地成为一个大帝国最显赫的人物，却处在君主制已经在全世界范围内衰落甚至崩溃的时代，并且，奥地利从来就不是一个善事征伐的帝国，而对梅特涅时代荒诞不经的所谓哈布斯堡王朝在德意志和意大利的"使命"深信不疑。现实咄咄逼人，但是他保守、缺乏想象力的个人气质与封闭落后的维也纳宫廷气氛使他很难摒弃旧的幻觉，接受新的观念。

奥匈协议是在与普鲁士作战失败的情况下，为了备战未来而匆匆拟定的。像弗朗茨·约瑟夫一生中的许多次决定一样，一旦做出就开始后悔了，但不是针对马扎尔人的。匈牙利虽然受惠甚多，但是布达佩斯距维也纳毕竟只有 4 小时车程，匈牙利的大臣们也都是些自由派贵族，大部分是维也纳宫廷熟悉的面孔。帝国咨政院中都是些书呆子气的中产阶级法律专家，对教会异常反感，虽然受皇权控制，发挥不了太大作用，但是却在弗朗茨·约瑟夫的眼皮底下，一举一动都令他感受到威胁。作为牵制德意志自由派的一种策略，弗朗茨·约瑟夫打出了捷克牌，结果就在德意志人、匈牙利人、捷克人与皇帝之间形成了一种错综复杂的关系：德意志人的主导地位会受到势力上升的捷克人的挑战，而匈牙利人的特殊地位只有德意志人与捷克人达成和解之后才会受到影响甚至被推翻，但德意志人与捷克人一旦联络起来，就会危及皇帝本人的权力。因此，无论内政还是外交，让马扎尔人保持独断权力便成了弗朗茨·约瑟夫为了保持皇权而不得不付出的代价，而马扎尔人的这种独断性最终导致哈布斯堡王朝的崩溃，这就意味着，弗朗茨·约瑟夫亲自为奥匈帝国铺筑了灭亡之路。

# 第十章
## 东方的熹微：德意志与巴尔干

## 一、风云再起：要价过高的捷克人

二元君主制并不意味着哈布斯堡君主国政治体系的完全定型，相反，它不过是弗朗茨·约瑟夫一系列政治实验的其中之一罢了。

弗朗茨·约瑟夫当然知道，二元制改变了君主国的性质。博伊斯特建立起"官僚内阁"之后，当务之急是使捷克人重返政治舞台，以便有效牵制德意志自由派。捷克人对1867年的和解方案心怀不满，特别是施默林选区制的恢复，意味着德意志人在波希米亚政治中的主导地位，当初他们曾经担心奥地利人会变成一个德意志国家，但现在看来，即使奥地利被驱逐出德意志邦联，捷克人依然可能面临同样的受人奴役的前景。

帕拉茨基深孚众望，但在更大意义上来说是一个优秀的历史学家而非政治领袖，他对国家的前途很有远见，预言警句如雷贯耳，却在眼前一些实际问题上一错再错。他的女婿里格尔甚至还冒冒失失地参加了当年在莫斯科召开的泛斯拉夫大会，把沙皇看作是解放斯拉夫人的救星。19世纪60年代以来，曾以布拉格为中心的泛斯拉夫主义在俄国风行一时，但其理论基础发生了意义深远的改变，所谓的西欧精神与文化破产使知识分子认为俄国不应以西欧作为其发展和现代化的模式，而要开辟一条由其自身特色和历史所决定的特殊道路。泛斯拉夫主义者更宣称只有俄国统治了欧洲才能使其恢复活力与青春，因此，斯拉夫各族应摆脱奥地利和土耳其，参加俄国领导的斯拉夫联盟。里格尔作为捷克青年一代的政治代言人，一再强调把捷克人和俄罗斯人联系在一起的斯拉夫兄弟情谊，这引起了哈布斯堡王朝的严重关注，对于奥地利的民族和解全无好处可言。

这是捷克民族主义正在升腾的时代。一家很像样的捷克日报的创办成为捷克文化进步的重要象征。第一位真正重要的波希米亚民族主义作曲家斯美塔那在 60 年代初回到布拉格，创作《在波希米亚的勃兰登堡人》《被出卖的新娘》等充满激情与民族特色的音乐作品。在他的倡导和主持之下，布拉格的捷克人筹资建立了一所民族歌剧院，捷克音乐便以 1868 年春天这所歌剧院的奠基仪式为标志，进入黄金时代。爱国主义自豪感还被群众性体操运动"索科尔斯"培养起来了，其倡导者认为，通过有纪律的体育活动来训练人的心灵，可以从身心两方面为国家作贡献。民族主义思潮成为下一代捷克人成长的乳汁，带有文艺复兴时期建筑风格的民族歌剧院直到 13 年后才建成，到那时，捷克新一代民族领袖也已经形成自己的政治大厦了。

在民族主义复兴的时代，捷克领导人既缺乏戴阿克那样温和而坚决的斗争精神和灵活的策略手段，又不准备接受弗朗茨·约瑟夫为他们准备好的解决方案。

1868 年 6 月，趁着为布拉格一座大桥剪彩的机会，弗朗茨·约瑟夫与帕拉茨基、里格尔会面。70 多年前，他的祖父弗朗茨在成为匈牙利国王之后不到 8 个星期便加冕为波希米亚国王，因此，他也想尽快解决捷克人问题。但是，他提出的方案并没有像在布达佩斯一样得到对方愉快的接纳，为了强调其"西斯拉夫人"的性质，里格尔甚至要使捷克代表从帝国咨政院退出达 12 年之久。

弗朗茨·约瑟夫试图用自己在布达佩斯成功使用过的策略，即通过与捷克领导人的私人接触解决政治问题，博伊斯特被派往布拉格完成这一使命。但是，捷克人对这位首相毫无好感，并且引起有关内阁成员的猜忌和辞职。为了抚慰各方，皇帝任命他儿时的伙伴塔费伯爵为奥地利政府首脑，以完成与捷克人达成和解的任务。

塔费早已不是那个古灵精怪的小孩子了，但正像他曾经是皇帝的亲密玩伴一样，他现在还是皇帝信得过的人。他出身爱尔兰贵族，产业在蒂罗尔省，又可以在某种意义上算作德意志人。因此，一方面他具有爱尔兰人的灵活手腕和深思熟虑，善于在德意志自由派和捷克知

布拉格民族歌剧院

识分子之间周旋，游刃有余，与皇帝本人也能保持同样良好的关系，另一方面，他对理想、信念之类空洞的东西没有什么兴趣，带有贵族阶级本身所具有的缺陷，不是精力充沛的活动家，对一切都抱怀疑态度，甚至怀疑自己的能力，因此，尽管他不会受到德意志民族主义思想的影响，真诚地想要在奥地利达成各民族之间的和谐共处，但却不相信各族人民会真的在帝国政府管理之下分享和平与发展。

捷克知识分子的泛斯拉夫主义引起了他们唯一可能的结盟对象——波希米亚贵族的不满。沙皇在这个时候既无意也无力破坏哈布斯堡王朝的统治，因此，捷克民族领袖是没有追随者的领袖、没有盟友的政治活动家，为了实现其政治目标，他们不得不抛弃泛斯拉夫主义，与波希米亚贵族联合。80 位波希米亚代表从帝国咨政院退出，宣布在其要求被满足之前，将不再参与帝国政治活动。而他们的权利是完全按照匈牙利人的模式提出的：他们要求波希米亚的捷克人得到平等的民族权利，要求改革选举制度，要求统一所谓"圣文采斯拉斯国王领土"，并为这个"大波希米亚"谋求与匈牙利一样的独立地位。

正像弗朗茨·约瑟夫试图用与马扎尔人接触的方式与捷克人沟通一样，捷克人把匈牙利援引历史权利得到的胜利视作榜样，希望用同样的手段为波希米亚求得独立地位。但是匈牙利人的历史性权利是真正存在的，捷克人的同样要求则是想象出来的。因此，历史对匈牙利人来说是一件得心应手的武器，对捷克来说则是臆想，仅有其加之于人的束缚与负担是真实的。捷克人的这种斗争策略等于是把自己置于政治市场，待价而沽，但要价太高了点。

塔费对保守的波希米亚历史权利和联邦制不感兴趣。作为一个讲求实际的政治家，他的目标是使捷克人回到咨政院，确保奥地利的完整，而作为回报，波希米亚人将得到公平的对待。其他大臣站在德意志人的立场上，不希望风云再起，只要捷克人回到咨政院，认同奥地利，就可以得到不错的价码。

捷克政治家拒绝了塔费的条件。他们坚持波希米亚是捷克人的波希米亚，恰如匈牙利是马扎尔人的匈牙利，捷克人不是奥地利的少数民族，而是波希米亚国家的主导民族。这样的要求有些太离谱了，这不仅仅是现时的捷克人与德意志人的争斗，甚至还是历史上的波希米亚王国与神圣罗马帝国之间的冲突，后者的领土包括了前者。自那时起，德意志人就已经将波希米亚看作是神圣罗马帝国及其后的奥地利帝国的一部分，而捷克人自然是帝国境内的一个少数民族，受到德意志人的保护。

捷克领导人清楚自己一无群众、二无实际经验的弱点，因此，他们对德意志人的好意保持怀疑。同样这些人，站在帝国利益的立场上表现出和解之意，但作为波希米亚人和波希米亚议会的成员又表现出对捷克人根深蒂固的鄙视。在斯拉夫民族主义风潮之下，他们怕捷克人会有所动作，随时准备设置障碍。因此，与其受到这些德意志人被自利的私心所扭曲的"保护"，还不如寻求哈布斯堡王室的较为超脱的保护。但是问题在于他们索求得太多，又没有讨价还价的本钱。在布拉格召开的泛斯拉夫人大会上的高谈阔论毫无效果，反而引起皇帝的不满与猜忌，因此，1868 年的谈判以失败告终。绝望的里格尔试图从外国寻求帮助，1869 年，皇帝得知他曾经去巴黎请拿破仑三世帮助捷克人，而当时法国皇帝自己倒是非常需要哈布斯堡王室的帮助，秘密一旦泄露，弗朗茨·约瑟夫的态度就会立即变得强硬起来。

对于捷克人，1871年是关键的一年。弗朗茨·约瑟夫任命了一个"超越党派的内阁"，首相霍亨瓦尔特是一个德意志贵族，相信联邦制能够使帝国更加强大。他的贸易部长舍夫勒是一个激进的德意志新教徒和维也纳大学的政治经济学教授，怀有真诚的1848年革命理想。他在课堂上宣讲社会福利的经济学，批评当时大行其道的自由市场经济，担心投机盛行最终会引起金融体系的全面崩溃，在政治舞台上则投身于爱国主义和民族主义。舍夫勒可能是第一位看出民族之间阶级差别的人，他鼓吹实行普遍选举制，以反对德意志人的独霸地位。以一种理想主义者和大学教授的真诚，他相信普遍选举权会对抗马扎尔人的特殊地位，会使德意志自由派获得满足，而不在意他们特权地位的丧失。舍夫勒发现，皇帝对他非常温和，看上去乐意倾听一切意见，但是采取的措施却非常有限，一直到30多年后，舍夫勒对皇帝的影响才渐渐表现出来。

霍亨瓦尔特与舍夫勒内阁的主要目标是与波希米亚人达成妥协。弗朗茨·约瑟夫依然希望在布拉格加冕，在这样的环境之下，捷克领导人似乎能够使历史重演，像戴阿克与安德拉西那样取得有利的谈判结果。他们仍然以建立自治的波希米亚王国为主要目标，在各项权利要求上都向匈牙利人看齐，特兰西瓦尼亚和克罗地亚的管辖权掌握在布达佩斯，捷克人也要求将摩拉维亚与西里西亚揽入囊中。

皇帝不置可否地听取了捷克人的计划，霍亨瓦尔特也并非不同情他们，但是捷克人面临的局面与匈牙利完全不同，甚至他们自己也承认，波希米亚王国与匈牙利王国在力量上不可同日而语，奥地利、匈牙利、波希米亚三足鼎立之势无法形成。摩拉维亚与西里西亚对此大加反对，捷克人却无法独立压制，德意志人在西里西亚占多数，在摩拉维亚人口虽然较少，却很有实力，整个帝国的官僚、资本家都出自这个民族，捷克人没有反对他们的实力。即便捷克人获得胜利，他们马上就会面临缺乏捷克人官员、缺乏资金等一系列政治经济困境，整个波希米亚社会都会陷入运转不灵、失去动力等严重问题。

因此，捷克人承认二元制，但要求将咨政院转变为波希米亚和其他各省直接选举出来的奥地利代表团。捷克领导人实际上并没有想让玛丽亚·特蕾西亚女王以来的统一国家陷入四分五裂，却无法让他们的贵族盟友、波希米亚土地贵族让步，后者坚持保守的联邦主义，要求复兴所谓的"大波希米亚"。

究其根本，捷克人的失败在于德意志人经过一番踌躇之后向博伊斯特提出了挑战。施默林时期的财政部长表达出了德意志人的观点："满足波希米亚的捷克人的愿望就是宣判德意志人的死刑。……我们可以牺牲小俄罗斯人以满足波兰人，牺牲斯拉夫人和罗马尼亚人以满足马扎尔人，因为前者会被波兰人同化，后者会被马扎尔人同化，但是德意志人可不会被捷克人同化。"弗朗茨·约瑟夫向波希米亚议会示好，表示愿意在认可波希米亚王国基本权利的基础上就加冕问题达成共识，这引起维也纳和苏台德地区的德意志人举行吵闹不休的街头游行，他们强烈反对这一决定。德意志人占多数的维也纳大学的学生几乎酿成街头骚乱，他们相信这样的政策终将导致所有少数民族的地方自治，从而摧毁帝国对中欧地区的控制。苏台德地区的德意志人怨声载道，说自己这么忠诚于哈布斯堡王朝，现在却要被当作政治斗争的牺牲品施舍给斯拉夫人的布拉格了。

霍亨瓦尔特一时之间手足无措。安德拉西的机会来到了，他已经清楚地认识到，波希米亚地位问题的解决会破坏匈牙利在帝国内的主导地位，甚至会动摇马扎尔人对匈牙利国家的控制力，因为一旦捷克人地位上升，人们就不能再对匈牙利境内的其他斯拉夫人的从属地位视而不见，而捷克人与德意志人的和解更确定无疑地会使马扎尔人受到挑战。于是，他退居一旁，等待来自维也纳的召唤。其实，安德拉西在波希米亚问题上并无发言权，但皇帝于公于私都已将他视为必不可少的、可以信赖的顾问，要求他参加王家特别会议。在表示了一定程度的不情愿之后，安德拉西来到维也纳，一针见血地指出，满足捷克人的条件就会引起骚乱甚至内战。据说他对霍亨瓦尔特说："你准备用大炮来使波希米亚国家的权利得到承认吗？如果不是的话，就不要着手实行这个政策。"

安德拉西的警告像是正式的否决一样，与捷克人的谈判戛然而止。实际上，当霍亨瓦尔特提出的较小程度的自治被捷克人拒绝之后，他们就已经丧失了最后的讨价还价的机会。失去耐心的弗朗茨·约瑟夫让霍亨瓦尔特下了台，代之以德意志自由派的官僚内阁。此后8年间，当选的捷克议员不接受他们在维也纳国会里的席位，拒绝参与这个否认捷克民族权利的大会的事务。此种不合作策略对波希米亚与摩拉维亚发展中的社会与经济而言并非有利可图，反而使德意志人与捷克人之间的敌对更加深化而持久。

就其本质而言，捷克人无论人数、财富和团结性等方面都缺乏与德意志人对垒的条件。他们固然错误地提出了波希米亚王国的历史权利，但真正的错误是他们还不够强大，政治就是强权的争夺，实力才是弗朗茨·约瑟夫死板的头脑所能认可的东西。然而，德意志人是靠了马扎尔人的帮助才取得了对捷克人的胜利，二元体系中某些致命的弱点已初见端倪。

## 二、明哲保身：审时度势的波兰人

波兰人是唯一得到德意志人善待的斯拉夫民族。1868 年，加利西亚议会在利沃夫召开，会议以为本省谋求高度自治为目标，其后数年间，维也纳国会中的波兰议员一直谋求实现这一纲领。与斯拉夫人不同，波兰的确是个"历史悠久的民族"，他们的愿望还得到马扎尔人较为同情的关注。另外，特别是在波希米亚与帝国谈判期间，波兰人始终将自己与可能会导致帝国分裂的类似自治要求保持距离。因此，虽然利沃夫纲领不可能在二元制体系内实现，但波兰人还是得到了一些回报。1871 年，维也纳国会通过的法律允许加利西亚的各级学校波兰化，财政也做出了较有利的安排，奥地利成立了一个专管加利西亚事务的部门，一位"加利西亚事务大臣"常年出席御前会议。

毫无疑问，波兰人很好地利用了他们在地方和中央政府中所得到的权利。在哈布斯堡帝国瓦解之前，波兰人已经是加利西亚的多数民族，这一点连马扎尔人都没有做到，并且，波兰人取得这种成就的方式远比马扎尔人在匈牙利的各项政策要温和及诚实得多，加利西亚的小俄罗斯人（乌克兰人）可以拥有自己的学校和报纸。

因此，与普鲁士（1871 年以后的德意志）和俄国控制的波兰地区相比，加利西亚的波兰人享有更大的特权，波兰学术于是在利沃夫和克拉科夫持续繁荣。这也是他们极力想要保存哈布斯堡王朝的根本原因：为了最终建立一个完整的波兰国家，必须反对在奥地利实行联邦制，否则加利西亚将面临接受德、俄粗暴统治的前景。这样波兰人就成为奥地利帝国最忠实的臣民和中央集权的支持者，他们与德意志自由派的联盟抵消了斯拉夫人不合作姿态的影响。不过，他们更应当被看作是忠于皇帝本人，而非德意志人，亦非自由主义。

# 三、大战在即：法国的最后辉煌

在外交领域，普鲁士已经建立在德意志邦联的霸权，长期被自由主义者和激进分子当作反动势力的保护者和教会权利的盾牌攻击的奥地利已被从德意志驱逐出去了。俾斯麦建立的最终被证明是一个既保守又开放、既专制又民主的现代开明专制政权，各种政治思想都对它无可奈何。正因如此，这个无拘无束的政权善于在复杂的政治环境下发挥其无所不及的影响力，它清楚地知道，重要的是达到自己的目标，并非不加节制。

但是，俾斯麦雄心勃勃的目标与拿破仑三世的宏伟计划发生了冲突。以他伟大的叔叔为榜样，拿破仑三世将很大一部分精力投注于外交领域，以人民领袖自居。1859 年与撒丁结盟进攻奥地利是他的第一次重大外交冒险活动，目标是要摧毁奥地利在意大利的优势，显示他对于民族原则的忠诚，最终在意大利建立教皇领导的联邦。但意大利民族统一运动之如火如荼完全出乎他的意料，于是他又转而支持奥地利保留一定势力，前后矛盾之处甚多，法国最终也没有捞到什么油水。普鲁士与奥地利发生战争之时，拿破仑三世保持中立，实际上他乐于看到现状被打乱，认为那是为法国提供实施其计谋的有利机会。但俾斯麦很快结束了战争，拿破仑三世想以仲裁人的身份施加影响的打算落了空。同时，在墨西哥的冒险由于马克西米连缺乏政治才能与实力也以失败告终，反而引起奥地利、比利时等国对他的反感。

1866 年以后，拿破仑三世年事已高，精力衰竭，不再像年轻时那样有胆有识，显现出一种遇事拖延不决的倾向。他认为，法国与普鲁士注定要发生冲突，因此有必要取得哈布斯堡君主国的支持。马克西米连死去刚刚两个月，他就与弗朗茨·约瑟夫在萨尔茨堡会面，后者虽然彬彬有礼，却并不打算与他发生实质性联系。但拿破仑三世以其一贯的自以为是认为已经与奥地利皇帝取得了和解，还想继续发展为一个羽翼丰满的联盟。

弗朗茨·约瑟夫不愿意给出任何承诺。博伊斯特虽然以反俾斯麦的立场知名，也发自内心地希望建立一个针对普鲁士的欧洲各国联盟，但这是占奥地利人口一半以上的德意志民族所反对的，而这一半

拿破仑三世与俾斯麦

人口正是奥地利最有经济实力和政治经验的一个部分。他们梦寐以求的统一事业已由普鲁士完成，反过来又保证了他们的政治经济特权，作为同文同种的兄弟，奥地利的德意志人随时准备与德意志联邦恢复被战争破坏的联合。而且，由奥匈协议而得到一定特权的某些马扎尔贵族也对法国持敌视态度，博伊斯特无法以个人好恶说服这两个决定帝国命运的民族去反对普鲁士人。

奥地利的将军们也不愿意在没有意大利参加的情况下发动一场针对普鲁士的战争，否则奥地利将腹背受敌，最终可能会使这个外强中干的帝国陷入覆亡的命运。但是，意大利将法国在罗马的驻军视为眼中钉，以撤军作为意大利参加法奥联盟的条件，而拿破仑三世如果撤军的话，教皇在与意大利王国的冲突关系中就更陷于弱势，遂引起法国国内的天主教舆论的不满，而且会伤害拿破仑三世已经所剩无几的面子，虔诚的罗马天主教徒欧仁妮也不会听之任之的。1869 年，有关各方一直在进行谈判，到了 9 月，拿破仑三世分别接到了弗朗茨·约瑟夫与意大利国王伊曼纽尔措辞热烈、态度积极的信件，但却只是信誓旦旦的私人信件，没有正式的外交文书就是没有价值的保证。

哈布斯堡王室同样是虔诚的天主教徒，每年的濯足礼上，弗朗茨·约瑟夫与茜茜都会为十多位孤苦老人濯足洗罪，复活节和圣体节的公众庆祝活动更少不了皇室成员的参与。茜茜尤其是一个情绪多变、感受丰富的女人，精神容易紧张，每当她感到无助的时候，就会幽居在封闭的环境中以泪洗面，夜深人静时还在圣坛前忏悔，向天主祈求庇佑。因此，哈布斯堡王室当然不愿意看到教会与世俗政权之间的冲突升级，1869 年，茜茜还以私人身份参加了梵蒂冈会议，这是自几个世纪前的特兰托会议以来教皇召开的第一次会议。教皇庇护九世在 1848 年革命后就受到世俗政权的日益强大的威胁，特别是在意大利，撒丁国王将教皇财产世俗化，拒绝教皇介入公共教育领域，在对外政策上也有意刁难。

19 世纪科学与人文思想的发展也给予天主教会的权威以相当大的威胁。赖尔 1830 年的《地质学原理》和 1863 年出版的《古人类的地质证据》有力冲击了基督教的上帝创世说。达尔文 1859 年出版《物种起源》，提出自然选择的进化论，其思想从生物学领域进一步扩展到社会人文范围内，在很大意义上塑造了 19 世纪后半期人类思维的内容和方式。《圣经》研究首先对《旧约》的内容提出新的看法，1843 年，埃瓦尔德的《以色列人民史》指出，《旧约》应被看作是犹太人的神话集，摩西则是第一个历史人物。对《新约》的研究成果以施特劳斯的《耶稣传》最为轰动，它打破了笼罩在耶稣头上的神圣和神秘的光环，认为福音书并非历史传记，而是以神话体现宗教真理。

另一方面，19 世纪的自由派是 18 世纪理性主义的传入，把天主教看作是代表中世纪的反动和落后的力量。自由主义者对科学、进步和理性的信仰使他们看不到传统宗教中所包含的深刻的人性因素，源自自然神论者的对天主教的蔑视态度使他们忽视了普通大众的宗教感情和宗教需求。

1848 年革命之前，天主教会本来已经出现某些自由化的倾向，但是，庇护九世在这场革命中噩梦般的经历使他的思想从自由主义转向保守主义，从开明转向狭隘，意大利地区世俗王权咄咄逼人的攻势更使他看到即将发生革命和叛变的恶兆。为了扭转被动局面，他借助于圣灵怀胎信仰，提出圣母无原罪，以重新树立罗马教廷的权威。1864 年，庇护九世发布"反自由主义通谕"，并附有《现代错误学说汇编》，列举所谓"当代谬论"八十余条，其中第八十条声称，凡认为罗马宗座应该而且能够同意进步、开明思想和现代文明并与之协调共处的见解都是谬误。天主教开明派因此受到严重打击，失去了知识界的支持。1869年，庇护九世试图通过梵蒂冈会议显示教会的团结，并特意选在12月8日圣母无原罪教理瞻礼日之际，提出所谓"教皇一贯正确论"，遭到德国、法国等地天主教会的强烈反对，即使是弗朗茨·约瑟夫及其宗教导师也认为教皇走得太远了。永无谬误论发表后不久，奥地利宣布取消1855年《政教协议》。当年，意大利军队进入罗马城，通过公民投票，罗马并入意大利王国。教皇管辖权只限于梵蒂冈及其附近地区，意大利其他地方实现政教分离。

在去罗马之前，茜茜本来还有机会进行一次更有趣的东方之行。弗朗茨·约瑟夫接受了埃及政府的邀请，前往开罗参加苏伊士运河的通航仪式，但是茜茜却以儿女们需要照顾为由拒绝陪同前往。某些不怀好意的谣言声称，皇后陛下是听说欧仁妮将主持运河的通航仪式，不愿意再进行一次伯仲难分的暗中比赛，所以才不肯进行这次本来对她很有吸引力的旅行。弗朗茨·约瑟夫的行程的确意义不凡，他不仅要去埃及，而且要到君士坦丁堡会见苏丹阿卜杜勒·阿齐兹。这位异想天开、随心所欲的东方君主一直在善良开明的宰相们辅佐下进行改革。但据说他在几年前曾经抛开他的大臣，把朝政交给一位上了年纪的会跳舞的托钵僧。梅特涅时代奥地利人就已经注意到东方问题对中欧地区的影响，但弗朗茨·约瑟夫仍习惯于把王朝的注意力放在德意志地区和意大利半岛上。随着新技术的广泛运用，多瑙河航运条件大为改善，早在1837年，奥地利就开通了的里雅斯特与君士坦丁堡之间的蒸汽动力航线。随后，奥斯曼帝国又放松了对银行的种种限制，引起维也纳商界对近东地区浓厚的兴趣。俾斯麦德国崛起之后，更迫使奥匈帝国将目光转向东方。博伊斯特也密切关注加强巴尔干地区与维也纳之间的联系，正是出于这样的目的，他说服弗朗茨·约瑟夫接受了来自东方的邀请。

皇帝长达 6 星期的行程还将包括雅典和耶路撒冷。当茜茜与丈夫在匈牙利告别时，她似乎有点后悔了，但是，与各个有关国家商量好的活动安排已经排除了为她心血来潮的决定做出改动的可能。像以前的每次分离一样，弗朗茨·约瑟夫用叙事刻板精细的书信与日记为茜茜记录了他的日常活动。

10 月底，弗朗茨·约瑟夫进入土耳其统治下的保加利亚。航船所到之处，景色大为不同，市镇里穿着各色服装的异族人熙来攘往，商贩们或站或坐，大声叫卖，向路人展示那些稀奇古怪的商品。华丽的王宫、辉煌的日落、庄严肃穆的行道树，一切都令弗朗茨·约瑟夫一行有恍若隔世之感。最令他感慨的是披着厚重面纱的穆斯林妇女，她们避开行人探寻的目光，匆匆一瞥之下，那双美丽的眼睛直令人倍觉伤感。与女人们悄无声息的身影相比，他下榻的苏丹行宫则用东方式的精雕细琢营造了一个专制的男性社会奢侈生活之极致。

之后，弗朗茨·约瑟夫的船队驶入马尔马拉海，经达达尼尔至比雷埃夫斯港，再转入陆路，仅 10 分钟就坐着火车到了雅典。灿烂的古代文明在橄榄树和葡萄园背后的神庙、建筑遗迹中庄严地沉默着。这个时期的欧洲人已经重新发现了被中世纪隔开的古希腊人，他们热爱理性，在思与辩中提出了人类文明的基本问题，奠定了西方理性文明的基石。正如维也纳曾经抵抗过来自东方的奥斯曼土耳其一样，丰饶美丽的阿提卡半岛也曾是理性文明抗击东方影响的前线。弗朗茨·约瑟夫想起了波斯帝国的薛西斯大帝，为了洗雪马拉松之役的耻辱，他以雷霆万钧之势进入阿提卡半岛，最终仍然失败了，人类历史上却多了一段宏伟的英雄传奇。而如果他胜利了呢？或许从容行走在雅典街头的圣哲就不会有机会把哲学从天上带来人间，东方的迷信、巫蛊会在更大程度上影响人类文明的进程。

前往圣地耶路撒冷的旅程从一开始就显得与众不同。数百名土耳其士兵拱卫着骆驼车队中的弗朗茨·约瑟夫一行。从车窗向外望去，大漠孤烟，长河落日，更有剽悍的贝督因人骑在棕色马上前后巡逻。马蹄笃笃，伴随奇异的异族话语，应声而起无数沙尘，更添几分人在旅途的肃穆与苍凉。看到耶路撒冷的那一刻，弗朗茨·约瑟夫朝着圣城的方向，虔诚地祈祷谢恩，其思绪之万千可想而知。

或许茜茜会对欧仁妮的出场更感兴趣。的确，11 月 16 日举行的苏伊士运河通航仪式可算得上是法国皇后大出风头的一次盛会。这条全长 90 英里的运河本来是多国合作的成果，最初估计费用不到 400 万法郎，但最终耗资达 4 亿法郎。从 1859 年动工以来，多次出现政治障碍，以至于工程进展缓慢，直到 1865 年以后，一方面障碍消失，另一方面在施工中使用机器，工程才走上正轨。在漫长而困难的施工过程中，股票持有人渐渐变成以法国人为主，他们虽然长期未能获利，最终还是发了大财。欧仁妮某位表亲是工程的主要负责人，受到皇家支持。由于拿破仑三世苦于结石病的困扰，无法承受旅行劳顿，因此，茜茜不无嫉妒地发现，欧仁妮理所当然地成了明星，而她的丈夫也享有代替拿破仑三世陪同美丽的法国皇后的殊荣。弗朗茨·约瑟夫虽然是一个描写精细的记录者，却总是轻描淡写地略过欧仁妮，不厌其烦地为茜茜介绍一些"相当一般的客人"，或者他如何在新式

"意大利剧场"中看《罗密欧与朱丽叶》时酣然入睡。

但是，这是欧仁妮，也是拿破仑三世的法国最后的辉煌时刻了。1869 年，法国一方面与奥地利密切接触，另一方面与普鲁士剑拔弩张。俾斯麦喜欢在同外交官和新闻记者谈话时慷慨激昂地表示憎恨战争，但是"与法国的战争肯定会到来"。他认为，有必要加强 1866 年军事胜利唤起的民族感情，"填平祖国南北两部分由于种种王朝感情、民族感情以及生活方式等原因而在历史进程中形成的鸿沟的最有效办法，就是与几个世纪以来一直侵略我们的那个邻国进行一场全民族的战争"。在法国，也有一些政府官员无视舆论的主要方向，而"把少数几家报纸的宣传解释成民意的表达"，他们确信，普鲁士日渐上升的实力将会使法兰西文化黯然失色。

## 四、普法战争：骗来的巅峰对决

战争往往并不是在矛盾最尖锐的时刻到来的。以人民与民族的名义，普、法两国都有人声称战争已如箭在弦上，不得不发。实际上，像许多重要战争一样，导火索并非双方政府的直接关系，而是间接事态。而且人们总在痛定思痛时才发现，战争所带来的灾难比宣称使战争成为必要的那些问题要严重得多。

这一次，西班牙的政治形势成了引发普法冲突的导火索。女王伊莎贝拉被军事政变推翻后，西班牙亟待从为数不多的几个欧洲天主教王侯中选出继承人。普鲁士霍亨索伦家族中信奉天主教的利奥波德是其中一支，虽然因其祖母的血缘关系，利奥波德与拿破仑三世的亲

德意志统一三杰：俾斯麦、罗恩与毛奇

戚关系更近一些，但是他毫无疑问是普鲁士国王威廉一世的忠实臣子。拿破仑三世本来也可以置身事外，欧仁妮对祖国西班牙也有强烈的爱国心，但利奥波德当选的可能性立即让法国在欧洲大陆上处于腹背受敌的形势之下。因此，法国人认为俾斯麦在西班牙王位继承问题上耍了手段，其目的就是要引起战争，奥匈帝国与普、法双方都颇有渊源。弗朗茨·约瑟夫的东方之旅及他与欧仁妮配合默契的公开活动为法奥友谊做了一个最好的注解，双方官员之间的非正式会谈从 1869年年底到次年年初一直在进行。国防大臣库恩与阿尔贝特大公还分别向皇帝和法国人提出了初步的作战计划。但是，两次对外战争的苦涩记忆使弗朗茨·约瑟夫变得谨慎起来，他决心不让那些口出狂言的将军把国家推入战争的陷阱，也要避免皇室再因军事失败而降低威望。

奥地利皇帝驻巴黎的大使理查德·梅特涅在写给维也纳的信中指出，巴黎统治集团中的某些人已决心要把一场战争强加给普鲁士。有人甚至轻佻地告诉他："如果奥地利意识到什么对它最有利的话，它就应该与法国并肩战斗。"7月6日，他发现欧仁妮"强烈地支持战争"，而且"对于政治胜利或战争的前景看法显得幼稚10年"。

博伊斯特奉劝拿破仑三世的谋臣格拉蒙节制，并从比利时派遣特使试图游说法国人，但无论拿破仑三世还是格拉蒙都拒绝会见这位特使。格拉蒙使拿破仑三世相信，盟友是些唯利是图因而没有多大用处的玩意儿，胜则趋之若鹜，败了要它也无益。

实际上，霍亨索伦家族的利奥波德在权衡利弊之后，放弃了对西班牙王位的继承权，俾斯麦的阴谋有可能会落空，但是法国人的愚蠢虚荣和俾斯麦的机灵却把正在熄灭的余烬变成熊熊大火。法国人非要让威廉一世做出保证，永远不允许利奥波德继承王位。国王坚定而委婉地拒绝了，并把与法国大使的交涉过程电告俾斯麦。

本来已受到挫折的俾斯麦突然灵机一动，通过加工从埃姆斯拍往柏林的电报，将原来冗长而比较实事求是的电文压缩得简练而语气尖锐。虽然一字未改，但法国人商谈的语气一下子变得好像是对挑战的耀武扬威的答复。电报被发往普鲁士所有的驻外使馆，并在报刊上公布。巴黎愤怒了，柏林则挤满了兴奋的群众，对威廉一世国王的欢呼响彻云霄。种种迹象表明，俾斯麦通过一系列的战争与宣传，成功地掀起了德意志各邦的民族感情，此时他又准确地估量出了这种感情的狂热程度。应当说，战争的责任人不是宣战的人，而是使对方感到战争成为必要的那一方。

1870 年 7 月 19 日，法国对普鲁士宣战。普鲁士已经具有强大的现代化军事机器，又得到团结起来的整个德意志的支持，因此能够很快打败法国军队。色当之役法国损失 12 万人，拿破仑三世当了俘虏，包括南德意志各邦在内，整个德国爱国主义情绪高涨，甚至在独立性最强烈的巴伐利亚，路德维希二世虽然不喜欢已经建立起来的北德意志联邦，也认识到他的邦国必须参加德国的统一。在俾斯麦的密谋之下，路德维希二世一字不差地抄录了请求威廉一世加冕为帝的书信。巴伐利亚、巴登、符腾堡和黑森派了代表来到凡尔赛。威廉一世虽然时时被人民革命的可怕梦魇所困扰，但是在王太子的不断敦促下，勉强接受了劝进书。1871 年 1 月，威廉一世在凡尔赛宫镜厅加冕为德意

威廉一世的加冕仪式

志皇帝，英勇的德国军官被挑出来代表他们的部队，23 岁的步兵少尉冯·兴登堡也在其中，几十年后，当德国被《凡尔赛条约》变成一个共和国之后，这个人将是建立第三帝国的关键人物。

巴黎蒙受了耻辱和伤害，心怀怨恨。雨果在波尔多议会里发表预言：总有一天，"法国将重新站起来，不可战胜。它不仅将收回阿尔萨斯、洛林，还将收回莱茵兰，包括美因茨和科隆。它还将回敬德国一个共和国，使德国摆脱皇帝，就像德国人把拿破仑赶下帝位一样"。

维也纳在战争中保持善意中立。战争的爆发恰与梵蒂冈发表教皇永无谬误论同时，作为主要的天主教国家，奥匈帝国召开了一系列高级会议讨论政教关系。虽然国防大臣建议趁着普鲁士忙于西线战事之际进军西里西亚，收回 18 世纪被夺走的领土，但是弗朗茨·约瑟夫还是接受了博伊斯特的建议，悠游于战争之外，以同情的中立赢得声誉，之后还可作为双方和谈的调解人获得一定程度的优越地位。

法国的失败对奥匈帝国的命运投射了不祥的阴影。博伊斯特前往慕尼黑，试图说服南德意志诸邦置身事外，不要成为普鲁士化的德意志民族的一部分，但是已经于事无补了。正如俾斯麦所设想的那样，"全德人民为了一个民族目标而共同努力奋斗，共同对那个长期侵略我们的邻国赢得一次重大胜利"成了使南德意志人"摆脱自私观念和冷漠态度"的外部动力，德意志人对恢复中世纪神圣罗马帝国的统一、强盛的梦想眼看着就要实现了，而奥地利被排除在外。

威廉一世在凡尔赛加冕为帝后不过几天，弗朗茨·约瑟夫便收到了博伊斯特的一份文件。这位处事灵活的政治家向皇帝建议与德国和解，接受俾斯麦德国的中欧霸主地位，设法使柏林、维也纳与布达佩斯联合起来，成为中欧堡垒，向西对抗作为一个共和国的法兰西，尤其要防止共和主义向西传播，向东防止沙皇势力的侵扰。因此，奥地利将不再考虑为 1866 年的失败向普鲁士复仇，那将是向全体德意志人宣战，不仅是新成立的德意志帝国，还将包括奥匈帝国境内的德意志人。这种和解违反了一贯反对俾斯麦的博伊斯特的内心意愿，但在政治领域，讲求实际的态度是不要高谈阔论应当是什么，而要看看自己能够做到什么。

弗朗茨·约瑟夫与威廉一世在这年的 8 月匆匆一晤，双方交谈甚欢，其后又在萨尔茨堡举行了进一步的和谈，距拿破仑三世与欧仁妮在这里大出风头不过 5 年。整个奥匈帝国只有波希米亚议会对法国表示同情，抗议德国兼并阿尔萨斯、洛林。但是这样的道义支持与其说对法国有好处，不如说对德国进行无用的挑战，数十年之后的 1938 年，法国用同样无用的方式表示了对奥地利的同情。

# 五、巴尔干：帝国的火药桶

弗朗茨·约瑟夫以其惯用的突如其来的手法，在 1871 年 11 月要求博伊斯特辞职，与捷克人的和解因为捷克人实力不足以及马扎尔人的嫉妒和德意志人的蛮横而失败。安德拉西在其中大显神通，博伊斯特则无论内政外交都没有令皇帝满意。既然要与俾斯麦取得默契，那么当初以反俾斯麦的立场上台的博伊斯特就没有保留的必要了，尽管他表现出了足够的灵活性。博伊斯特被打发到伦敦，担任奥匈帝国的大使，安德拉西继任外交大臣。这是他长期以来梦寐以求的职位，他成功地将弗朗茨·约瑟夫的注意力引到外交领域，在相当长一段时期内，这位黝黑而富有魅力的马扎尔人将是维也纳宫廷和帝国政治中的显赫人物。

安德拉西继续了博伊斯特的与德和解政策，他关注的也是东方事务。1864 年至 1877 年间任俄国驻君士坦丁堡大使的伊格纳切夫将军是个善于四处煽风点火的泛斯拉夫主义者，希望解放奥斯曼帝国统治下的斯拉夫基督徒。1870 年普法战争期间，俄国首相戈尔恰科夫公爵趁机宣布俄国不再认为有遵守《巴黎条约》所规定的黑海非军事化的义务。欧洲政治家们开始猜测"巴尔干积雪融化时，春季风波恐将再起"。刚刚取得重大胜利的俾斯麦不愿意在一个普鲁士本身无利可图的地区与人发生冲突。安德拉西作为奥匈帝国的外交大臣，也无意在巴尔干地区获得某种优势地位。因此，俾斯麦建议在德国、俄国与奥匈帝国之间缔结一项松散的同盟协定，保证通过外交途径而不以战争方式解决未来可能出现的任何危机。

但是，中欧地区复杂的民族组成使巴尔干地区的任何细微变化都会影响这个貌似强大的奥匈帝国。从 60 年代开始，俾斯麦的身影就笼罩着西欧与中欧，西方大国的争斗不休使中欧人民有机会自行安排自己的命运，民族主义以其单纯和容易为人接受的特点成了群众起义的重要口号，政治领袖用它来煽动民心，年轻的、下层的民众用它来发泄对社会不公的不满。偏见、傲慢、无知与社会怨恨使民族主义成为凝聚民心的工具之外，更成了社会变革和动荡的原因。

多瑙河以南和以东地区的社会与经济还处在原始状态，开发主要限于农业方面。工业进展缓慢，行会法的广泛存在阻碍了现代化工厂的建立，蒸汽动力姗姗来迟。外国人在此地修筑了一些零星而互不连接的铁路，直到 70 年代和 80 年代，当地的铁路企业主要由德国和奥地利的资本进行经营，但是，经济的缓慢变化已经昭示着重大政治变动的来临。

曾经是欧洲人噩梦的奥斯曼土耳其人已经走向衰落，在西方列强的关注下，奥斯曼帝国在军事、财政和行政制度方面进行改革。这几个方面密切相关，因为一支强大的军队有助于抵御外辱和国内治安，但所费不赀；而财政承受巨大压力必然会加剧各地包税人的横征暴敛，转而可能会使各行省发生骚乱，政局不稳。在西方影响之下，60年代的土耳其知识分子明显表现出了民族主义的情绪。他们开始了解西方，尤其是法国的作品，并立即学会使用西方民族主义者的自由主义术语，抨击苏丹专制政府，断言只有西方的政治体制才能为土耳其带来繁荣富强。对苏丹而言，幸运的是他统治下的众多基督徒与穆斯林民族混杂相处，臣民中的宗教、种族、社会及经济的利益、冲突错综复杂。这样，土耳其帝国尽管被称为欧洲"病夫"，却病而不死，勉强维持局面，任何带有普遍性或协同一致的国内起义都很难持久。多瑙河两公国的民族领袖库扎在位7年间用土地改革、教育改革为经济和文化的发展奠定了基础，并于1862年将两个议会合并为一个中央集权制的议会，地点设在布加勒斯特。罗马尼亚国成立，1866年的一场不流血的政变推翻了库扎的统治，一位霍亨索伦家族的成员、又与拿破仑三世沾亲带故的亲戚正式成为第一位罗马尼亚大公。

塞尔维亚大公米哈伊洛·奥布雷诺维奇在位期间，该国建立了一支兵精马壮的近代化军队，并迫使土耳其军队在1867年撤出贝尔格莱德和其他要塞。次年大公神秘遇刺，他的堂弟米兰继位，但他还是个14岁的孩子，因此，塞尔维亚在其后数年间由一些年长的政治家摄政。

居住在多瑙河流域和巴尔干山脉之间的保加利亚农民基本上是一个单一的整体，偶尔也夹杂着一些穆斯林居民，在巴尔干半岛南端和马其顿，则包括人数较多的土耳其人、希腊人、塞尔维亚人和阿尔巴尼亚人。在仍处于土耳其统治之下的保加利亚，文化复兴比其他南部斯拉夫人民都要晚得多，其原因主要在于其孤立的地理位置和落后的教育。保加利亚人与欧洲其他地方没有贸易往来，一些语言学家就东西部方言所进行的争论除了导致保加利亚文学语言形式的混乱之外没有任何好处。长期以来，保加利亚人一直本能地痛恨身为征服者、收税人和异教徒的土耳其人。在 60 年代，反对希腊宗教和文化统治的长期斗争达到高潮，俄国人鼓励保加利亚人为自己谋得某些权利，但保加利亚人要求得更多，他们希望建立一个完全独立的教会，像亨利八世摆脱罗马教皇一样摆脱君士坦丁堡普世牧首的控制。1870 年，他们的条件得到了满足，土耳其政府批准成立保加利亚大主教区，下设 14 个主教区，由一个不属于总主教的会议管理。通过这一政策，土耳其政府希望利用保加利亚人与希腊人、保加利亚人与塞尔维亚人之间的宗教仇恨，有效地消除境内基督徒之间的联合反抗。在这一方面，土耳其人的成功持续了 40 年之久，但是另一方面，大主教区成了保加利亚民族感情的发源地。几年之后，这种民族感情就成为点燃东方大危机的熊熊烈火的原因之一。

巴尔干的每一个民族几乎都可以在奥匈帝国内找到规模相当的同族人群，他们在帝国内是默默无闻的少数民族，在巴尔干却已经有机会建立民族国家。各民族之间的和解本来并非不可能达到，但是外部的动荡会加剧内部的社会不满，奥匈帝国这架吱呀作响的机器缺乏应变的能力。因此，巴尔干地区的每一次重大变革，都必然会影响帝国境内的民族平衡。在一个民族主义势力张扬的时代，多民族的奥匈帝国不得不拖着庞大而虚弱的躯体蹒跚前行。

# 第十一章
## 大国盛世：美酒、女人与歌


## 一、音乐之都：多瑙河畔的女神


维也纳是一座享受型的都市，"自己生活和让人生活"曾是维也纳人著名的准则。19 世纪 50 年代以来的持续繁荣使这种怡然自得的生活态度任意发挥，以多风闻名的维也纳同样以各种艺术风潮的汇集地知名，这又使这座保守的城市同时呈现出多变的外表。各种各样的人才、思想、艺术都被吸引到这座城市，数个世纪以来的发展使维也纳已足够满足数百万居民的日常消费与享受，但依然保持其依山傍水的自然风貌，纯真而深刻、唯美又关注自然，这正是精致的维也纳风格。

"艺术总是在它成为一件全民族生活大事的地方达到它的顶峰。"奥地利国家的自豪感最强烈地表现在追求艺术的卓越地位上。在一个可以听到来自欧洲的各种语言的多民族国家，音乐成了柔和而富于表现力、多样而富于包容性的通行语言，音乐成了流淌在奥地利人血液中的精华。

生于上普法尔茨、逝于维也纳的格鲁克在音乐上力求古雅、淳朴，使玛丽亚·特蕾西亚时代的歌剧达到了意大利的巴洛克和洛可风格的境界。不同于一般的艺术家，格鲁克的个人声望与财富在他的盛年期就牢固地建立起来了，他也毫不吝惜地用自己的影响去帮助一个举止笨拙的年轻人——沃尔夫冈·莫扎特。莫扎特的另一位同代人和赞赏者是海顿，当时也已功成名就。正是他劝说莫扎特前来维也纳碰运气，他还向一位更年轻的出色钢琴家发出了同样的邀请。据说，莫扎特倾听过年轻的贝多芬激越的演奏之后，对其他人说："关注他吧，有一天人们会对他刮目相看。"

海顿的风格得自故乡——下奥地利的罗劳，莫扎特成长于萨尔茨堡的艺术气氛里，脾气火爆的贝多芬来自玛丽亚·特蕾西亚的小儿子马克西米连的波恩城，但是他们都在维也纳找到了自己毕生的事业。音乐神童找到了他自己的古典风格，激情与悲剧使贝多芬在维也纳温和宽容的贵族圈中找到了施展才能的空间。至于舒伯特，则是典型的维也纳人，又是资产阶级环境孕育出来的永恒的音乐大师，继承了古老的维也纳歌谣传统，但在旋律的丰富、情调和技巧上都被认为超过了前人和同代人。

1827 年舒伯特去世标志着维也纳音乐古典时期的结束，但是奥地利音乐在 19 世纪初达到其声誉和成就的巅峰，并不意味着后来者稍有逊色。布鲁克纳曾是一名普通的乡村教师，在圣弗洛里安教堂任风琴师时的经历成为其一生的关键。他的伟大之处在于他的生活和工作的完全利他主义特点，其个性中的虔敬精神使他似乎感到自己是上帝的工具。正是这种属灵的内容使他的音乐深邃而不易为人接受，在经历各种斗争和多次失望之后才得以成名。至于勃拉姆斯，则是一位在浪漫主义者对古典主义传统的准则提出异议并加以否定的时代中，积极捍卫海顿、莫扎特和贝多芬古典传统的人。他在 50 年代结识舒曼，建立密切关系，结果卷入李斯特、瓦格纳的"新日耳曼乐派"与以舒曼为代言人的保守派的深刻矛盾之中。舒曼故去之后，他于1862年成功访问维也纳，遂定居于这座更富于包容性的都市，以其古典音乐、室内音乐和歌曲博得批评家和公众的钦佩。

勃拉姆斯

这个时期最令人瞩目的成就是《蓝色多瑙河》及其作者小约翰·施特劳斯。这位早熟的音乐天才19岁的第一次公开演出就向父亲的地位提出了挑战。经过不到10年的奋斗，小约翰·施特劳斯得以在不同场合下指挥大约300名维也纳乐师，他的权威毋庸置疑。而且，在一个大众文化日盛一日的时代，他或许是第一个善于吸引观众的作秀大师。在乐池里，他不停地转变位置，挥舞指挥棒的同时，还担任第一小提琴手的角色。他是乐曲的灵魂和投入地阐释作品的人，能够将观众引入甜蜜而感性的想象空间。

19世纪下半叶，维也纳盛行欢快、柔和的轻歌剧。这是一种结构类似于歌剧的戏剧音乐作品，尽管其剧本往往显得粗糙、简单甚至荒谬，音乐也只是些歌剧咏叹调和流行歌舞曲的大杂烩，带着些机敏和灵感，演员也没有昂贵服饰和华丽布景的衬托，但却从巴黎流传到维也纳、布达佩斯。轻歌剧在一定程度上源自一些流行戏剧体裁的传统，包括16世纪至18世纪意大利的艺术喜剧和法国的歌舞杂耍表演。在 19 世纪演变为带音乐的舞台表演剧，50 年代在巴黎兴起，奥芬巴赫以其《地狱中的奥菲欧》及《美丽的海伦娜》将轻歌剧带入较完美的境界。在维也纳，人们使轻歌剧减少了其滑稽和讽刺的性质，不再以犀利的模仿嘲弄见长。"华尔兹之王"小约翰·施特劳斯在轻歌剧中享有盛名，他创作出了一些旋律更优美和更具浪漫色彩的作品。如梦似幻的旋律甜蜜而多愁善感，在很多方面调和了轻歌剧与歌剧之间的差异。奥芬巴赫的优势被维也纳轻歌剧所压倒，巴黎风格亦变得更加多愁善感，讽刺意味减少，追求精美典雅。小约翰·施特劳斯的《蝙蝠》在 1874 年面世，被认为是维也纳轻歌剧的顶尖之作和维也纳音乐"黄金时代"的标志。

在日常生活中显得轻松愉快的维也纳人在艺术方面却痴迷执着。在 19 世纪初，家庭音乐空前流行，无数业余的四人演奏组纷纷建立，还举办慈善音乐会和"心灵音乐会"。各种音乐协会也建立起来了，其中以 1812 年建立的音乐之友协会最为知名，1872 年勃拉姆斯担任其首席指挥。1817 年成立了维也纳音专（维也纳音乐学院的前身），1843 年起，维也纳男子歌咏团就以其精湛的演技享有盛名。在其他城市，如格拉茨、林茨和克拉根福都建立了一些音乐团体和学院。萨尔茨堡在 1841 年成立了莫扎特学院，后发展为国际莫扎特学会，并附有莫扎特博物馆。

都市的环境并不妨碍维也纳人继续欣赏和发展传统的民歌。发现民歌之美的最好场所是传统的"海利根"小酒店，在维也纳周围的山坡上，一些绿树掩映的庭院在门口挂上松枝，表示品新酒的季节又到了。人们坐在洁净的松木长凳上，倾听旋律优美、赞颂美酒与死亡的独特歌谣。维也纳施拉梅尔两兄弟 70 年代发明了一种由小提琴、吉他和单簧管组成的小乐队，演奏怀念过去的、真挚而伤感的音乐，像赞美生之愉悦一样轻松地歌唱死亡，粗犷直率，不失原始风味。

音乐之于维也纳人不是一种有益性情或打发时间的娱乐，而是个人的需要和这座城市的生活方式。轻松的音乐是人们需要的一种休息，严肃的音乐又是为寻求启示而进行的一种精神探索。而且，从古典时期开始，维也纳音乐家出神入化的作品就以轻松的表达兼容了深刻的思考，严肃与欢快、梦幻与现实，都成为维也纳音乐不停变换的主题。

正统的维也纳音乐品味是保守的。曾有一位音乐评论家这样说道："勃拉姆斯之所以在此受到欢迎，主要是因为他的音乐刚好完全符合维也纳人的音乐品味，既不太热也不太冷；避免兴奋或刺激，同时听起来又不太无聊。"

维也纳人天性中的讥讽与怀疑主义倾向使他们的形象远比惬意、愉悦的印象要丰富得多。他们发现了生命的悲剧，然后用坏脾气的幽默掩盖起来，甜蜜的外表和矛盾狂乱的内心形成巨大的反差，而且直到最后一刻还常常眨眨眼，用一种习惯性的讽喻口气告诉你，这一切都不是真的，而如果你相信这样的话，那就大错特错了。

美的追求使奥地利人习惯了形式的精致和欢快的格调，整个国家似乎弥漫着一种韵律感，人们都自然而然地具有对外形与和谐的鉴赏力。巴洛克建筑的视觉魅力不仅存在于大城市，而且也在许多小城镇和宁静的乡村保留了其影响。优美与富于动感的线条不仅决定了当地建筑师的构思，而且影响了园艺工人、手工艺者甚至糕饼师傅。奥地利的花圃像是舒展优美的书画作品，工匠用钢铁再现出一卷卷富于美感的画面，而从著名的萨赫尔蛋糕到小酒馆中平常的小点心，都分外精致可人。

音乐和对美的追求使奥地利人摆脱了地图上那些死板的图标，给世界一个想象中的奥地利，美酒、爱情的王国，像丝绸一般柔滑，像葡萄酒一样醇香。

## 二、快乐家园：普世包容的姿态

从 19 世纪 50 年代开始的经济繁荣由于 60 年代奥匈协议确定了帝国的政治格局而得到巩固。弗朗茨·约瑟夫放弃了在德意志和意大利的主动政策，转而致力于精心营造君主国的政治稳定，从而加强了国内的商业信心。交易条件的改善和银行系统的改进吸引了来自英国、美国和北德意志的大量投资。在 1867 年和解达成之后的 6 年之内，共有超过 400 个银行机构在奥匈帝国境内建立，政府还批准建立了 29 个铁路企业，让工业的生命线迅速铺设到每一个角落。经济落后地区也建立了近代化的工厂，烟囱林立的新气象直观地反映了煤和生铁产量的急剧上升。或许是天意使然，这段时间中欧地区风调雨顺，充足的雨水和阳光带来了谷物的丰收，而西欧则天公不作美，不得不高价从奥匈帝国进口粮食。匈牙利农民的小麦、奥地利农民的燕麦、波希米亚和摩拉维亚两省的蔗糖都获得了令人难忘的好收成和好价钱。1868 年明媚的夏日使维也纳、达尔马提亚和匈牙利中部的葡萄园弥漫着甜蜜的香氛，葡萄美酒的醇香又诱出了大师的灵感。小约翰·施特劳斯为维也纳男子歌咏团谱写的第二支华尔兹舞曲便被恰如其分地命名为《美酒、女人与歌》。

经济机会的增多和奥匈帝国多元社会相对宽松的气氛吸引了寻求美好生活的人们涌入都市，其中包括一个独特而且引起巨大社会影响的民族——犹太人。犹太人是欧洲史上文化灿烂悠久而受迫害时间最长、最剧烈的一个民族，他们自认为是上帝的选民，却四处被当作卑贱的"不可接触者"。而且，这个民族机智聪慧，善于理财，在经济、文化上都有显著成就，在长期没有祖国的流浪中坚守犹太教信仰，从而使自己成为一个在排斥中生存和坚持自己民族特色的群体。

为什么犹太人变成了"不可接触者"？首先要从久远的历史中寻找答案。

犹太人是古代闪米特人的后代，《圣经》中记载亚伯拉罕之子以撒娶利百加为妻。利百加年长，生育困难，遂祈求耶和华使利百加怀孕生子。但耶和华同时做出分裂的预言："两国在你腹内，两族要从你身上出来，这族必强于那族，将来大者要服侍小者。"以撒的幼子雅各又蒙上帝赐名"以色列"，是"与神与人角力均获胜"之意，他有十二子，其中第四子犹太一支最强。公元前13世纪，在先知摩西的带领下，犹太人走出埃及，在西奈半岛接受上帝降下的"十诫"，遂诞生世界上最早的一神教——犹太教。

公元前11世纪，扫罗登基为以色列王，是为希伯来王国，以耶路撒冷为首都，在大卫王和所罗门王的时代达到鼎盛，但很快分裂为北部的以色列王国和南部的犹太王国，并分别在公元前722年和公元前586年灭亡。亡国的犹太人被抓起来，即著名的"巴比伦之囚"，尼布甲尼撒二世摧毁了圣地耶路撒冷。犹太人的故国先后被波斯人、希腊人、罗马人、阿拉伯人和土耳其人占领。

"反犹主义"一词系德国人马尔在1879年创造出来的，但反犹思想及行动自始至终都伴随着犹太人的民族流亡。马其顿亚历山大大帝时期，亚历山大港和阿提卡商业竞争激烈，长袖善舞的犹太人被视作眼中钉而被大加杀戮。古希腊学者认为，"邪恶、迷信、不易接近、不信任他人、痛恨人类"是犹太人的特征。在古罗马的西塞罗、奥维德、塞内卡、蒲林尼等人的作品中也可见到对犹太人的指责。罗马帝国将基督教定为国教之后，犹太人的地位更加低下。基督教虽然脱胎于犹太教，但却对其母体极不友善，加上犹太教视耶稣为江湖术士，更受到对方激烈的反对。

长期的凌辱与迫害反而磨砺出了犹太人英勇殉道的精神："吾等为永恒不变之犹太人，但永恒之基督徒安在？"咀嚼苦难，方才印证上帝的箴言——"世界交在恶人手中"及"世界又恨他们，因为他们不属世界，正如我不属世界一样"。

这种悲怆而不屈的坚定信仰和绝不妥协的态度使犹太人得以在长期的流亡中没有被同化，更进一步刺激了基督教世界中对他们的偏见。14世纪欧洲黑死病流行期间，社会的紧张被统统发泄到某一异于他人的群体，对疾病的恐惧被迁怒于"恶毒"的犹太人，谣传疾病系犹太人在饮用水中下毒的缘故。欧洲各地遂用恐怖手段屠杀这些无辜的人，他们唯一的过错就是他们是犹太人，希特勒后来所做的事情与此性质相同。在这样的社会气氛中，知识阶层担心犹太人不肯认同或妥协，统治阶层担心其宗教信仰会扰乱视听，危及国家统一，普罗大众则将犹太人视为"非我族类"的贱民，轻视其"卑贱"的出身，敌视其坚持自我，仇视其精明与财富，当面临严重社会问题的时候，犹太人就成为众矢之的。

基督教会的地上之城面临怀疑与危机时，犹太人就会得到较好的对待，这正是文艺复兴和宗教改革时期的情况。但是，路德所写的《犹太人之谎言》昭示着新的基督教流派并不打算与犹太世界和解。不久之后，乌克兰地区就发生了新的屠杀，约10万犹太人付出了生命的代价。18世纪启蒙运动的理性主义与人道主义盛行，法国与美国成了首先向犹太人表示友好的两个国家。拿破仑一世是近代第一个给予犹太人公民权的政府首脑，他使法国的犹太人除了有了民族归属之外，第一次有了一种祖国的概念。

德意志的情况稍有不同。歌德、席勒、洪堡、施莱尔马赫等德国人文主义者都对思想塑生活的力量和个人自我修养的能力有共同的信仰，认为个人可以修养到自己的内心冲突得到克服而与同胞和大自然和谐相处的程度。如席勒所说，艺术形式的经验能唤醒人的道德本性："通过美的晨门，我们进入真的领域。"自我修养是个人教化的"文化"过程，而英、法所说的"文明"在德国人的眼中只不过是缺乏内在性格的礼仪、习惯等外在行为表现，一个在"文化"上一无所成的人可能会是"有教养的"因而达到了"文明"的最高境界。

德意志犹太人问题最初在1781年的一本《论犹太人文明的改善》的书中出现，它以一种乐观的环境决定论观点为基础，反对"犹太人比其他各民族道德败坏"的看法，但是认为某些不道德的迹象是"受到天气、食物及主要地受到所居住国的政治条件的影响"所致，因此，国家可以通过对犹太人表示"平等无偏的爱"与自由权利，为他们创造良好的环境，以提炼他们内在的优点，从而间接地改变犹太性格中的缺陷。这将是一个相当长的社会过程，最终将导致世界大同，不仅消除了各种宗教群体的分歧，而且个人的公民性格与私人性格也将获得折中。

这种呼吁宽容的环境决定论其实与反犹主义颇有异曲同工之处。两者都意味着犹太人身份的消失，不过前者是通过无条件的平等策略达到这一点，后者则以法律手段消灭他们。所谓负面的犹太性格，前者认为可以变好，后者则认为无可救药，这意味着他们都认为犹太人存在天性的缺陷。最后在德国形成的局面是，启蒙时代人性全面解放的理想要求犹太人的完全被同化，但是犹太人没有被同化的事实引起了所谓的犹太人问题。

在奥匈帝国，情形稍有不同。多个民族长时期共同生活在一起，来自东西方的文化传统交会在一起，同时又保持各民族自己的宗教信仰和文化特色，尽管德意志文化是其中发挥主导性影响的成分，但是受到了其他民族的挑战。并且作为天主教国家，奥匈帝国比其北方的强邻更富于普世的理想和容纳力。

但是在民族间交往的过程中，彼此间固有的偏见、恶感使人们倾向于自吹自擂和自鸣得意，而对"他者"形成怪异的甚至是恶意的印象。中世纪匈牙利编年史家将德意志人说话比作熊的隆隆吼叫，而意大利人的声音像是燕子的啁啾。除了语言的不同特征之外，外表差异更为显著。18世纪留下来的一份奥地利人描绘的诸民族的图画中，德意志人看上去开朗友善、机灵慷慨，有惊人的酒量和不可战胜的坚定意志，相反，匈牙利人则显示出反叛和不忠、残忍而嗜血，心胸狭窄，做事懒惰。如果德意志人像狮子的话，匈牙利人就是随时会叛变的狼。在同一时期，匈牙利人认为德意志人残暴无情，即使受过教育的也是一个"学富五车的蠕虫"。其他民族也好不到哪里去：斯洛伐克人"温和卑微，常常温顺到了懦弱的地步，工作努力，适合做营生，但很大程度上还是猥琐狡猾的两面派"；塞尔维亚人"热情好客，具有英雄主义气质和宗教热情，幽默但懒得出奇，行为放纵，报复心强又迷信"；罗马尼亚人妇女们上着浓妆，全身挂些叮当作响不值钱的小玩意儿，男人们颇有侠骨柔肠，可以成为好士兵，同时也"行为懒散，迷信而固执"。

犹太人最初出现时，是一个穿着补丁衣服烂鞋子的小贩，背上的一个行囊就装下了他的全部财产，令人鄙夷但并不反感，即使变成了富有的小商店主，也还保留着走街串巷贩羊毛时的穷酸样。犹太人的体貌特征以大而带钩曲的"犹太鼻"最为出名，目光灵活浮动，颧骨甚高，嘴唇薄，头发浓密弯曲但较少光泽，身材高瘦而结实，善于言辞，滔滔不绝的同时还要手舞足蹈。"好"的犹太人聪明谨慎，善于审时度势，但随着 19 世纪反犹主义的兴起，犹太人的"丑恶"形象迅速突出：唯利是图，惹人讨厌，不怀好意的狞笑表露出对财富的贪婪与渴求。富有的犹太人衣着鄙陋，外表难看，往往被描绘成一个秃顶大肚的矮肥之人，口衔雪茄，浓烟滚滚，腰里的钱包鼓鼓囊囊地塞满了金子，他们在礼拜日大声地祈祷，然后在其余几天里无声地欺骗。

历史上，哈布斯堡家族对犹太人比较宽容，约瑟夫二世在其宽容法令中给予犹太人一些实质性的权利，弗朗茨·约瑟夫反对排犹主义，在其统治初期就制定了一系列针对犹太人的友善政策。60 年代实行自由市场经济，加上维也纳环城大道、布拉格"新城"的建设需要大量资金，因此大大提高了犹太资本家的地位。但是，新的工业、企业和快速的城市建设带来新的经济增长方式的同时，也引起了投机盛行，盲目投资的泡沫造成经济持续增长的幻觉。投资者毫不吝惜，挥金如土，工薪阶层对稳定可靠的未来也充满信心，农民们相信只要种出来好庄稼就能卖上好价钱。经济的繁荣也使社会环境相对宽松，但当欢乐的人们还在结冰的湖中尽情嬉戏之时，汹涌的暗流已经在冰面下渐渐汇集力量，到春暖花开之时，就会喷薄而出。随着不良经济成分的积累，繁荣的假象一旦被剥下，犹太人将不得不首先承担严重的后果。

## 三、万国博览会：得不偿失的盛会

1869 年，弗朗茨·约瑟夫为新的歌剧院举行了落成典礼，这座文艺复兴风格的建筑是要显示一个以音乐为其生命元素的城市的风采，但人们对它的外形议论纷纷，皇帝本人就抱怨其外形过于矮胖，导致其中一个建筑师后来自杀。弗朗茨·约瑟夫习惯性地履行了自己的职责，却不打算欣赏维也纳人钟爱的名作，《唐璜》的第一幕还没有结束时就溜号了。这是一个相对平静的时期，在东方与匈牙利人取得和解，在北方接受了普鲁士统一德意志的事实，在南部出现了统一的意大利，并且解除了原有的《政教协议》，保证国家权力不受教会干涉的影响。弗朗茨·约瑟夫的统治经过了最初的摇摇欲坠、其后的向外扩张及失败之后，局面基本稳定下来。

茜茜依然保持着对马扎尔人民及其文化的那种浪漫主义爱好，但她对政治的热情迅速消失，与其出现一样来去无踪。在普法战争最激烈的时候，她没有与丈夫待在一起，而选择带着两个女儿离开气氛紧张的维也纳，苏菲皇太后不免又替她"可怜的儿子"叹息几声。12 岁的鲁道夫一本正经地为"可怜的爸爸"离开了"亲爱的妈妈"而难过，并不胜愉快地打算肩负起为"亲爱的爸爸"当"精神支柱"的神圣职责。

孙子的乖巧令苏菲喜不自胜，但她还得抖擞精神，在皇后缺席的情况下主持维也纳宫廷的某些社交活动。每个星期五的晚上，霍夫堡都会由皇太后陛下负责召开一个晚餐会。不过，她可不喜欢维也纳最高贵的地方出现太多新面孔，尤其是茜茜的匈牙利朋友，毕竟苏菲已经是六旬老人，适应社会的改变已经有些困难了。

古老王朝的某些习惯还是没有改变。在达尔文发表《物种起源》已经有 13 年、维也纳大学的毕业生孟德尔加入奥古斯丁修会，在布尔诺的修道院中观察十万多株甜豌豆，并在 1866 年发表文章，对自然遗传法则提出重要见解的时代，哈布斯堡家族与威滕斯巴赫家族再次联姻，吉赛拉公主将与比她大 10 岁的巴伐利亚的利奥波德亲王订婚。

弗朗茨·约瑟夫告诉母亲，欧洲天主教王室可供选择的对象太少了，利奥波德至少是可靠和能够托付终身的人。苏菲皇太后喜欢这两个孩子，却不太赞同这桩婚姻，理由是双方并不十分相配。茜茜这次与婆婆很难得地取得了一致，不过原因却不同——她坚称吉赛拉太年幼了，还不到谈婚论嫁的时候，虽然她自己订婚时也只不过 16 岁。或许正因为自己在婚姻生活初期遇

吉赛拉

到种种意想不到的障碍，茜茜才不希望女儿也有同样不愉快的经历，最好等到她长大一点，足够成熟以应付为人妻的责任时再步入婚姻生活。但是茜茜的某些反对派尖刻地指出，女儿结婚就意味着自己很快就升格为祖母了，渴望永葆青春的母亲可不愿意这样。

无论如何，吉赛拉与利奥波德按计划订了婚，不过，出于对茜茜的尊重，两人将等到下一年吉赛拉 17 岁时再举行结婚仪式。届时，这对新人的婚礼将为拟议中的维也纳万国博览会拉开序幕。

巴黎万国博览会给弗朗茨·约瑟夫留下了深刻的印象，第二帝国的繁荣在无限风光的巴黎一览无余。经过 20 年建设，特别是 60 年代以来的持续经济增长，哈布斯堡君主国获得了快速的发展。1857 年，包括伦巴第和威尼斯两省的人口是 3226 万人，仅仅 12 年之后，在失去上述两省的情况下，人口就激增了 300 万。维也纳、布达佩斯、林茨和格拉茨等中心城市和工业区的人口增长最为显著。维也纳的城市风貌在此期间经历了巨大的变化，由于弗朗茨·约瑟夫的臣民们与他一样，保守而不愿意接受新的试验，环城路上的新厦便成了建筑历史主义的展示橱窗：希腊是民主的发源地，因此，用希腊复古风格设计议会大厦是最合适不过的了；哥特式建筑象征着教会的统治和中世纪城邦的产生，那么"还愿教堂"和新的市政厅就得建成仿哥特式的；文艺复兴时代以其人文主义创造力和理性主义知识探索结束了中世纪，对促成近代文明的作用绝对不可低估，用仿文艺复兴式的风格来建设高层次文化中心——剧院、大学等方才珠联璧合，光彩互映。

看上去，环城路的修建简直是要把整个欧洲的建筑史全部加以消化和概括。维也纳城市保守和遵从传统的气质与此倒是蛮相宜的，一座座体现着不同历史时期人类智慧和存在方式特点的建筑被宽阔的环城大道连在一起，使维也纳在外表上显得庄重，气度严整。弗朗茨·约瑟夫非常乐意在这座焕发着工业文明与人文特色的城市接待来自君主国各省的臣民以及全世界最尊贵和最富有的客人们，这将使维也纳获得超过柏林的地位，因为此前仅有伦敦与巴黎举办过万国博览会。

但是，苏菲皇太后没有等到这一天，1872 年 5 月一个寒气逼人的清晨，她一大早就出发，前去参加当天的一个展览会。清冽的晨风传播着危险的病菌，65 岁的皇太后成了它轻而易举的牺牲品，几天之后，苏菲的支气管病就发展到了非常严重的地步。皇室成员都回到了维也纳，聚集在霍夫堡，带着几分侥幸、几分忐忑不安，等待着命中注定却一时令人难以接受的结局。

在情况稍有好转的时候，苏菲还试图抓起笔，记下自己的感受。这是她几十年来一直坚持的习惯，日记中记载了儿子们长大成人的经历，最后又是孙子们。但是生命之火已经在这个顽强的身体内渐渐暗淡了下去，尽管茜茜衣不解带地为婆婆祈祷，弗朗茨·约瑟夫忧心如焚地不愿意接受残酷的现实。所谓树欲静而风不止，子欲养而亲不待，在纷繁的尘世中劳碌奔波，意识到自己的人生已过半途的同时，父母已经变得衰老而需要关怀了。何况苏菲向来都是弗朗茨·约瑟夫最依赖的顾问和最坚定的支持者，母子俩几乎无话不谈。弗朗茨·约瑟夫将玛丽亚·特蕾西亚留下来的念珠放在母亲手中，企望这圣物能够带来平安吉祥。

1872 年 5 月底，苏菲皇太后病逝于霍夫堡。当时，茜茜已经衣不解带地服侍了她 18 个小时，弗朗茨·约瑟夫在无限悲哀之中又稍觉宽慰。从今以后，他"美丽的天使"将是他唯一的精神支柱了，虽然茜茜还是那么感情冲动，很少替别人着想。

紧接着，吉赛拉也离开了生于兹长于兹的维也纳。1873 年春天，作为万国博览会的序幕，哈布斯堡家族与威滕斯巴赫家族又一次举行了盛大的婚礼，地点仍然是奥古斯丁教堂。玛丽亚·特蕾西亚在这里与洛林的弗朗茨结为连理，她的女儿在这里成为法王路易十六的王后，拿破仑一世在这里娶了路易丝。19 年前，在同一座教堂的同一个圣坛面前，由同一位主教主持了吉赛拉父母的婚礼。茜茜决心弥补自己当年婚礼时的少不更事，要让自己光彩夺目地出现在维也纳人面前。她的目的达到了，结果是人们只记得茜茜皇后镶银的豪华礼服和浓密的栗色头发上闪闪发光的钻石冠冕，几乎没有人在意那个羞涩慌张的 17 岁少女如何走向她一生中最重要的转折点。

维也纳举行了一系列的表演作为庆贺。宫廷剧院上演了《仲夏夜之梦》。小约翰·施特劳斯指挥维也纳交响乐团为皇帝一家及新婚夫妇演奏了他特地谱写的一支华尔兹，名字相当怪，叫作《维也纳之血》。维也纳的报纸倒是把注意力放在了 15 岁的鲁道夫大公身上，这位聪颖伶俐的少年看上去难以接受姐姐离去的事实，在送行的站台上表现出了令人难以置信的悲伤。令维也纳人感到不可思议的是，吉赛拉明明只不过去一个坐火车只需 9 个小时的地方，奥匈帝国未来的皇帝竟然痛哭流涕，引得一贯善于掩饰情绪变化的弗朗茨·约瑟夫都泪水涟涟。

与此同时，维也纳城中一位比吉赛拉只大 10 个星期的犹太少年西格蒙德·弗洛伊德正很不耐烦，但又不得不打起精神认真准备 6 月将举行的大学入学考试。他顾不上讥笑与他同龄的吉赛拉公主以一种看上去很可笑的方式缔结一门落伍的婚姻，吸引他的是普拉特游乐园里新搭起的直径长达312英尺的圆形展览厅，上覆穹形屋顶，爱开玩笑的维也纳人马上把它比作一只带着掼奶油的冰激凌蛋糕。弗洛伊德恨不能有分身术，可以去那里大饱眼福。不过，他的损失回报颇丰：他最终以最好的成绩通过了那次重要的考试。像每一位天资聪颖的犹太青年那样，他将进入维也纳大学，然后成为一位较少受到种族歧视的医生。

维也纳议会像个乡村市场的管理员一样，忙着处理来自四面八方的参展申请。最后的统计表明，本国的申请有一万余份，7000份来自德国，700份来自美国，另外还有两万余份来自其他37个国家，其中包括东方的日本。普拉特又搭建起28个临时性的亭子和一个长长的中心拱廊，显出一派欣欣向荣的景象。人们估计，截至这年年底弗朗茨·约瑟夫即位25周年纪念时，维也纳会迎来不少于两千万国内外来宾。

少年天性使弗洛伊德抵挡不住窗外的诱惑，于是推开书本，前去普拉特见证了这场盛会。维也纳特地挑选了5月1日作为展览会开幕的日子，以与1851年伦敦水晶宫博览会取得一致。但是，老天好像要与维也纳人开开玩笑一样，"五月的第一天，冷得像西伯利亚，寒风夹雨，很公平地湿透了每一条街巷和每一块草地"。弗洛伊德语带讥讽地描述缓缓驶过的车队："除了几个小混混坐在街边，一看见尊贵无比的皇帝陛下就大声欢呼之外，陛下之卑微而忠顺的臣民都蜷缩在雨伞下面，难得抬起手脱帽致礼。"

雨却不能使展厅内的盛会受到影响。皇帝、皇后及皇储端坐在鲜花簇拥的讲坛上，旁边是大不列颠、普鲁士、丹麦和比利时诸王国的王储及王妃。卡尔·路德维希大公作为博览会的皇家赞助人发表了

维也纳万国博览会奖牌

一个欢迎各国来宾的正式演讲，而后由他的哥哥、奥匈帝国皇帝弗朗茨·约瑟夫宣布博览会的开幕。

维也纳突然间到处都是被弗洛伊德毫无敬意地指称为"大胡子和大勋章"的外国亲王及其随从。在其后几个月中，还将有比利时的利奥波德二世、俄国沙皇亚历山大二世以及波斯国王等贵宾。9月底意大利国王伊曼纽尔二世与10月底德意志皇帝威廉一世的来访显然是非常重要的，但依然会引起弗朗茨·约瑟夫的万千思绪。按照礼仪要求，德意志人来访时，他作为普鲁士军队的名誉上校应当穿上德国军队的一整套行头参加阅兵，这种原本是强调普奥兄弟情谊的安排令他非常不自在。揽镜自视，手下人听见他在嘟囔："我觉得我像是自己的敌人。"来自萨克森和符腾堡的客人则是他乐意见到的，苏丹派来了一个特别使团，罗马尼亚、塞尔维亚和门的内哥罗的执政者们也先后得到了维也纳的款待。

事实证明，选择1873年作为召开盛会的年份是一个特别巧合的错误。环城大道上礼貌周全的出租马车夫趁机举行了一次罢工，给出行的人们带来了意想不到的困难。另外，城市中发现了霍乱的迹象，尽管采取了种种措施，但是人满为患的贫民区逼仄肮脏的状况一时之间难以改变，最后疾病夺走了大约 2500 人的生命。

## 四、黑色星期五：致命的金融风暴

最令人哭笑不得的是，以推动工业与贸易为目标的博览会迎来了一次严重的经济衰退。博览会开幕才一个礼拜，维也纳股票交易所突然发生不可遏制的崩溃。第二天，证实有一百多位交易者破产，人们争先恐后地抛售手中的股票，每一刻都会有繁荣时期涌现出来的创造盈利神话的公司破产，像外表晶莹、内里空洞的泡沫一样消失得无影无踪，"黑色星期五"的灾难席卷奥匈帝国。

舍夫勒最担心的事情终于发生了。70 年代初的几年间，系德国和奥匈帝国经济虚假繁荣时期，一些不学无术的暴发户手中突然掌握了大量的飞来横财，滥设基础不稳的公司之风甚炽。在维也纳，由于环城大道的公用建筑及铁路建设需要大量资金，一窝蜂似的涌现出来相当多的金融机构。但是，泡沫时期快速催生出来的经济机构在骤然刮起的衰退飓风中难以自保，维也纳有 62 家、外省有 45 家新生的信用银行倒闭。大胆的投资者现在尝到了苦头，弗朗茨·约瑟夫的幼弟一贯受到母亲的溺爱，把苏菲留给他的遗产也用来进行投机，在这次金融风暴中丧失了两年的收入（按 1900 年代前期的汇率约相当于 28 万美元）。6 月初，弗朗茨·约瑟夫为维也纳市议会厅举行了奠基仪式，但是人们都很怀疑，在国家经济遭受重大损失之际，这座新哥特式华厦何时才能完工。

损失最惨重的并不是大手笔的投机者，他们毕竟不会有衣食之虞，最令人同情的是那些胼手胝足、辛劳一世的普通人。他们被工业、企业的前景所吸引，以为"火车一响，黄金万两"是不争的事实，争先恐后地将一生的积蓄投入新经济的洪流中去。金融风暴对于富有者而言，只不过是银行进账的速度慢了下来，对于这些渴望发财致富的人来说，不啻灭顶之灾。从农业地区涌入都市，到建筑工地和新建工厂工作或打零工的人处境更加艰难。在这里他们一无所有，但一举一动都要花钱，工程一旦停工，城市人口的消费一旦受到遏制，就意味着他们在城市里成了多余、惹人讨厌的人。

到了秋天，情况变得越发严重。连绵的大雨毁坏了内莱塔尼亚和匈牙利的谷物，庄稼受到疾病侵袭，害虫啃咬了森林中已经成材的木头，使其变得一文不值。农民一下子感受到了手头拮据，不少人不得不打消前往维也纳观光的念头。

维也纳的股票交易所一度是花团锦簇的名利场，现在却频频传出破产的投机者自杀的消息。相关调查还证明，政府高层一些有权势的人物行为不轨，卡尔·吉斯卡——曾经在1868年至1870年度任国内事务大臣的德意志自由派——被证明有贿赂和腐化行为，皇帝的重要军事顾问中也有人与金融丑闻有染。这些内幕的揭露使弗朗茨·约瑟夫最忠实的支持者，即中下层天主教家庭不仅受到经济损失，而且淡化了对于哈布斯堡王朝的感情。这一年秋天，内莱塔尼亚地区举行了选举，民意变得较为倾向所谓"进步"和"维也纳激进派"的立场，好在没有实行普遍选举制，才使政府稳住阵脚。但是自由经济的失败导致一些人转向社会主义，年轻一代的自由派人士对于贫困阶层的生活问题要比父辈们更感兴趣。社会上寻找替罪羊的本能又使犹太人成为众矢之的，1873年经济危机的长期影响将是异常深远的。

德意志人一枝独秀的局面也被这次危机打破，其中尤其以捷克人与德意志人的民族对立最为显著。60年代捷克文化的进步及爱国情感的增长适逢他们涌入一些新的工业区，形成一个由讲德语的雇主雇佣的无产阶级。另外，1868年建立了第一所捷克银行即齐夫诺斯滕卡银行，标志着捷克经济的新阶段，受过良好教育的捷克人渗入中小商业机构，在更广泛的范围内形成了对德意志人经济霸权的挑战。

博览会安排在1873年本来也有为弗朗茨·约瑟夫登基25周年助兴的意思，看来他的运气的确比较差，在会见外国君主和政府使节时还必须尽量轻描淡写，强调奥地利经济的乐观方面。在繁忙的外事活动之余，他还得及时召开御前会议，以应付新出现的情况。11月2日，带给维也纳极大希望和失落的万国博览会闭幕了，仅有700万人前来参观，只有乐观分子预计数字的1/3，维也纳不仅没有赚到钱，反而损失了300万美元。

在这种情况下，弗朗茨·约瑟夫登基25周年的庆典显得匆忙而简朴就毫不奇怪了。12月1日，皇帝、皇后与皇储分别坐在两辆马车上，沿环城大道缓缓而行。维也纳城彩旗飘扬，灯火通明，观礼者可以看到皇帝与鲁道夫皇储向欢呼的臣民致意，惯于躲避公众目光的茜茜则端坐车中，人们只能从玻璃窗上影影绰绰的侧影猜测她的衣装。9月中旬意大利国王来访的时候，她突发疾病，未能如约出现在欢迎来宾的社交场合中。舆论广泛猜测她是因为自己的妹妹、流亡的那不勒斯王后而托病不出，甚至引起安德拉西的不满。但是，茜茜的确情况不佳，其症状与13年前颇为相似，即使在布达佩斯的别墅里，她的病症依然不见好转。

12月2日，正式的庆典在奥尔穆茨举行。这几乎是一次军方的盛会，阿尔贝特大公向皇帝表示祝贺，将军们轮流称颂他的勇敢与美德。鲁道夫王储穿着笔挺的军服，站在父亲身边，被人们视作奥匈帝国未来的代表。

茜茜虽然能够打起精神，陪同弗朗茨·约瑟夫出入重要场合，但霍夫堡凝重的气氛依然压抑着她的神经，一俟庆典结束，她就返回布达佩斯去了。自由派报纸用一种彬彬有礼的口吻提出疑惑，为何皇后陛下非要离开热热闹闹的首都，前往布达佩斯一座寒冷的狩猎别墅？显然，那里的冬风必然蕴含着难以言传的魅力。弗朗茨·约瑟夫由不得别人对自己"美丽的天使"进行冷嘲热讽，向文人们提出警告，最好不要窥探皇家的私人生活，更不得妄加评论。但是，在一个大众文化渐成气候的时代，人们被天性中的好奇心所驱动，巴望着看到冠冕堂皇的外表之下那有血有肉的事实，传媒被自己可以满足人类天性的功能所鼓舞，更受利益之诱惑，不惜以暴露隐私为职志，奥地利的媒体实际上比英国同行节制得多。社会上层发

青年时的鲁道夫

现，成为众人瞩目的焦点固然能够满足虚荣心，却也会时时处于被偷窥的烦恼中。但是，皇族的光荣并非来自财富或才能，而是一种世袭的因而特别会受到传统约束的地位，被暴露的过程实际上就是"祛魅"的过程，最终将导致君主制度的危机。

## 五、三帝同盟：热闹的外交界

新年带来新气象，1874 年 1 月，从巴伐利亚传来了好消息，吉赛拉顺利诞下一个健康的女婴，理所当然地被命名为伊丽莎白。茜茜刚刚庆祝过 36 岁生日，现在又成了祖母。她一向以年轻貌美自负，面临这一重大改变自然心情难以名状，她在巴伐利亚待了两个星期，在给皇帝的信中用马扎尔语称吉赛拉的孩子"非比寻常地丑，不过很有活力"。

弗朗茨·约瑟夫的反应要积极得多，43 岁就当了祖父，这令他有些骄傲又略带夸张地发出无限感慨。毕竟，这个消息是沉闷冬天的一抹亮光。在经济危机和衰退中挣扎一年以后，奥匈帝国的内政并未有所改善，匈牙利发生民族冲突，年轻一代的马扎尔政治家又要求在匈牙利王国的铁路服务系统中以马扎尔语为唯一通用语言，更加剧了民族关系的紧张。戴阿克已经退休，安德拉西又在维也纳，根深蒂固的马扎尔沙文主义再度得势，弗朗茨·约瑟夫已经无法与这些年轻人取得有效沟通。

在帝国的奥地利部分，奥尔施佩格—拉赛尔内阁成功地实施了一种新的选举法，据此，帝国议会不再高踞于邦议会之上，而是由大地主、城市、商会和小城镇四个库里亚选举产生，参选人口仅占总人口的6%。也正由于实行有限选举法，才没有在1873年的"黑色星期五"之后酿成政治上的大崩溃。

对于规定国家与教会关系的《政教协议》，政府与弗朗茨·约瑟夫的立场略有不同。德意志自由派以温和的方式继续进行反对教权主义的改革，要求向教会财产征收宗教基金，国家有权力干预教育事务和主教的任命，同时确保教堂及各宗教团体的法律地位，而不给予罗马的天主教会以同样的地位。但是，在弗朗茨·约瑟夫的干预下，关于国家与教会的关系只做出"绝对必要的改动"，因此，为取消《政教协议》而制定的种种执行法在1874年以对教会尽可能调解的方式撤销了，关于国家对教堂实行监督的法律也推迟执行。

哈布斯堡君主国的政体一旦确立下来，安德拉西的外交政策就滑入了保守的梅特涅路线，即保持现状，尽管他本人在1848年时曾经是反对梅特涅的激进主义者。奥匈帝国与德意志、沙皇俄国之间建立了所谓的"三帝同盟"。1872年9月，在弗朗茨·约瑟夫与安德拉西前往柏林之前，沙皇亚历山大二世也决定前往，恰在三皇会聚柏林之际，英国的海峡舰队正在法国港口勒阿弗尔作礼节性访问。报纸以夸张但也不失其准确性的笔调惊呼，新的神圣同盟正在从意识形态上把欧洲分为东方与西方。最终建立起来的三帝同盟是君主间的松散联盟，带有保守的君主制度的特点。

安德拉西希望与庇护九世保持良好关系，因此，柏林和莱茵兰发生激烈的、针对罗马教廷的"文化斗争"时，二元制帝国内部却风平浪静。同时，安德拉西又注重与统一的意大利国家合作，自从1870年9月以来，罗马被意大利人占领，教皇实际上成了困在梵蒂冈的囚徒。1873年，意大利国王伊曼纽尔二世前来维也纳，襄助盛会，与弗朗茨·约瑟夫会晤，但是教皇不久之后便对奥匈帝国皇帝提出警告。为了避免冒犯教皇，弗朗茨·约瑟夫直到1875年才回访意大利，地点也不在罗马，而在水城威尼斯。

由于巴尔干问题，沙皇对奥匈帝国的政策既关注又不放心，因此，弗朗茨·约瑟夫在1874年2月就对天寒地冻的俄国进行了回访。圣彼得堡冰天雪地，寒气袭人，但社交界却热闹非凡，除了来自中欧的客人以外，还迎来了沙皇的丹麦和英国姻亲，因此，弗朗茨·约瑟夫一方面与老资格的首相戈尔恰科夫公爵进行重要的会谈，出席名目繁多的餐会，另一方面还要兴致勃勃地参加规模庞大的打猎活动。威尔士亲王的猎熊技巧令这个老资格的猎手赞叹不已，亲王在整个狩猎活动中杀死了不下80头野兽，但这种大规模的屠杀可不是弗朗茨·约瑟夫想要的。

## 六、渐行渐远：昔日的神仙眷侣

弗朗茨·约瑟夫待在圣彼得堡时，茜茜不得不留在霍夫堡内与民众共度佳节，以尽其职。但在百无聊赖之中，发生了一桩有趣的小插曲，令茜茜在以后的岁月中常常牵挂。

嘉年华会的最后一晚，茜茜在女伴的陪同下参加了一个热闹非凡的假面舞会。这位匈牙利女伴伊达担任茜茜的马扎尔文朗读者已达10年，个性大胆开朗，与茜茜一直是无话不谈的闺中腻友，她只是轻轻拍了拍某位男士的肩膀，就为茜茜找到了一位殷勤可人的伴侣。

隐藏在假面具背后，茜茜或许觉得自己很安全，开口就询问27岁的公务员弗里茨对宫廷生活有何感受，特别是对皇帝与皇后的看法。聪明的弗里茨一下子就看出了眼前这位风韵动人却又天真无知、完全不懂世故人情的贵妇非同寻常，因此他用极富外交策略的回答使茜茜满意，后者天真地相信自己的小把戏没有被眼前这位显然被她的美丽所倾倒的年轻人看穿。

这晚之后，茜茜成了住在伦敦的"加布丽埃尔"。参与这场游戏的是茜茜的妹妹、流亡的那不勒斯王后，她在伦敦租有一所房子，因此，茜茜写给弗里茨的信由妹妹发出，而弗里茨的回信同样由"加布丽埃尔"的妹妹发回维也纳。

这是一个无伤大雅的游戏，但在男人们花天酒地而女人们恪守妇道的年代，社会异常地讲究道德，而道德就意味着"纯洁"，上流社会的妇女更是生活在一种经过彻底消毒的气氛里，一辈子对生活一窍不通。茜茜的小秘密如果被捅了出去，对皇家声誉的影响可能会是灾难性的，幸而弗里茨是个真正的绅士，他精心保存着茜茜的信，直到事过境迁，所有当事人都死去之后，才由其他人在20世纪30年代公开这些信件。

但是茜茜将那晚的偶遇视为难以忘怀的奇妙时刻，甚至在12年后写的伤感短诗中还提及此事。她向女儿描述了那次短暂的意外，弗朗茨·约瑟夫则一无所知。对于一个注重外表又慨叹青春易逝的女人，在一个完全陌生的环境中受到陌生人殷切的款待，其意义自然与众不同。茜茜多愁善感，偏偏弗朗茨·约瑟夫又不解风情，只顾用义务与责任把自己捆绑起来，茜茜则始终与维也纳宫廷的繁文缛节保持距离，两个人虽然是欧洲各宫廷最引人羡慕的神仙眷属，却难免在婚后的平凡岁月中越走越远。

弗朗茨·约瑟夫从俄国回来不久，茜茜就回到巴伐利亚，决定随后去英国。让正在伦敦当大使的博伊斯特为她找好住处之后，她就化名为某位伯爵夫人，带着幼女前去度假。在这儿，她开罪了住在附近的英国女王维多利亚，后者曾经在十多年前借过船给她，对她怀有长辈的关怀，因此两度设宴招待，但茜茜都借故未去，这不仅在礼貌上说不过去，而且在一个全世界都对大英帝国怀有仰慕之情的时代也是异乎寻常的。虽然女王并未因此中止与安德拉西的外交接触，但是当她得知茜茜的身体好到可以接受某位公爵及其夫人的邀请前往伦敦观光时，对于这个不知好歹的客人自然分外恼怒。

茜茜倒浑然不觉，还写信给弗朗茨·约瑟夫，邀他前来伦敦做客，再去苏格兰与女王会面，自以为发现了一条密切两国关系的捷径，再说，英国人的骑术与狩猎技术是一流的，在贵族幅员辽阔的产业上猎狐狸更是独特的享受。弗朗茨·约瑟夫对英国一直颇有兴趣，但却无法抽身，提前几个月就安排好的日程无法为茜茜心血来潮的建议找出空隙。当茜茜从英国归来又滞留在巴伐利亚骑马打猎时，弗朗茨·约瑟夫前往布拉格访问，得到捷克人的热烈欢迎。他那好脾气的叔叔斐迪南还安然居住在这座热爱他的城市。次年，在度过他的82岁生日之后，斐迪南溘然而逝。

叔叔当年传给弗朗茨·约瑟夫帝位，现在又留给他一大笔财产，无论生还是死，他都改变了弗朗茨·约瑟夫的生活道路。退位时，斐迪南保留了自己的个人财产，他过去的显赫地位使他成为哈布斯堡王室最富有的成员，加上他雇用的财政顾问异常谨慎，在经济泡沫时期没有轻易进入热火朝天的股票市场，因此斐迪南的财富完全没有受到金融崩溃和经济衰退的影响。在留给斐迪南遗孀一笔赡养费用之后，弗朗茨·约瑟夫突然发现自己变得与欧洲其他君主一样有钱，从今以后，他再也不用因为捉襟见肘的财政状况而非要看国会的脸色了。但是，弗朗茨·约瑟夫的个人生活并未因此稍事奢华。终其一生，可以令他慷慨解囊的只有优质雪茄烟、良种马和他认可的艺术家。他始终吃得很俭省，平时只穿普通军官的服装。霍夫堡虽然号称有1441个房间和139个厨房，但弗朗茨·约瑟夫的办公室除了一张大办公桌和墙上几张茜茜的肖像画以外几乎没有任何装饰，他的卧室则仅有一张铺着骆毛毯的行军铁床。对茜茜他却毫不吝啬。或许是由于茜茜在邀请他前往英国度假时，以费用全由朋友们支付作为一个很有诱惑力的条件，他在继承遗产的数天之内，就把茜茜的年金提高了两倍，并赠给她一笔相当于她原来10年收入的钱，对茜茜热衷于购房买马的嗜好也多有纵容。只不过，仅有爱意的赠予是不够的，财富给他们行动的方便却不能保证幸福，弗朗茨·约瑟夫不具备茜茜所渴望的浪漫情趣，茜茜也无法满足日理万机的丈夫对宁静家庭气氛的需要。儿女已经渐渐长大，父母之间的联系纽带也随之弱化，分离尽管不是故意的，却不可避免地让两个人渐行渐远，彼此越来越陌生。

# 第十二章
## 东方危机：战略与威望

### 一、敏感地带：火星四溅的巴尔干

达尔马提亚历史上是依附于威尼斯共和国的一块沿海狭长地带，直到拿破仑战争之后才被划分给奥地利。1875 年 3 月，达尔马提亚总督趁弗朗茨·约瑟夫前往意大利访问之际，邀请他回程时巡视这个地方，这将是达尔马提亚第一次迎来君主的视察，当地人虽然宁愿受克罗地亚的管辖而不想接受维也纳的直接指挥，但对来访的皇帝还是表示了热情的欢迎。

弗朗茨·约瑟夫的这次东方之行在很大程度上标志着哈布斯堡帝国外交政策的历史性转变。在他即位后的头 25 年里，弗朗茨·约瑟夫继续了梅特涅时代对德意志和意大利的重视，受到沉重打击之后，他在生命中的最后 40 年里不得不将注意力放在了东方。哈布斯堡王朝根深蒂固的使命感使他认为奥匈帝国负有保护西巴尔干各族人民之责，作为一个强大的好邻邦，应保证使西巴尔干各族人民得到土耳其人的公正对待。

奥地利军方认为，弹丸之地的达尔马提亚在军事上毫无价值，而其腹地的波斯尼亚和黑塞哥维那两省如果能够被奥匈帝国的军队占有的话，倒是能保证君主国在东南欧的安全。这两个省的居民虽然仍接受土耳其的统治，但在民族组成上却属于南部斯拉夫人，接近信奉东正教的塞尔维亚人和信奉天主教的克罗地亚人，甚至有人称，最纯正的塞尔维亚—克罗地亚语便是黑塞哥维那首都附近居民的方言。

匈牙利的克罗地亚人中间已经产生了建立波斯尼亚 - 黑塞哥维那等地区在内的斯拉夫族国家的政治理想。他们从戴阿克和艾厄特沃什那里取得了在匈牙利王国内独立存在、成立一个在很大程度上实行自治的统一的克罗地亚国家的权利。由于斯特罗斯迈尔主教的努力，19世纪 50 年代以来克罗地亚文化经历了一次显著的复兴，在他担任贾科沃这一富裕地区的主教的 56 年间，倡议建立了一所南部斯拉夫艺术与科学学院、一所大学和一个美术馆，通过保护诗人、语言学家和历史学家而推动克罗地亚学术的发展。他是南部斯拉夫人统一思想的坚定信仰者，希望最终能将塞尔维亚人、门的内哥罗人和保加利亚人吸引过来，与克罗地亚人共同组成一个南斯拉夫联邦。主教的追随者中有一批人渴望在一个国王领导下建立一个全体南斯拉夫人的国家，包括克罗地亚、斯洛文尼亚、达尔马提亚、波斯尼亚、黑塞哥维那、门的内哥罗、塞尔维亚等地区，以萨格勒布为首都。

塞尔维亚人对克罗地亚天主教徒们的宣传表示怀疑，然而，一个在损害土耳其利益的条件下扩大而成的大塞尔维亚将包括旧塞尔维亚、波斯尼亚 - 黑塞哥维那及门的内哥罗，那些泛塞尔维亚扩张主义者虽然无论如何没有想过把奥匈帝国内的斯拉夫人居住区从君主国分离出去，但却幻想至少统一萨瓦河右岸的领土。

同样的扩张野心也存在于奥地利。早在 50 年代，奥地利军方就拟订了占领波斯尼亚 - 黑塞哥维那的作战计划，拉德茨基元帅也曾要求皇帝下定决心，派军占领。70 年代初期，瓜分波斯尼亚的计划再次被提出来，据此，波斯尼亚西北部信奉天主教的克罗地亚人居住区将划归奥匈帝国，其余部分则归塞尔维亚。安德拉西起初同意这个计划，因为这样除了使达尔马提亚得到一个后方以外，还在克罗地亚人和塞尔维亚人之间制造了一个将会引起纠纷的导因。但是权衡利弊之后，安德拉西担心占领波斯尼亚会使匈牙利的塞尔维亚人更难驾驭。匈牙利塞尔维亚人的领袖人物米莱蒂奇一贯是热衷于无所不包的斯拉夫统一计划，且总是与大多数邻国争吵，他在 1866 年成立的一个叫作塞尔维亚青年联盟的秘密团体中一直发挥着积极的作用。

　　另外，还必须考虑俄国人的态度，而俄国人本身就有两种论调，且都模棱两可。俄国外交部的官方政策较为节制，不赞成塞尔维亚和保加利亚青年的激进主义，却在波斯尼亚和马其顿开设了许多领事馆和副领事馆。没有多少正经事要干的领事们声称要为土耳其统治下的基督徒谋福利，但其中一些人毫不掩饰他们针对奥地利人的革命狂热和敌视态度。

　　1875 年，弗朗茨·约瑟夫在视察达尔马提亚时，接见了黑塞哥维那的天主教少数民族代表团，并去门的内哥罗首都采蒂涅访问尼基塔大公。从其内心而言，弗朗茨·约瑟夫还在为 1859 年和 1866 年间失去的意大利土地而感到懊恼，因此，虽然他不会再轻易发动战争，但是军方争强好斗的计划对他还是很有吸引力。他希望在对外关系上取得一些引人注目且并不十分困难的成就，以挽回在意大利和德意志的损失。

　　波斯尼亚和黑塞哥维那两省位于巴尔干半岛西北端，荒凉贫瘠的山区寸草不生，只有血腥的历史传播着英雄主义的信念。在土耳其人占领此地之前，这里是天主教的某一教派的发源地，却并不为罗马教会认同。这种似乎很异端的信仰引起中世纪的匈牙利天主教徒对这一地区的军事行动，双方冲突剧烈，元气大伤，造成波斯尼亚人无力抵抗随之而来的伊斯兰教徒。地主们发现，如果自己接受伊斯兰教的话，还可以继续拥有其地产，保留其特权，因此他们与占领者积极合作。而农民被课以重税，并且在很长一段时期内要向土耳其人服劳役，但是他们被允许保留其基督教信仰，在塞尔维亚东正教会的领导下进行其宗教活动。黑塞哥维那农民中间同样盛行东正教信仰，同时这里还有方洛各会修士们在积极活动，他们的特权地位使天主教影响同样显著。

从 1463 年夏天苏丹军队占领这两省以来，波斯尼亚 - 黑塞哥维那一直是奥斯曼帝国的西北边防区，偏僻的地理位置使其远离正处于经济鼎盛时期的地中海世界，又远离苏丹在君士坦丁堡所进行的一系列改革。当地的实际管辖权握在 48 位波斯尼亚贵族手中。1850 年土耳其军队彻底打败这些波斯尼亚人以后，当地处于某种无政府状态中。两年之后，苏丹政府才试图在一个最初称为"波斯尼亚官"，后来又改成萨拉热窝的小镇控制波斯尼亚人。萨拉热窝北由波斯纳河通往潘诺尼亚平原，南由内雷特瓦河谷通向亚得里亚，有利的地理位置使它在政治、经济上的重要性愈来愈突出，渐有超过西巴尔干其他市镇之势。

除了军事和威望的考虑之外，贸易方面的利益也是弗朗茨·约瑟夫采取积极政策的原因之一。克里米亚战争之前，奥地利控制着土耳其欧洲领土的对外贸易，之后这种优越地位在很大程度上丧失给了英国。到了 70 年代，奥地利贸易界意识到有可能也有必要从北方开辟新的商路。至于这两省本身，其经济潜力非常有限，即使在波斯尼亚较为平坦的北部河谷地带，农业耕作方式也很落后，收获更是有限。山区有几个地方富有矿产，土耳其人进行了部分开采，但只有大规模的资金投入和较高水平的工程技术才能使这些资源真正产生利益。

使弗朗茨·约瑟夫感到犹豫的是，奥匈帝国的政治领袖们，无论是德意志人还是马扎尔人，都不会乐意看到境内的斯拉夫居民增加。马扎尔人尤其不愿意增加弗朗茨·约瑟夫直接控制下的斯拉夫人的人数，因为那会使两个主导民族之间微妙的平衡发生变化。安德拉西便是这种立场，但是比起泛斯拉夫来，他倒更倾向于南斯拉夫。为了保证奥匈帝国境内的安定，最简单的办法就是保持现状，为此，甚至要确保摇摇欲坠的土耳其帝国继续存在。

只有在对达尔马提亚长达一个月的访问之后，弗朗茨·约瑟夫才下定决心谋求在合适的时机把这两个省据为己有，以弥补他在意大利的损失。萨格勒布的军队总指挥被要求处于戒备状态，一旦波斯尼亚 - 黑塞哥维那摆脱了苏丹的控制就率军占领。苏丹对奥皇的访问及其在两省斯拉夫民族中激起的反应甚为不安，特地派他的波斯尼亚总督前往拜会弗朗茨·约瑟夫，但已经无济于事了。

弗朗茨·约瑟夫回到维也纳不过一个月的工夫，黑塞哥维那就发生了叛乱。起因据说是一位刚刚拜会过奥皇的方洛各会修士被杀，黑塞哥维那的斯拉夫族居民一向苦于不平等的税收制度和窘迫的生活状况，在会见奥皇时，并不掩饰他们希望被奥匈帝国兼并之后，皇帝能够保护天主教徒的利益，结束行政管理系统腐败无能的状况。他们已深信能够得到泛斯拉夫主义的救星——俄国的支持，现在他们同样希望得到奥匈帝国的帮助。到 8 月中旬，波斯尼亚的塞尔维亚人也起而反对他们的土耳其主子。贝尔格莱德街头发生游行示威，敦促米兰大公对土耳其宣战，成百的俄国志愿军由罗马尼亚进入塞尔维亚，保加利亚也在 9 月份发生起义，由于准备工作尚未做好，旋即被镇压。

弗朗茨·约瑟夫习惯于倾听周围人的意见，事过境迁，又会在新人的簇拥下忽视前面的决定。因此，他在达尔马提亚赞同军人们对巴尔干有所行动的计划，回到维也纳又依靠一位马扎尔外交大臣的建议，念头一变再变。结果与安德拉西取得一致，认为帮助巴尔干的叛乱者会引起与德意志、俄国的紧张关系，安德拉西因此颇有成效地遏制住军方，却开始了寻求一项能够被列强、苏丹和反叛分子接受的外交方案的缓慢过程。

外交官们的建议提出了一项又一项，然后又毫无例外地被对方拒绝，保加利亚流亡者于是决定在次年春天举行大起义，他们派遣工作人员潜往多瑙河畔的农村，煽动农民的不满情绪。但是，起义爆发时，土耳其人已经有所准备，由于保加利亚与君士坦丁堡的距离较巴尔干为近，名为巴希 - 巴佐克的土耳其非正规军经过 6 个星期的流血战斗就将斯拉夫人的起义镇压下去了，约有 1.2 万名至 1.5 万名男女及儿童死难。

报纸这次大显神通。西方记者深入保加利亚内地，报道见闻。英国的《每日新闻》、美国的《纽约时报》详细登载了土耳其军队杀人放火、强奸妇女的全部过程，激起了西方人的愤慨，从而改变了这次危机的性质。格莱斯顿的著名小册子《保加利亚的恐怖事件与东方问题》秋天出版时，第一个星期就散发了四万多册，而同时推出的俄文本也卖出去了一万多册。人们评论此事时，会惊叹保加利亚人如何会赢得那样多的舆论同情，其他受压迫民族难以望其项背。西方人沉醉于19世纪的进步、文明之时，发现在欧洲的这么一个角落里，竟然还会有如此"野蛮"的行径，显得非常震惊。实际上，其中的玄机颇有耐人寻味之处。

这种轰动主要是媒体大加渲染的结果。其实，在这些骇人听闻的报道大量涌现之前，土耳其发生了宫廷政变，臭名昭著的阿卜杜勒·阿齐兹苏丹被废，土耳其自由派人士已经在要求制定宪法，实行彻底的改革，但是，人们的天性总是喜欢猎奇以满足好奇心，这样的血腥事件既能满足心地单纯者宣泄其同情心，又能够使喜欢追究细节的人反复勘比琢磨，深谙此道的媒体自然不会放过扩大影响的机会。

另一方面，近代科技已经在一定程度上促使欧洲人的生活方式和社会组织发生了重大变革，到19世纪末，白人的脚步将踏遍地球的每一个角落。在见证了其他大陆的许多民族之后，"白人至上论"风靡一时，基督教文明向所谓的"化外之地"大规模传播，但是，反而就在欧洲的东南角发生了伊斯兰教徒对基督徒的大肆屠杀，这就分外引起沐浴在"文明"的和风细雨中的欧洲人对"野蛮""落后"的东方人的强烈反对。

紧接着，塞尔维亚的米兰大公在其首相和俄国总领事的怂恿下，特别是在贝尔格莱德街头群情汹涌的示威者已经危及王室的活动的威胁下，与门的内哥罗一起，于1876年7月的第一天向土耳其帝国宣战。

德国、俄国与奥匈帝国进行了密切的磋商，弗朗茨·约瑟夫与沙皇亚历山大二世进行了短暂的会面。磋商主要由安德拉西与戈尔恰科夫进行，达成的也只是口头协定，事后双方的说法也有很大出入。安德拉西认为，无论沙皇还是其首相都无意发动对土耳其的战争，按照他的理解，如果塞尔维亚与门的内哥罗迫使土耳其人战败求和，巴尔干地区将划分为奥匈帝国和俄国的两个势力范围，俄国控制南比萨拉比亚，奥匈帝国则得到波斯尼亚。安德拉西扬扬得意地认为，通过精心安排的外交活动，自己已经成功地排除了在巴尔干地区建立一个大斯拉夫国家的可能性。

不过，他们低估了土耳其军队的作战能力。经过长期的改革尝试，土耳其军队在很多方面都令人刮目相看，其陆军"就士兵而言，是最好的"，装备的质量也很不错，海军则在退役的英国少将掌管之下，拥有优秀的水兵和 21 艘铁甲舰，在欧洲海军强国中名列第三。因此，当土耳其将领从政治斗争中抽身而出时，就发动了一连串的反攻，连战连捷。而塞尔维亚方面，俄国与塞尔维亚军官一开始就没有悉心合作，俄国将军一心将自己扮成塞尔维亚的加里波第，却全无战略战术，结果土耳其人连战连胜。9 月中旬，塞尔维亚人被迫求和，并向欧洲强国求助，以免遭灭顶之灾。

沙皇对塞尔维亚人大为不满，驻君士坦丁堡的俄国大使伊格纳季耶夫主张帮助保加利亚反对土耳其，这个国家横跨通往博斯普鲁斯海峡及达达尼尔海峡的陆上通道，具有重要的战略地位。11 月，沙皇在莫斯科发表公开演讲，声称要"达成一项全面的协议"，"如果做不到这一点……我决心独立行动……愿上帝帮助我们完成我们的神圣使命"。

列强之间的外交磋商持续数月。1877 年达成的所谓《布达佩斯协定》确保奥匈帝国在波斯尼亚 - 黑塞哥维那随意行事，作为交换，它将在未来的俄土战争中保持友好的中立；保加利亚将成为独立国家，但却正式保证"绝不成立一个斯拉夫族或其他民族的巨大的实体国家"。俾斯麦的德意志力图避免与两个主要的盟友发生冲突，希望能够和平解决。英国政府一方面缩小关于土耳其军队暴行的报道，另一方面敦促土耳其人实行国内改革，以平息沸腾的民心。

继任的苏丹阿卜杜勒·哈米德却拒绝向国外压力低头，否认在君士坦丁堡召开的大使会议有权干涉土耳其内政。1877 年 4 月，他最后拒绝英、俄两国关于对土耳其改革进行国际监督的安排。这使沙皇最终决定听从伊格纳季耶夫等泛斯拉夫主义长期以来孜孜以求的计划，发动一场"不可避免"的俄土战争。4 月 27 日，沙皇要求他的军队"为了东正教与斯拉夫世界"向南进军。

战争主要在保加利亚进行，塞尔维亚人和门的内哥罗人则在西面再次投入作战，罗马尼亚派出一支 3 万人的远征军与俄国军队合作。12 月，俄军攻克普列夫纳，向着索菲亚和普罗夫迪夫进军。

一旦俄国在战场上获得主动，弗朗茨·约瑟夫就发现俄国人的口气发生了变化。沙皇说，塞尔维亚人重返战场，应当在北波斯尼亚获得某些领土补偿，而且将有一支俄国军队驻扎在保加利亚至少两年以上，以维护其秩序。次年 1 月，俄国骑兵攻进阿德里安堡，通往君士坦丁堡的通路已经打开，土耳其人只能签订停火协定。

维也纳气氛萧瑟，弗朗茨·约瑟夫要求按照《布达佩斯协定》的基本原则和内容解决巴尔干问题，但沙皇不予理睬。安德拉西认为军队的某种象征性举动会有利于君主国的威望，但阿尔贝特大公不赞同这种反俄的举动。经过御前会议的讨论，宣战的可能性被排除了，因为帝国糟糕的财政状况意味着任何长期的战争都会导致政府破产，即便短期的军事活动也需要支付额外的款项。再想想俄国那绵延不绝的边境线吧，试图通过一两次大规模作战就征服它是不可能的，伟大的拿破仑犀利的攻势对于广袤无边的俄国来说，都犹如铁拳击入棉花团，毫无威慑力可言。法国与拿破仑尚且如此，奥匈帝国与弗朗茨·约瑟夫又能怎样？唯有经过细致入微的外交活动才能有所收获。

有关俄国人正打算攻占君士坦丁堡的报道引起了英国的强烈反应，大英帝国派遣一支舰队开入马尔马拉海。俄国并不示弱，也派遣一支部队前往马尔马拉海沿岸距君士坦丁堡仅 8 英里的圣斯特法诺，英俄之间的战争看上去不可避免。上个十年中，帕麦尊时代的英国外交政策可谓是"威胁从不兑现，诺言从不履行"的某种冷眼旁观，但现在它的全球利益和欧洲势力均衡面临得意扬扬的俄国人的威胁，它不能将达达尼尔海峡拱手让给俄国人。伦敦的舆论像这里的天气一样反复无常，很快忘记了两年前"土耳其屠夫"的暴行，转而尝试战争边缘政策，一时之间，气氛之紧张达到顶点。

由于太多国家的政府想要在巴尔干分得一杯羹，因此无论作战还是求和都不能轻易解决这一问题。1878 年 3 月签订了《圣斯特法诺条约》，土耳其被迫做出意义重大的让步，罗马尼亚、塞尔维亚和门的内哥罗获得完全独立，并且还得到一些额外的领土，并且不顾《布达佩斯协定》，要建立一个领土大致横跨巴尔干半岛的"大保加利亚"，不仅包括发生过民族起义的地方，还包括了整个色雷斯西部及马其顿，特别是向西远远延伸达到了阿尔巴尼亚山麓的丘陵地带。各条款完全代表了俄国领事伊格纳季耶夫的意旨，甚至没有同俄国外交部就细节问题进行磋商，是伊格纳季耶夫和泛斯拉夫主义的一次纸面上的胜利，它故意忽略了奥匈帝国对波斯尼亚 - 黑塞哥维那的野心和英国对爱琴海沿岸地区力量变化的敏感性。

因此，无论是维也纳还是伦敦都无法接受《圣斯特法诺条约》，沙皇驻伦敦的大使舒瓦洛夫伯爵讨厌四处惹是生非的泛斯拉夫主义，主张维持欧洲大陆的和平，甚至在圣彼得堡，较伊格纳季耶夫温和的俄国大臣们也感到这一扬扬得意的"成就"中有难以自圆其说之处，但是准备以此为讨价还价的基础，以便在其后的柏林会议上达到一个较为实际的解决方案。

## 二、柏林会议：新冲突的祸根

6月底召开的长达30天的柏林会议是欧洲外交界的一次盛会，虽然其结果更多地符合大国的利益而非小国的需求和愿望，但这也是第一次世界大战前，全面地、和平地解决欧洲问题的最后一次。

在俄英之间发生危机之时，德国为了要在欧洲大陆保持领导地位，再也不能无视巴尔干问题了。俾斯麦把巴尔干地区的居民说成是"偷羊人"，认为不值得为这一地区的人而牺牲士兵的生命，但是各国在巴尔干的争夺不是出于物质利益，而是声望和战略地位。同样，俾斯麦虽然不打算通过一次欧洲会议在他们的"三个朋友"中做出明确的抉择，但为了德国的威望，应当调解和平，"扮演一个真正把生意做成功的诚实的掮客"。正如上一次维也纳会议是梅特涅的奥地利帝国的一次光辉成就一样，柏林会议也是俾斯麦的德意志成为欧洲政治重心的标志。特别是由于81岁高龄的威廉一世在菩提树下大街遇刺，从6月到12月的半年时间里，俾斯麦大权独揽，对柏林会议发挥了决定性的作用。

　　最初看来，柏林会议有可能成为老政治明星的一次大会聚。迪斯累里已是弱不禁风的 70 岁老人，身患顽疾，20 多年来从未离开过英国，戈尔恰科夫则已是离不开轮椅的八旬老人。俾斯麦估计将分别由索尔兹伯里和舒瓦洛夫率领英、俄两国代表团，因此，当他发现迪斯累里已经到达柏林时颇觉意外。而同样的消息促使戈尔恰科夫也前来柏林，因为他"不愿像光一样熄灭，要像星星那样没落"。但是这一时期柏林的星星已经够多的了，俾斯麦担心这次会议可能会变成个人虚荣心的一次大比拼。

　　事实证明这种担心是多余的，会议的实质性工作都由索尔兹伯里和舒瓦洛夫等二流人物去做，巴尔干某些小村庄的命运成了各国调整政策的中心。迪斯累里在给女王的报告中说："一切问题都是公开提出来的，然后秘密解决。"俾斯麦这样一位机智的主席尽可能保持不偏不倚的态度，为了促使会议尽快达成原则性的共识而不拘泥于细枝末节，他对与会者采取软硬兼施的态度。

柏林会议

柏林会议是以安德拉西的名义邀请列强参加的。会议期间，这位自信的马扎尔贵族与索尔兹伯里进行了友好的合作，并相信俾斯麦已将自己视为值得信赖的朋友。无论如何，最后形成的《柏林条约》将伊格纳季耶夫野心勃勃的"大保加利亚"缩小了2/3，马其顿依然归土耳其，普罗夫迪夫周围地区则成为半自治的"东鲁梅利亚省"，居民主要是保加利亚人，由一个信奉基督教的行政长官统治，自治的保加利亚被限制在多瑙河与巴尔干山脉高峰之间的地区。俄国不得不缩小它好高骛远的目标，满足于得到当时仍然属于罗马尼亚的南比萨拉比亚。罗马尼亚得到多布罗加和多瑙河三角洲作为补偿，扩大了的塞尔维亚和门的内哥罗则在法律上独立。由于索尔兹伯里勋爵的提议，奥匈帝国获得占领波斯尼亚 - 黑塞哥维那（根据法律仍属奥斯曼帝国的一部分）以及管辖塞尔维亚与门的内哥罗之间的走廊（新帕扎尔州）的权利。

虽然柏林会议之后欧洲享有三十余年的和平，但这次会议并未使任何一方都感到满意。即使俾斯麦本人，虽然如愿以偿地获得空前的威望，也对因不偏不倚而得罪所有人的差事很觉头痛。沙皇亚历山大二世抱怨会议的解决方式不过是"欧洲的反俄联合"；罗马尼亚人参战积极，却眼睁睁地看着比萨拉比亚被抢走，与俄国的关系自然亲近不起来，转而逐渐步入俾斯麦的外交安排之中；塞尔维亚人对波斯尼亚 - 黑塞哥维那被占十分愤慨，对俄国人抛弃他们也十分失望；而保加利亚人的失望是最明显的，特别是由于此前的《圣斯特法诺条约》曾经将保加利亚的国界扩大到那么远，柏林会议又不得不使他们接受冰冷的现实。因此，柏林会议的实际成果并不像它表面上那么风光，奥斯曼帝国的实力已不复存在，之所以又苟延残喘地支撑了几十年，不过是因为各大国害怕它垮掉后引起混乱。因此为了别人的利益，它必须存在。柏林会议错误地把马其顿重新置于土耳其人的统治之下，并将波斯尼亚划归奥匈帝国，前一个安排引起了 1912 年的巴尔干战争，后一个则引起了两年后的第一次世界大战。

弗朗茨·约瑟夫对得到波斯尼亚 - 黑塞哥维那从而补偿了他在意大利的损失自然非常高兴，连鲁道夫王储都看出了父亲的喜悦心情。但是，遭到重大损失的苏丹和国内的穆斯林领袖十分恼火，因此，土耳其代表拒绝让奥地利军队进驻这两省，更不能进入新帕扎尔州的赞雅克要塞。安德拉西只好向土耳其人做出私下保证，即占领是暂时的，并且不会损及苏丹的利益，这样他们才同意在条约上签字。

占领波斯尼亚 - 黑塞哥维那并不是一件容易的事。波斯尼亚的穆斯林居民建立了自己的防御系统，并得到反对苏丹的一些装备先进的土耳其军队的帮助，因此，7 月底，奥匈帝国军队越过边界后便遭到了占据良好地理位置的敌人的顽强抵抗，维也纳不得不筹措更多军费，派遣大军，用了 3 个多月的时间才将所有的反抗镇压下去。鉴于占领的代价如此之大，弗朗茨·约瑟夫不免有些心疼，既然是通过武力达到的，就不妨宣布吞并波斯尼亚 - 黑塞哥维那（简称波黑）。

恼火的安德拉西对茜茜抱怨，说皇帝不懂得而且永远也不会懂得东方问题的实质。奥匈帝国吞并这两省会激怒土耳其人，而安德拉西早已看出，"如果不是因为土耳其，那么所有这些（民族主义的）事物就会落在我们头上。"奥匈帝国与土耳其不是因其实力而是强国为了保持欧洲势力均衡才使之存在的，吞并波黑不仅是自不量力的对外征伐行动，而且会在国内政治中自取灭亡。

由于奥匈帝国境内民族构成极为复杂，安德拉西从柏林带回来的这个收获有可能打破各民族间微妙的平衡，使民族冲突更加尖锐化。

阿格拉姆的克罗地亚人和莱巴赫的斯洛文尼亚人强烈支持巴尔干斯拉夫人的愿望，捷克人和南部斯拉夫人则极力称赞沙皇和俄国军队。土耳其战败后，布达佩斯的一次群众集会号召向俄国开战，对土耳其表示普遍同情，并把一把象征荣誉的剑献给征服塞尔维亚的一位土耳其将军。捷克人则把一把佩剑赠予塞尔维亚的败将。事实证明，对民族成分纷繁复杂的奥匈帝国而言，最好的外交政策就是保持原封不动，避免变化。

德意志自由派担心条约会使200万斯拉夫人涌入境内，威胁奥地利德意志人的地位。马扎尔人出于同样的理由并且由于某种亲土耳其的立场也有同样的心理。1867年以来的民族均衡状况可能会被打破，斯特罗斯迈尔的南斯拉夫人会是实际的受惠者。安德拉西必须使《柏林条约》得到维也纳和布达佩斯国会的批准，特别是维也纳国会中的德意志自由派，总是在抱怨自己在对外政策中没有发言权。后来，主要是由于弗朗茨·约瑟夫的坚持，维也纳和布达佩斯的两个国会最终在1879年3月批准了《柏林条约》，紧接着，奥匈帝国与土耳其之间就波黑的占领与行政管理达成正式协议。


## 三、德奥同盟：新版的兄弟情深

安德拉西不免为自己的成就有些扬扬得意，但是维也纳的反匈势力认为他在柏林会议上让步太多。其实，安德拉西并不真正希望哈布斯堡君主国吞并这两个地区，占领纯属一种战略上的暂时需要，他更愿意与土耳其保持良好关系，满足于在西巴尔干地区培养忠于哈布斯堡王朝的代理人。但这使一心扩张领土、弥补在意大利损失的弗朗茨·约瑟夫感到气恼，因此安德拉西对外交政策已感到完全失望，此时或许可以功成身退，回匈牙利去过庄园生活。对皇帝而言，面对着随时对皇帝在外交领域的特权虎视眈眈的德意志自由派，安德拉西的辞职或许会被认为是弗朗茨·约瑟夫示弱的表现，因此他要求安德拉西稍后再提出辞职，使他能够腾出手来解决德意志自由派的问题，组建一个新政府。

这一年夏天，三帝同盟看上去摇摇欲坠，沙皇亚历山大二世对舅舅威廉一世那个不可一世的首相十分恼火，并谋求利用自己在巴尔干东部的特权地位打击奥地利在这里的商业利益。这将是安德拉西在下台前再次表现其外交技巧的重要时机。

俾斯麦这时无意中帮助安德拉西成就了他最后的辉煌。得知安德拉西即将离任，海默尔男爵继任外交大臣，且皇帝将起用的塔费伯爵以同斯拉夫人的和解政策出名，俾斯麦担心奥地利的德意志自由派失势之后，奥匈帝国会转向与俄国的和解政策，共同对付德国。从其本心而言，俾斯麦讲求实际，蔑视只图面子的外交，愿意在柏林会议之后继续充当"诚实的掮客"，但是如果再袖手旁观的话，德国就有在外交上被孤立的危险，法俄结盟，甚至法奥联盟的话，将出现新的灾难，而英国与奥匈帝国的接近趋势会对俄国施加更大的压力，而俄国受到更大的屈辱的话就会破坏力量均衡。为此，他希望突出奥普友谊来促使俄国改变态度，以复兴三帝同盟。

俾斯麦想把与奥匈帝国的关系搞得看上去密切些，甚至想把这一点载入两国宪法中，并补充以经济协定，似乎是某种形式的大德意志联邦。但是安德拉西拒绝了俾斯麦如此广泛的计划，奥地利人只想同德国缔结军事同盟。弗朗茨·约瑟夫还是很高兴能够见到熟悉的奥普兄弟情谊以一种全新的版本再度出现。1879 年 10 月，德奥同盟条约在维也纳签字，规定一旦俄国进攻时双方彼此提供援助，其中有一方若与俄国以外的另一国交战，另一方则表示善意中立，除非该国得到俄国的援助。条约有效期最初为 5 年，但双方不断续签，一直持续到39 年后德意志帝国和哈布斯堡君主国一起灭亡为止。

奥德同盟开辟了一个新的时代，在其中，除了传统上奉行某种孤立政策、此时又倡议"欧洲协同体"的英国之外，各个大国彼此做出保证，将采取行动以支持同盟国家。梅特涅时代的同盟以君主间私谊形式体现，新时代则是国与国之间缔结的盟约。俾斯麦和俄国人谈到奥匈帝国时曾经说道："我要在它和西方各国之间挖一条沟。"现在他成功了，奥德条约对他而言只是两国互相承诺抵抗俄国的任何进攻，他不会听任奥匈帝国作为一个大国而被消灭，但也不会支持它在巴尔干或其他地区过分活跃的表现。奥德条约排拒英、法，遏制俄国的野心，为德国留出了自由活动的空间。奥地利人对这个条约的看法有根本性的不同，他们一直认为，与他们血肉相连的德国现在终于与奥地利"患难与共"了，弗朗茨·约瑟夫始终将哈布斯堡看作是一个德意志王室，产生这种想法是自然而然的。

条约签订的第二天，安德拉西就引退了，自从神圣同盟垮台以来，他是唯一一个为哈布斯堡君主国奠定一个稳定的外交政策基石的人，没有人在君主国的制度和历史上留下如此长久而深远的影响。俾斯麦与安德拉西用这一同盟关系来防止战争，但最终为了争夺欧洲霸权，两个战略伙伴都被拖入一场毁灭性的世界大战。

波斯尼亚与黑塞哥维那没有被吞并，它们既不属于奥地利，也不属于匈牙利，因此，是以一种奇妙的方式为二元君主制的"同一君主国"的含义作了某种领土上的阐释。在欧洲列强前往世界各个角落，特别是非洲抢夺殖民地的时候，奥匈帝国将波黑当作输出多余人力的地方，派到那里的是一些高效率的行政管理人员、熟练的工程技术人员、专业考古学家和民族学家等。安德拉西在给继任者的备忘录中希望能够使两省获得发展之后完全归还给土耳其。负责波黑行政管理的是二元君主国共同的财政大臣卡莱，他曾经是驻贝尔格莱德使节，还写过一本关于塞尔维亚的历史书（现在他却在这两省查禁此书，认为它是鼓励泛塞尔维亚感情的根源）。在负责两省事务的21年间，他至少忠实地执行了安德拉西的原则，巴尔干半岛没有哪个地区像波黑这样获得重大的物质进步，千篇一律的公共建筑和军事设施，近代化的银行、旅馆、咖啡馆为这一地区带来了西方的文化气息。良好的供水设施标志着各中心地区新的生活方式，另一方面，截至1918年君主国灭亡，这一地区88%的人口仍是文盲。出于对南部斯拉夫人的民族主义思想的恐惧，君主国的行政当局绝口不提任何形式的民族教育或自治。无论如何，奥地利行政官员证明了自己能够出类拔萃地完成任务，使占领区的大多数居民同奥地利的统治和解，这个地区也因此增强了经济实力。

但是，波黑地区保留了大地产所有者专横的特权，而这是土耳其统治下影响最坏的一点。哈布斯堡王朝的政策是倾听塞尔维亚人的要求，尊重伊斯兰教徒及其信仰，甚至新落成的公共建筑都带有土耳其特色。对于这里的基督徒而言，唯一的变化是他们再也不能反抗统治者了。

自上台以来，弗朗茨·约瑟夫就遭到了一连串的军事和外交失败，东方大危机打破了这一历史纪录，第一次使他成了胜利地扩大了哈布斯堡王朝统治区域的君主。但是，由于安德拉西及其门徒卡莱竭力使波斯尼亚和黑塞哥维那两省保持其特殊地位，避免引起与土耳其和塞尔维亚等国的冲突，他不得不控制自己对两省的吞并野心。卡莱死后，他便转向 1875 年时的打算，并在 1908 年最终将波黑并入君主国的版图之内，这立即引起邻国塞尔维亚的强烈反应，安德拉西精心安排、卡莱小心遵守的微妙平衡被打破。正如安德拉西曾经说过的那样，自始至终，皇帝陛下都没有理解东方问题的实质。

# 第十三章
# 黄金时代：温和与平衡

## 一、新政府：十年的平静岁月

柏林会议结束后不久，哈布斯堡君主国的内政和外交方针就发生了新的变化，1879 年 8 月成立塔费内阁，其国内政策保守而持久，主张对斯拉夫人友好，外交方面则与德意志帝国的联系更加密切。

塔费本人是个保守的天主教徒和封建的"波希米亚人"，并不觉得自己是个捷克人或德意志人，他首先是皇帝的心腹和忠顺的大臣，他本人这样限定自己的位置："我不属于任何一党，亦非某党的大臣。我是皇上任命的大臣，而且，如果可以这样说的话，是皇帝的大臣。对我而言，皇帝的意志必须而且将会是决定性的。"但是，作为政治家，他得到的评价应当高于德意志民族主义或自由派愿意给予他的评价，他是一个巧妙的策略家，与无视原则但又相当笨拙的弗朗茨·约瑟夫相比，尽管他也做些微小的让步，但还是设法维护原则性的东西。他的政府是个联合政府，以"铁环"见称，他对皇帝的忠诚吸引了同样对皇帝忠心耿耿的奥地利人。大地产所有者和曾经与德意志自由派并肩作战的波兰人只要自己的特权不受影响就会顺从皇帝的意愿，故而他们也支持塔费。另外，塔费还得到了反感自由派中央集权和反教权主义思想的德意志天主教（罗马）农民的支持。

塔费同情境内的斯拉夫人，不让任何民族处于支配性地位，以达到民族和解："在奥地利，不许排挤任何人。"在内莱塔尼亚，民族问题突出地表现在捷克人身上。自 1871 年捷克人实行不妥协政策以来，事态的变化已经使里格尔感到越来越难以控制，捷克民族在经济、文化上呈现出崭新的面貌。1879 年，斯美塔那《我的祖国》表达了捷克人自己的声音，另一位波希米亚作曲家德沃夏克以《摩拉维亚二重唱》及钢琴二重奏《斯拉夫舞曲》赢得世界瞩目及承认。清新可喜的捷克特色被融入浪漫派音乐语言，捷克人自豪地将这两位民族音乐家与勃拉姆斯、瓦格纳的成就相提并论。1881 年捷克民族剧院建成，其资金来源于经济实力有所增强的捷克民众。新的捷克中产阶级对里格尔的贵族联盟无动于衷，更无视其"历史"纲领，的确，进入人们视野中的已是一个实际存在的捷克民族，无须借助基于虚幻的权利。老的捷克贵族不愿意受到官僚制的约束，要求实现波希米亚自治，新一代捷克人只希望官僚体制由捷克人代替德意志人，为此他们涌入维也纳等候良机。里格尔不得不放弃强硬而一无所获的抵制策略，他曾在 1878 年提出一项温和得多的民族法令，在选举制度、地方权利等方面提出权利要求。作为交换，捷克议员将重返议会。

塔费最终完成了捷克人的策略性转变。上台伊始，他就说服了捷克议员前来维也纳并最后参加议会的工作。作为回报，他颁发了语言法令，同意在波希米亚的行政事务和诉讼事务中既可使用德语也可使用捷克语（即所谓"对外用语"，而"内部用语"即官员之间的联络语言则一定得是德语）；推进选举民主化，降低了选举权的财产要求，选民的最低纳税能力从 10 个弗罗林降至 5 个弗罗林，这样就得到了虔诚的德意志农民、捷克农民和小店主们的支持；意义尤其重大的是，1882 年，布拉格大学分为两个单独的学府，一个用德语，一个用捷克语，捷克人从此可以进入自己民族的高等学校深造，捷克语大学得以成为帝国境内所有斯拉夫人（波兰人不包括在内，他们的学术中心在克拉科夫）的智慧源泉，那些高尚而睿智的教授保证了这所大学在精神上虽然是捷克式的，学术上却绝对不会是狭隘的沙文主义。

具有浓厚沙文主义特色的是匈牙利王国。自 1867 年以来，解放农奴所得到的补偿和应用新的耕作技术使原来的大地产所有者转变成独立的大农业资本家。普通的马扎尔乡绅阶层步入官僚体系，因而要依附于国家体制而存在，这就使乡绅阶层既需要哈布斯堡君主国以保持匈牙利的大国地位，又希望哈布斯堡王朝少干涉匈牙利事务。为了保证自己在外交与军事方面的特权，他们倒宁愿丧失空洞的自由。

蒂萨·卡尔曼

蒂萨家族在变化了的圣斯特凡的王国里发挥着决定性的影响，他们是来自德布勒森的乡绅和加尔文派教徒，其信仰使他们对自己使命的正义性质具有强烈的自信。蒂萨家族的卡尔曼创建和领导了匈牙利自由党，决心维护奥匈协议和财政改革，从 1875 年到 1890 年，卡尔曼作为首相控制着这个王国。基本上可说蒂萨是弗朗茨·约瑟夫皇帝的忠实臣子，特别是在外交领域。但是在布达佩斯的议会中，拒不合作的民族沙文主义者不断指责和攻击蒂萨。科苏特的影响实在太过深远，民族主义情感已被 40 年代末到 60 年代末的种种苦涩记忆引发为灼人的火焰。虽然蒂萨受到科苏特分子的指责，但他自己却确信马扎尔文明的优越性，决心使境内的斯拉夫人和罗马尼亚人处于被奴役的地位。他在执政期间强烈地推行马扎尔化，即所有的公立学校必须用马扎尔语授课，内匈牙利的全部铁路工人和邮政职员须讲马扎尔语，而不说德语或其他任何从属民族的语言。蒂萨甚至不承认斯洛伐克和特兰西瓦尼亚的斯拉夫人在匈牙利有自己的民族文化和历史存在，所有的斯洛伐克和罗马尼亚社会团体都被查封。当一位塞尔维亚议员质问政府为何没收斯洛伐克族人民缴纳的用于文化目的的基金时，蒂萨回答道："根本不存在什么斯洛伐克民族。"对要求向非马扎尔人讲授其民族历史的人，蒂萨认为，那些居住在匈牙利而非马扎尔的人不可能有什么"民族史"。

克罗地亚与政府间的宪法关系有所不同。1868 年实施"纳果达"协议以后，萨格勒布时常发生骚动，为了表示安抚，匈牙利政府同意任命一位杰出的克罗地亚学者和诗人马朱兰尼奇为巴昂，但是由于下级官员行为不当，加之赋税沉重、选举不公，萨格勒布再度发生骚动。蒂萨以强硬手段实施弹压，并任命自己的一位亲戚——在克罗地亚拥有大庄园的库恩·海代尔沃里为巴昂，后者在 20 年间鼓动受人鄙视的塞尔维亚少数民族反对克罗地亚人，引导克罗地亚人把民族敌意的矛头对准塞尔维亚人而不是他们的匈牙利主子，而克罗地亚的新闻、文化和艺术方面的任何爱国主义倾向都受到严格的压制。

因此，在匈牙利除了伟大的改革者塞切尼、戴阿克和艾厄特沃什这一代人曾经试图为匈牙利贵族带来新气象，将宽容、自由与平等引入公共领域以外，"真正"的匈牙利人依然自认为保持了其传统特色：热爱土地，谨慎认真，保守直率，反感经商投机，也反感从事商业活动的其他民族，马扎尔化正在被推向最大限度。出身于匈牙利最高贵和最出名家族的卡罗伊曾经语出惊人，当其客人询问为何他的家中无人拨弦弄琴时，卡罗伊似乎很感意外：为什么要自己动手？那是吉卜赛人的事，"我们懒得干那种事，所以让吉卜赛人给我们演奏音乐，而犹太人为我们工作。"

总的说来，在80年代早期，尽管帝国的一切基本问题都依然存在，塔费的批评者称他是在"胡乱应付"，但他还是设法提高教育水平，成功地实行社会改革以保护工人利益，奥地利财政走上了正轨，恢复了国家对铁路的管理。尤其重要的是，塔费和里格尔达成的条款代表了奥地利的统一得到加强，各民族不仅不设法分裂奥地利，反而竞争帝国官僚体制中的位置，利用中央集权体制为自己谋利。他们虽不满意，但也没有失望，按照塔费的话来说，要使各民族处于一种"温和而平衡"的不满意状态，在这里修一条新路，就在那里建一所新学校，塔费以一种无可比拟的灵活手法保证各民族停止要求进行根本性变革。

这种拆东墙补西墙的做法为奥地利赢得了长达10年的平静岁月。官僚与贵族放弃了长期的对立，塔费保证贵族的利益在行政管理中得到关注，帝国官僚也不再是些1848年的德意志激进分子，而由雄心勃勃、视奥地利国家机构为其用武之地的各民族知识阶层组成，塔费希望以"行政自治"来代替政治自由，而在很大程度上，由于无所不包的官僚体制和这样一些国家公仆在帝国最偏远的地方实施法治和近代化改革，一个新的"奥地利人"的概念诞生了，这对于多民族大帝国而言非常重要。

在此期间，匈牙利王国的物质繁荣也显著提高。工业化进程在这个传统的农业国家迅速进行。在国家的控制下，铁路网宣告完成，海运和多瑙河航运贸易值都有大幅度上涨，甚至还开辟了横越大西洋直达纽约的航线。

在塔费时代，奥匈帝国恢复了作为欧洲强国的地位。之前的奥德同盟建立以后，俾斯麦一直希望奥匈帝国与俄国改善关系，以避免德国在奥德同盟中陷得过深，但奥地利人的政策是依靠英国复兴土耳其帝国，"永远排除俄国"。1881 年英国自由党上台之后，放弃了对土耳其的政策，使奥地利人顿时陷于孤立地位。随后，沙皇亚历山大二世又被刺，因此直到新皇亚历山大三世继位后，才在这一年的 6 月建立新的三皇同盟。与 8 年前的同名联盟相比，新的三皇同盟只有实际的利益，没有任何感情的纽带，三皇互相承诺保守中立，并对奥匈帝国过去的黑海政策和对英政策进行否定，使之与英国疏远。俄国在黑海海峡获得了安全保证，奥匈帝国对俄国人的意图始终存有戒心，双方无法达成真正的和解。

同年上台的卡尔诺基显然是弗朗茨·约瑟夫最有成就而且也许是最能干的一位外长。尽管有马扎尔式的名字，他却将自己看作帝国官员而非马扎尔人的仆从。他对俄国人毫无信心，亚历山大三世的外交强调和平，避免与俾斯麦德国关系破裂，但其统治建立在东正教、专制主义和民族主义的基础上，倾向于斯拉夫派，因此奥地利人很怀疑其外交政策的真实意图，总在考虑建立一个新的反对俄国扩张的同盟。于是俾斯麦做出了一个颇为奇特的安排——与意大利进行谈判，结果在 1882 年缔结了三国同盟。自此，哈布斯堡君主国承认了民族国家意大利的存在，作为回报，当俄国与奥匈帝国发生战争时，意大利答应保持中立。独立以来的意大利一直想使别国承认它具有平等地位，现在终于如愿以偿了。但是卡尔诺基不想走得太远，拒绝将意大利视为巴尔干地区的平等伙伴。

卡尔诺基自己的外交策略体现在 1881 年奥匈帝国与塞尔维亚的秘密条约，对俄国不满的塞尔维亚由此成为哈布斯堡君主国的保护国。说实在的，1882 年改称国王的道德沦丧的米兰倒宁愿将塞尔维亚出卖给哈布斯堡王朝，但是，卡尔诺基可不想使奥匈帝国境内微妙的民族平衡因此而被打破，使塞尔维亚存在而又依附于君主国，是一种更有利可图的做法。次年其与罗马尼亚的结盟得到了俾斯麦的支持，因为保证了多瑙河地区的独立。

1885 年，保加利亚重新出现危机。俄国人与亚历山大大公之间出现严重分歧。俄国人认为，鉴于他们在上一次战争中为保加利亚人所做的一切，他们有权决定保加利亚未来的发展，1879 年当选的亚历山大大公是俄国皇后的亲戚，但是个性坚强，不像俄国外交官认为的那样听话，他像几乎所有保加利亚人一样，虽然对俄国人心怀感激，但讨厌他们包揽保加利亚军队中上尉以上全部指挥官的做法，痛恨"俄国所有的下贱胚子"把保加利亚当作"藏身之所，玷污了整个国家"。结果，俄国人将亚历山大视为敌人，自由派又将他看作不可信任的独裁者。1885 年，保加利亚革命者宣布国家的两个部分合并，亚历山大只好接受既成事实，而俄国随之撤走保加利亚军队中的所有俄国军队，在它面临战争威胁的时候抛弃了自己的保护国。

米兰国王以为可以从邻国的倒霉事件中获得些利益，于是派遣塞尔维亚军队入侵保加利亚，结果一败涂地。只是由于他的盟友奥匈帝国出面干涉，保加利亚人才没有向塞尔维亚内地推进。次年，土耳其政府承认亚历山大为东鲁梅利亚总督，保加利亚的两部分于是可以通过他合并起来。亚历山大虽然获得了胜利，却不受俄国人的欢迎，在俄国的阴谋和本国自由派的双重反对之下，亚历山大被迫退位，其继承人斐迪南大公是弗朗茨·约瑟夫军队中的一位军官，精明强干，诡计多端，在各大国之间随机应变，保持了保加利亚国家的牢固存在。至于俄国人，他们在米兰逊位后扶持他的儿子，另一个亚历山大，从此便在塞尔维亚扩大了其影响力。

卡尔诺基继续其扶持塞尔维亚的政策，但反对俄国人在保加利亚的特殊权益，因此，他拒绝了俾斯麦让奥匈帝国与俄国在巴尔干分割势力范围的建议，转而寻求英国的支持以对付俄国可能的进攻。俾斯麦看到这种联盟并无实质性的威胁，但为了表示德国不希望奥匈帝国与俄国发生战争，他还故意泄露了奥德同盟的内容，以便通知俄国不要发动进攻。虽然奥匈帝国比较依赖德国的帮助，但卡尔诺基表示出来的外交独立性依然很鲜明，如果不是俾斯麦在 90 年代初下台的话，奥匈帝国可能会因此而吃点苦头的。

这次的近东危机使巴尔干各族人民从对泛斯拉夫神话的盲目忠诚中解放了出来。对于奥匈帝国而言，讲求实际的工商业界人士的观点占了上风，新的国家便是新的主顾，过去频频成为入侵途径的多瑙河此时已成了迅速发展的东南欧经济的大动脉。

在塔费时期，奥地利的德意志人是真正的失落者。1848 年革命的激进分子在新专制时期是中央集权的统治基础，60 年代普奥战争的失利、二元君主制的建立和 70 年代的经济危机标志着奥地利德意志人一步步丧失了其政治、经济方面的绝对优势。他们在波黑事件中要求皇帝给予他们外交政策方面的某种决策权，担心占领这两省会增加帝国境内斯拉夫人的人数，后者不仅处于一个文化复兴的时期，而且出生率远比德意志人高。虽然这些无用的嘟囔最后总是以对皇帝的顺从告终，但是他们却对弗朗茨·约瑟夫最珍视的外交特权表示了兴趣，作为一种回应，皇帝任命了对斯拉夫人友善的塔费上台，更令德意志人受到打击。

新一代德意志领袖对前 30 年的经历与失败并无切身体验，他们将德意志人的步步后退视为老一代政治领袖软弱无力、哈布斯堡王朝朝三暮四的背叛行为的结果，维也纳的德意志人没有与捷克人或斯洛文尼亚人打交道的经验，他们野心勃勃地想要恢复德意志人一统天下的局面，而外省的处于斯拉夫人海洋中零零落落岛屿的德意志人聚居区内的人们则不得不接受成为少数民族的事实：一位自以为不错的学校老师没有被提升，而代之以一位成绩更好的捷克人，或者一个疏忽大意的信号工不慎出错，受到捷克上司的申斥，而一个律师被斯洛文尼亚人法官判决败诉等。在一个新的"奥地利人"的概念诞生的时代，既想成为奥地利人，又想保持其主导地位的德意志人就难免会碰壁。

## 二、生命之魂：诗一般的艺术

尽管每个民族都有种种不满意之处，80 年代依然是一个政治稳定、经济繁荣、文化发展的时期。特别是在维也纳、布达佩斯和布拉格这些中心城市，出现了一个短暂而辉煌的艺术上的黄金时代。其开端或可说是1879年4月弗朗茨·约瑟夫皇帝与伊丽莎白皇后银婚庆典。萨尔茨堡人马卡尔特是70年代声名鹊起的装饰艺术家，用色彩浓烈、令人愉快的巨画使环城大道上一座座新厦显得浪漫而富丽。作为庆典的总导演，他动用了一万多人来表现三个半世纪以来的历史人物与进程，皇帝一家坐在环城大道边特别搭建起来的观礼台上，接受色彩斑斓的人群由衷而发的欢呼。但是，与其说皇帝伉俪，不如说马卡尔特才是这次庆典的中心人物，欢呼声刚刚平息下来，他就戴着鲁本斯风格的帽子，骑着高头大马，像一个凯旋者那样出现在人群中。虽然他的受鲁本斯灵感训练的新巴洛克式风格在80年代中期以后就因其太过戏剧性和感觉贫乏而被人们抛弃，但是"马卡尔特游行日"竟在一个多世纪以后还时常被人津津乐道。

马卡尔特之后，维也纳人的艺术品位依然偏好略带夸张的装饰性风格，环城大道边建起了第二批建筑，新巴洛克风格的浓丽外部雕像是其共同特色。弗朗茨·约瑟夫尽管因对艺术所知不多而遭到许多批评，但也并非对维也纳的风貌毫无概念，他喜爱新巴洛克风格，偏爱色彩令人愉快、建筑整齐有序的城市，维也纳新城空间充足、落落大方的自然优雅与他的间接影响是分不开的。1883年，仿古希腊风格的议会大厦和文艺复兴式的维也纳大学建成，同年，足可与之相媲美的匈牙利宏伟的议会大厦在多瑙河佩斯那一边建成。布拉格也毫不逊色，1885年在优美的文采斯拉斯广场建成了波希米亚博物馆。在的里雅斯特，为了庆祝建市500周年，也特地在1882年进行了一次全面的市容美化。萨格勒布在1880年发生地震，老城的许多建筑受损，却也因此旧貌换新颜，新修的教堂与公用建筑使这座城市带上了新哥特式的庄重。

音乐是维也纳永恒的主题。布鲁克纳和勃拉姆斯正处于其创作和声誉的高峰期，前者以充满深邃的虔敬精神的交响乐作品成名，古斯塔夫·马勒继承了他的风格，1877年担任了维也纳歌剧院的院长，并在80年代创作了他的第一部交响乐。南蒂罗尔人雨果·沃尔夫改造了歌曲，他为歌德、默里克等人谱写的歌谱非常优秀，1884年他成为维也纳一个颇有影响的音乐评论家。最受人喜爱的还是维也纳轻歌剧，弗兰茨·冯·絮佩、卡尔·米勒克尔等人的作品深受维也纳人喜爱，但是小约翰·施特劳斯依旧保持了其无可匹敌的声望。

1885年，小约翰·施特劳斯的《吉卜赛男爵》一经推出，就受到了维也纳人热烈的欢迎，其后15年间总共上演了不止300场，而在布达佩斯也上演了一百多场。从纽约到圣彼得堡，人们用16种语言来表演、欣赏它。此时，维也纳人享受了一段时间的社会平静和政治稳定之后，希望在音乐艺术中看到一个既迷人又新鲜的世界，而小约翰·施特劳斯似乎已经在长期的创作和演出中耗尽了他的灵感，正是他的匈牙利朋友建议他以古老而浪漫的匈牙利文化为题材，以求拓展新的音乐空间。

小约翰·施特劳斯接受了这一建议，寻求与匈牙利作家穆尔·约卡伊合作，于是，奥地利的华尔兹之王与匈牙利最重要的长篇小说家从1883年开始，共同创作了一个代表民族和解的艺术作品。故事发生在两个世纪前，匈牙利摆脱了土耳其人的统治，硝烟方散，百废待兴，故事的主角是一位被流放的诚实而高贵的匈牙利贵族，仁慈的玛丽亚·特蕾西亚女王将赦免他，恢复他的地位与财产；一位富裕的猪贩子，只肯让一位男爵来娶他的女儿；诚实、善良的吉卜赛人，四处流浪，总是与音乐、快乐同行，他们中间最美丽的一位吉卜赛姑娘后来被证明是一位高贵的帕夏的女儿。流亡的男爵与不知其身世的公主在寻找财宝的过程中一见钟情，所以他们最后既富裕又相爱，而且缔结了一桩门当户对的婚姻。

战争与灾难、爱情与财富、英雄与敌人，几乎所有浪漫主义的元素都在这幕剧中出现。奥地利的刻板官僚受到嘲弄，匈牙利人的爱国热情才使年轻的玛丽亚·特蕾西亚女王免遭西班牙人的侵害，而把奥地利人与匈牙利人连接起来的，正是同仇敌忾的手足情谊。这幕剧也动用了哈布斯堡帝国境内的几乎所有音乐财富，人们可以听到波尔卡、吉卜赛歌曲和贯穿始终的华尔兹。小约翰·施特劳斯精心炮制的这个匈牙利化的维也纳音乐作品至今仍被人赞赏不已，除去其艺术成就，它更是以音乐与歌唱表现出来的民族和解的共识。

与小约翰·施特劳斯柔和的、略带讽刺的甜美和多愁善感相比较，马勒则体现着追求民族和解过程中深受种族关系紧张影响、发生身份危机的另一种体验。他出生在波希米亚，在当地的捷克人中是一个讲德语的局外人；作为犹太人，由于其父是自由思想者，他也没能继承犹太教信仰，使他多年间陷于哲学上的困扰，皈依基督教后，他担任了维也纳宫廷剧院的艺术总监，这带给他 10 年较为平衡的时期，但其犹太人的身份使他依然是奥地利少数民族的局外人；在德国，他是来自波希米亚的奥地利人和犹太人，仍然是个尴尬的局外人。除此之外，他父母一直相处得很不好，因此，或可说明他的生活和音乐中普遍存在着的一种神经质的紧张，他试图为生存在一个充满痛苦、死亡、疑虑和失望的世界中确立某种最终的依据，冷嘲热讽和怀疑主义、对死亡的臆想和对生之意义的探求被一个意志坚强的灵魂统一在几部反差很大的交响乐作品中。

小约翰·施特劳斯与马勒，或可代表维也纳的两面性，外表的甜美与内心的狂乱使这座彬彬有礼又冷嘲热讽的城市显得分外丰富而动人。


## 三、科学家：维也纳的雕塑


"维也纳即医学的麦加"，毫不夸张地说明了在奥地利科学界享有特殊地位的维也纳医学院的学术水平。1850 年，塞麦尔维茨发动了一场运动来对付产褥热，当时还未发现病毒，但他要求维也纳诊所里的医护人员用消毒剂清洗双手和器械，后来人们尊称他为"母亲的救命恩人"。外科医生比尔罗特是腹部外科、喉部外科和胃切除手术的先驱者，维也纳的其他医生还包括皮肤病、神经外科、病理学、矫形学和精神病研究的先驱者。但是，他们在自己的国家不受公众和政府重视，而且像其他科学家和发明家一样，几乎没有多少经济回报。

19 世纪 80 年代的知识分子几乎是以一种不加掩饰的妒忌看待富强发达的西欧。尤其是柏林，70 年代之前只是个相当一般的普鲁士王国的小小首都，随着德意志帝国的建立和德国经济的迅猛发展，柏林也渐渐表现出一番宏阔壮观的气象。维也纳人恪守自己的传统，与德国新康德主义的哲学潮流始终保持距离，自然主义的艺术和文学风格也一直没有在这里发生重要影响，但是疏离并不能缓解心底的惶惑，林茨人赫尔曼·巴尔写道："截至目前，他们有色当、俾斯麦和瓦格纳，我们有什么？"

在社会科学领域首先打破德国人垄断性地位的是奥地利杰出的自由派经济学家门格尔，他与英国的杰文斯、法国的瓦尔拉斯几乎同时独立创立了边际效用学说。其《国民经济学原理》在1871年发表后，德国人对这位年轻的奥地利经济学家高质量的著作表示赞赏，却并没有意识到门格尔的作品是价值论的一种创新。

1873年，门格尔在维也纳大学法律系主持两个政治经济学讲座中的一个，这些未来将成为律师和公务员的听众对他的授课内容并不太感兴趣，但门格尔还是设法将那些有才华、肯去理解他的观点的年轻人吸引到身边来。维塞尔和庞巴维克，这两位并肩同行的同窗好友兼亲戚（庞巴维克的妻子是维塞尔的妹妹）一起发现了门格尔的《国民经济学原理》，此后又一起担任政府公务员，一起赴德国学习。他们后来的成就完成了门格尔的事业，因此可以说是所谓奥地利学派或维也纳学派的共同奠基人。

门格尔在德国不受重视有学术趣味方面的原因。19世纪后30年，德国经济学中的"历史主义"走向高潮，其基本的方法论立场是，科学的经济学应当建立在对于历史的全面把握之上。因此，经济学家应当首先掌握历史学家的技能，在浩如烟海的经济史资料中构建社会生活的具体细节，才能真正把握经济事实，以便建立切合实际的经济理论。以施穆勒为主要代表人物的德国经济学家不赞同英国自由主义者提出的理论假设和经济政策，本着让事实说话的真挚的科学批判精神，他们孜孜不倦地展开了庞大无边的研究工作，或者说，主要是经济史资料的整理和社会现象的描述工作。因此，他们不重视门格尔的理论工作是自然而然的。

在维也纳大学执教 10 年之后，门格尔出版了一本关于方法论的书。尽管他对德国老一代历史学派，尤其是罗雪尔非常尊重，但在书中明显地为理论分析辩护，而给施穆勒的学派一个相当次要的地位。施穆勒大为恼火，在他编纂的《年鉴》中对门格尔发表了恶意的评论。作为回应，1884 年门格尔发表了《德国历史学派的错误》。双方激烈的争执使围绕在门格尔身边的经济学家形成了奥地利学派，而且这场不幸的争论在结束 30 年后，还妨碍了德国经济学界吸收边际效用理论的精华。

方法论之争往往就是气质与智能癖好的冲突，德奥之间一方面存在着密切的文化关联，一方面却产生了学术路径的很大差异，或可说，维也纳的多民族特色、世界主义眼光和兼容东西方文化的能力使它孕育出了奥地利特有的思想与人物。维也纳大学的课程设置可以很好地说明这种包容性，一方面，边际效用学说可以通过法学院和政治学院的讲座广泛传播，另一方面，每个经济学课题都分为两个部分，学生可以任选其一，门格尔在维也纳大学任教时，另一个教席就先后由几位观点与之对立的教授担任。

维也纳学派的经济学家经历都惊人地相似，几乎都在大学里获得了法学博士学位，之后有几年到政府担任公职，每个人都写了一本书，以便取得在维也纳大学任编外讲师的资格，然后就是写作、教书的平静生活历程。因此，他们对奥地利官僚政府的运作并不陌生，1877 年门格尔还曾陪同鲁道夫王储去英国旅行，一同感受让王储印象深刻的"英吉利"生活方式。之后，他还介绍鲁道夫与拥有众多读者的《新维也纳日报》的总编塞普斯认识，赛普斯在海外有广泛的影响，他的女儿后来嫁给了克雷孟梭的兄弟。与塞普斯的交往大大开阔了鲁道夫的眼界。

## 四、鲁道夫：最显赫的王储

此时的鲁道夫已不再是那个四年前姐姐出嫁时泪流满面的多情少年了，与他善于克制、对任何稍微深奥些的东西都没有兴趣的父亲相比，他很愿意把自己沉浸在无处不在的知识当中。作为身处大众力量勃升时代的贵族青年，他表示"当今世界上，身居高位的人必须工作才能配得上他的地位"。1877 年的那次英国之行他是陪同母亲茜茜皇后一起去的，他会见了迪斯累里，参观了中部和北部的工业区，并前往苏格兰南部。英国贵族在国家政治生活中的角色与地位使他深受启发，托利党与辉格党两个对立而并存的政治力量代表不同社会集团的利益，似乎说明君主制与民主制度、政党制度可以以一种相当平和而有效的方式共同发挥作用。

6 个星期的旅行结束之后，鲁道夫将旅行感想集成一本 50 页的小册子，以《奥地利贵族及其宪政使命》为名在慕尼黑出版，署名为"一个奥地利人"，但其内容与口吻很容易让人猜出作者的地位与身份。

鲁道夫对鸟类学也颇有兴趣，1878 年，他去听了德国动物学家海克尔·恩斯特在维也纳的一次演讲，令教会人士大为震惊。作为一个进化论者和达尔文的坚定支持者，恩斯特对人类进化世系提出了新的见解。门格尔与恩斯特的密切接触引起了恪守天主教教义的保守人士的警惕与反感，但鲁道夫毫不在意，这一年的晚些时候，他还专门邀请了一位知名的动物学家陪同他前往匈牙利南部多瑙河流域的森林地区，考察动物与鸟类的生活，其成果是一本销路不错的三百多页的新书《多瑙河上的15天》。

弗朗茨·约瑟夫对儿子的兴趣不仅不加阻止，甚至还有些赞许，也许他还记得自己在十几岁的时候也曾刻苦学习过，只不过背诵多过动脑筋，而且18岁就登上帝位，沉浸在烦琐的国务活动中，再也没有可能培养什么兴趣爱好。鲁道夫的天资性情显然是茜茜的遗传，也许是对儿子的钟爱，也许是对自己所不具有的天赋的宽容，总之，尽管严厉的阿尔贝特大公等人都对鲁道夫离经叛道的爱好非常反感，弗朗茨·约瑟夫倒是满不在乎，甚至有点纵容。

不过，作为弗朗茨·约瑟夫的儿子，鲁道夫应当在军队中去感受和磨砺一番。1878年夏天，20岁的王储成为驻布拉格的波希米亚陆军36团的一名上校。陆军不如骑兵那么威武风光，但骑兵部队中充斥着大量贵族子弟。父子俩都认为，与其跟一大堆高贵的姓氏混在一起，还不如到一个不那么耀武扬威，但却能够真切体会士兵生活的部队中去。一位保守但并非不睿智的长者担心鲁道夫"年轻的、过于兴奋的心智，不成熟的思考方式，对他智力水平的过度夸张"会使他无法适应本质上是保守的君主政治，指望鲁道夫像他的父亲一样是不可能的，但是皇帝的军事顾问们认为，士兵生涯会让鲁道夫丢掉不切实际的幻想，踏踏实实地为履行一个传统的天主教帝国皇帝的义务做准备。在布拉格，鲁道夫无往不至的兴趣又从鸟类学和政治延伸到军事史，他对普法战争的研究促成了向布拉格的军官们所作的一场演讲和一篇容量相当大的文章。但是鲁道夫没有经过正规的学术训练，他的研究与探索依然停留在一个热情洋溢的爱好者水平上。此外，或许是来自母亲一方遗传的影响，他的个性中最根本的东西不是冷静与理智，特别是在青春活力的双十年华，不可避免地传出了他与某些美貌女子的桃色新闻。在离开维也纳的日子里，他在信中充满留恋地提到"所有那些我深爱的美丽的维也纳女人"。

作为皇室最重要的成员，鲁道夫在父母银婚纪念日时赶回维也纳，观看了马卡尔特一手策划的大游行，父亲将此视作一个难得的与民同乐的机会，母亲则一如平常，不喜欢受人注视。不过庆典中还有皇家成员自己的节目，在卡尔·路德维希大公的主持下，诸位子侄辈的大公和公主装扮的哈布斯堡王朝诸位先人一一上场，鲁道夫在第一幕就出场了，身着神圣罗马帝国皇帝的冠冕，扮演 13 世纪的鲁道夫一世。

鲁道夫现在是欧洲天主教王室最显赫的一位王储，哈布斯堡王室的当务之急是为他觅得一位出身高贵、性情才德又适合担任未来皇后的年轻女子。茜茜为此四处张罗的时候，鲁道夫可一点也不急，他的相亲旅行从里斯本到马德里，然后是德累斯顿，但是西班牙公主在姑娘中显得太一般了，萨克森的那一位又比一般姑娘胖。人生是如此多样，生活是如此丰富，他可没心思让婚姻捆住手脚，尤其是，围绕在他身边的女人们都是那么美丽动人、风姿绰约，茜茜为他找来的那些端庄淑雅的姑娘显得那么苍白无味，举止笨拙，说话正经无趣，躲闪的目光像小兔子一样惊慌失措。

弗朗茨·约瑟夫远比儿子看得清楚，在宫廷里，最快达到目的的捷径并非直线，而是费尽心机去接近最有前途的人，那些莺莺燕燕的女人实际上是最机灵的政治活动家，或许也会是野心勃勃的阴谋家。因此，他并没有责怪儿子与这些社交名媛的交往，政治领域的伦理道德与一般观念大相径庭。鲁道夫一方面太热衷于家庭教师传授给他的书本知识，一方面又缺乏清醒看世界的条件，但作为未来的君主，他需要获得更多的实际经验，所以不妨听任他在种种场合下体验生活的种种微妙之处。

鲁道夫的绯闻同样出现在布拉格，一个流传很广的浪漫故事的女主角据说是一个眼眸如星光般明亮的犹太姑娘，可惜她红颜薄命，不幸早夭，留给鲁道夫满心惆怅。无论如何，对于一个未来的君主而言，22岁已经到了该谨言慎行的年纪了，神圣的婚姻会使这个天资聪颖的青年更好地担负起生活的责任。

命运的彩球这次击中了比利时公主斯蒂芬妮。父亲利奥波德二世通知她，她将成为奥地利皇后与匈牙利王后，这位15岁的少女顺从地接受了大人们的安排。实际上，斯蒂芬妮的母亲正是哈布斯堡王室的公主，曾任匈牙利帕拉丁的史蒂芬大公的幼女，之前还回到维也纳参加了奥皇的银婚庆典。因此，尽管人们向鲁道夫盛赞将成为他终身伴侣的那个人，但他对新娘的相貌已不抱任何幻想。1880年3月，他启程前往布鲁塞尔，在短暂的会面之后便和斯蒂芬妮订了婚。

无论如何，婚姻是神圣的，而政治联姻更是合理多过合情。毕竟不是每一位公主都像茜茜一样有天仙般的美貌和三千宠爱集一身的幸运，或许维也纳的贵妇们已经把瘦小难看的斯蒂芬妮的个人信息弄到了手，正在谈论未来王妃的淡黄色头发、圆胖的面颊和挨得过近的小眼睛呢。至于鲁道夫自己，在向别人介绍他的未婚妻时称她是"标致、敏感、相貌特别"的姑娘，措辞未免有些勉强，自恃美貌而且向来对别人的相貌非常在意的茜茜则直截了当地把未来的儿媳称作"乡下土妞"。

一旦认可了自己的命运，鲁道夫便发现与斯蒂芬妮厮守终身的前景并不那么暗淡，对于帝国的未来，甚至可以说是一个相当好的安排，维也纳的政治家对此非常满意。或许大家都会想起可怜的夏洛特——斯蒂芬妮的姑妈和鲁道夫的婶婶。丈夫灾难性的命运使她的精神完全崩溃了，她在娘家人的护理之下活在一个孤独而疯狂的世界中，但是没有人敢在这种时候提起她，生怕会给眼前这对新人带来什么阴影。

鲁道夫与斯蒂芬妮的婚礼在 1881 年 5 月举行，欧洲王室的重要成员会聚维也纳，其中包括未来的英国国王爱德华七世和德国皇帝威廉二世。有趣的是，主持婚礼的正是与鲁道夫素来不和的布拉格大主教施瓦岑贝格亲王。冗长的祈祷文、殷勤的祝福在几十顶主教的帽子下面嗡嗡响起。施特劳斯家族再次呈上应景的华尔兹舞曲，抓住每一个机会寻欢作乐的维也纳人按照惯常的程式沉浸在属于自己的乐趣之中。

斯蒂芬妮的新婚岁月并不比茜茜好到哪里去。她和丈夫实际上还是陌生人，婚礼后便一起抵达拉辛堡。不合时令的雪花静静地飘下，迎接斯蒂芬妮的是刺骨的寒气和满地的泥泞。当他们跌跌撞撞地步入拉辛堡时，没有鲜花绿草和笑脸相迎，令斯蒂芬妮印象深刻的是那股浓重的霉味。欧洲最年轻王室的公主成了有着显赫历史的老资格王室的一员，却发现繁华下面已经是无可挽回的没落。出于好心，茜茜没有像苏菲当年那样随时介入这对小夫妻的生活中，结果他们两个形单影只，面面相觑，两个人都感到有必要显得熟稔一点，却不知道该从何说起。

一个星期后，这对新人终于离开了拉辛堡，前往布达佩斯接受当地人的祝福。作为最受匈牙利人尊重的一位帕拉丁的孙女，斯蒂芬妮受到了热烈的欢迎，之后又转往鲁道夫的部队驻地布拉格。斯蒂芬妮虽然不能算是社交场合的明星，其表现也可算是一位忠实称职的妻子。她陪同鲁道夫四处访问，甚至还参加打猎活动，青春的活力使这位个性尚未完全定型的年轻姑娘表现得矫健有力、朝气蓬勃。

但是，鲁道夫的政治立场并没有像阿尔贝特大公他们希望的那样，站到保守势力这边来。他对塔费政府周旋于各党派之间、忙于讨价还价的做事方式非常不满，因为这使各党派关注于吸引各民族民众的支持，最终有令帝国陷于分裂的危险。塔费说服了捷克人，实际上是把他们拉下了水。鲁道夫对英国模式念念不忘，深信通过在帝国的奥地利部分确立统一的保守与自由两党，吸引各族政治精英共同参与，就能够在奥地利建立一整套富于凝聚力的管理体制。作为一个深受自由思想影响的青年，弗朗茨·约瑟夫深信不疑的传统宗教观念被鲁道夫信手抛开，他对父亲听任"黑衣人"（教士）将势力扩大至教育领域十分不满。施瓦岑贝格大主教则指责他与某些危险的自由思想家来往密切，还主张限制布拉格驻防军官礼拜日的娱乐活动，其目标所指正是王储鲁道夫。

在长大成人的过程中，鲁道夫对父母的看法也发生了很大的转变。在私下里，他将茜茜称作是个"尽管非常聪明却游手好闲的女人"，对父亲的看法更是出了格的严厉而不无道理："我们的皇帝没有朋友，他的性格与天性不允许他那样。身居高位，形单影只，他与那些履行职责、为他服务的人谈话，但小心翼翼地避免真正的交流……这样，他很少知道人们的思想、感情以及观点和意见。只有手中握有权力的人才有机会接近他，而他们用对自己有利的方式来向他解释事情。他相信我们生活在奥地利有史以来最快乐的时期，而这正是别人一直以来告诉他的。看报纸时他只读那些用红笔画出来的段落，这样，他就与世隔绝，听不到公正的、真正忠诚的建议。……曾经有一段时间，皇后陛下会与他谈些严肃的事情，及时把反对意见传达给他，但这样的时光已经一去不复返了，帝国的第一夫人现在除了运动以外对什么都漠不关心……皇帝又回到了老样子：偏执、粗鲁、疑心重重。"

鲁道夫知道这样的评论会引起什么样的反应，因此，他很知趣地把它放在一边。但是，他与《新维也纳日报》总编塞普斯的秘密交往并没有逃过维也纳警察的目光，负责王储安全保卫工作的人发现，王储回到维也纳时，塞普斯会在深夜来到霍夫堡，经过仆人通道潜入王储的房间。克雷孟梭前来参加弟弟与塞普斯女儿的婚礼时，也如法炮制，两人在霍夫堡内交谈良久。

塔费自然对鲁道夫的行动一清二楚，却不想多管闲事，自有好事者把事情捅到了皇帝那里。弗朗茨·约瑟夫当然很不赞同儿子的行为，但是他已经长大成人，为人处世有自己的方式。情况已经很明白，父子俩不仅成长的环境不同，而且鲁道夫的天性看来更多来自茜茜的遗传——浪漫、任性，有时会自然散发迷人魅力，但常常会忽视其他人的看法。在自我构造的世界中时而兴奋雀跃，时而阴郁冷峻，拒人于千里之外。

## 五、特立独行：活在梦里的茜茜

威滕斯巴赫家族的怪癖在茜茜身上又有了新的发展。虽然任性而为通常因为美貌而显得分外有吸引力和挑战性，但是她和那些外表英俊、骑术精湛的骑士之间打情骂俏却不许自己身边的侍臣有任何结婚或离开她的想法，也不免遭人嫉妒和怨恨。尤其是，甜言蜜语并不能舒缓她内心的紧张，她每天要在健身器材上耗费数个小时，一丝不苟地想让自己显得年轻些，然后又是几个小时的梳妆打扮，但是岁月不饶人，纵马奔驰的激烈活动已经渐渐使她感到吃力，弗朗茨·约瑟夫更希望她能减少外出旅行的次数，多少像一个普通女人那样安定下来。鲁道夫结婚以后，茜茜如释重负地将皇后的一些任务转给了对此兴趣浓厚的斯蒂芬妮，皇帝便打算为她在维也纳附近营造一所小房子，享受与世隔绝的宁静。

茜茜被这个主意吸引住了，在外表风光其实却百无聊赖的生活中，她沉溺于阅读希腊神话和莎士比亚，尤其是《仲夏夜之梦》，她喜欢放纵自己的想象，设想自己是作品中的仙女，在月光下随心所欲地四处游荡。这幢属于她的宁静而美丽的房子被命名为赫尔梅斯别墅，园中驯养着鹿和野猪，马卡尔特受命设计卧室内的壁画，题材取自《仲夏夜之梦》，阴冷又凄凉的环境充斥着一个个表情阴险、奸诈的神话人物，健身房也是这种风格。

别墅的设计与建设用了四五年时间，茜茜的爱好像一阵风一样又转到了其他方面。她还是那么热衷于去英国打猎，但是初次发作的坐骨神经痛使她不得不减少骑马的时间。这不仅没有使她安定下来，反而刺激了她更卖力地把时间花在健身上。每天的晨练又加上了击剑课，不久她又开始长时间的步行，其速度之快与其说是散步，不如说是小跑。1883 年夏天的一次步行长达 22 英里，在灼人的阳光下沿着一条毫无遮蔽的军用道路走了整整 7 个小时。斯蒂芬妮记得，茜茜在长达七八个小时的行程中几乎不肯停下来吃点东西，最多坐在椅子上休息一会儿，喝上一杯牛奶或橙汁。

在变得骨瘦如柴的同时，茜茜与堂兄弟、巴伐利亚国王路德维希二世之间恢复了友好关系。茜茜小时候很喜欢路德维希，但他登基后的种种出格行为使她一度非常愤慨，特别是他对自己崇拜的艺术家瓦格纳言听计从，不惜斥巨资为他修建豪华的拜路伊特，却听任巴伐利亚财政陷于捉襟见肘的局面。此时，路德维希正沉浸在偶像瓦格纳之死的哀伤之中，茜茜与他进行长时间谈话的结果是相信他与她一样，都是根植于想象世界之美的诗意灵魂。路德维希宣称自己是雄鹰，头顶王冠，高居于山崖之上，茜茜则开始把自己看作是一只海鸥，在波涛汹涌的海洋上自由飞翔。

茜茜的家人对她的变化感到困惑不安。她曾经把大量时间消磨在骏马和骑士身上，现在又开始如饥似渴地阅读。她对海涅作品的迷恋一发不可收拾，这位"著名而讨厌"的诗人卓越的才情中毫不掩饰其犀利的笔触、辛辣的嘲讽，他对革命事业的支持、亲法的情感、对陈规陋俗的轻视、社会主义的倾向使他一生都受到憎恨和厌恶。在弗朗茨·约瑟夫的幼年，梅特涅将海涅视为危险的激进分子，不仅在奥地利查禁其作品，还大动干戈地派特务追踪海涅本人直到巴黎。弗朗茨·约瑟夫无法理解茜茜的激情，当年陪同她看过《仲夏夜之梦》后，他向母亲苏菲坦白，他认为茜茜喜欢的这个剧"相当乏味而且非常愚蠢"。尽管搞不懂，但他还是欣然接受，"只要她喜欢"。但是喜欢海涅那些出名激进的诗篇就有些太过分了，当然，最后他还是接受了茜茜在他们阿尔卑斯山间别墅的庭院中树起一座海涅的雕像。不仅如此，茜茜还开始亲自动手，记录下片刻的感受或思绪。浪漫的诗篇激发了更多的兴趣，茜茜又燃起对古希腊人的热情，一边读着《荷马史诗》，一边计划南下科孚岛，畅游在古代英雄的国度里。


# 六、出轨：情妇与知己


可想而知，茜茜自顾自地沉浸在想象世界中的时候，弗朗茨·约瑟夫一方面极力迎合，另一方面不得不一个人打发时光。可究竟是无怨无悔的奉献呢，还是做了错事的补偿？

1875 年夏天，当茜茜马不停蹄地从巴伐利亚到希腊，又从巴黎、伦敦到爱尔兰的时候，弗朗茨·约瑟夫从达尔马提亚回到维也纳，继续霍夫堡内刻板忙碌的生活。某一天，当他进行惯常的晨练的时候，一位年方二八的金发女郎出现在他的面前——安娜·纳霍斯基，一位铁路职员的新婚妻子，清晨 6 点钟独自一人站在霍夫堡周围空旷无人的地方，并且是那位孤独的老皇帝出入的必经之地，其用心之良苦可想而知。她年轻、丰满，渴望一种更光彩夺目的生活，却不得不顺从生活的安排；他尽管才不到 50 岁，却已经是欧洲在位时间最久的帝王之一，被他的奥地利臣民尊称为"老皇帝"。经历了多次战争、危机和社会动荡，他自然而然地磨去了年轻时的锐气。生活在那个 18 岁的男子汉面前展开时曾充满了希望和光荣，而安娜所遇见的，是一个暮气已深的中年男子，背负其职位赋予的责任已成为习惯，妻美儿娇却与他没什么干系。人生已至中途，无可挽回之事太多，不免会多几分苍凉。多年以前，多愁善感的茜茜因无法从他这里获得慰藉而转向一个注定不平静的自我放逐过程。在岁月的沧桑打磨掉少年的梦想的同时，弗朗茨·约瑟夫越来越少见到自己的妻子。恰恰是在维也纳，在帝国权力中心的霍夫堡，身为九五之尊，他感受到最多的孤独。

很难说，安娜对这个孤独、离群索居的中年男人会有什么真正的热情，来自霍夫堡的慷慨赠予才是这种关系得以维持的原因。在她的日记中，安娜仔细地记录了13年间的所有交往，与其说是情感的历程，倒不如说是金钱交易的账单。但是双方似乎都得到了满足，安娜家不停地购地置产，弗朗茨·约瑟夫则至少获得了某种性的慰藉。或许会有人对那位铁路职员突如其来的好运气感到好奇，但是没有人将他的美貌妻子与霍夫堡那位孤单老人联系起来，这段秘密被小心翼翼地掩盖了长达一个多世纪之久。

随着时间的推移，两人之间29岁的差异越来越明显。年轻的安娜知道自己想要什么，也会去勇敢追求，她把自己提供给弗朗茨·约瑟夫，但却不知道对方的真正需要。1883年，弗朗茨·约瑟夫遇见了一位能够带给他安慰和理解的女性。

凯特琳娜·舒拉特是巴登一位杂货商的女儿，先前曾经在维也纳的剧场中红火过一阵。1873年，弗朗茨·约瑟夫庆祝登基25周年时，曾经与茜茜一起观看过她主演的《驯悍记》，但那位20岁的舞台明星显然没有给皇帝留下太多印象。6年后，凯特琳娜嫁给了一个排场很大的匈牙利贵族，但是丈夫不久就负债远逃，留下妻子和幼子面对陡然严峻起来的生活。维也纳的剧院拒绝凯特琳娜重返舞台，她只好把儿子抛给父母，自己闯荡江湖。直到一位昔日的贵族朋友在布科维纳的一个军队驻防地发现了她，她才得到帮助回到维也纳。

历经磨难之后，凯特琳娜坚强的意志和自然清新的外貌使她在舞台上分外光彩夺目。这一次，弗朗茨·约瑟夫的青睐使凯特琳娜交上了好运，素来不亲近剧院的皇帝渐渐成了固定的观众，而且，人们很快发现，他总是挑有凯特琳娜演出的时候来，皇帝的偏爱在很大程度上帮助她重新成为宫廷剧院的明星。

或许是有了与安娜交往的经验，弗朗茨·约瑟夫让自己的情感舒缓流动。直到1885年年初，两人才达成某种默契，凯特琳娜前往阿尔卑斯山间的皇家避暑地，与那里的剧院签订了夏季的演出合同。8月17日，皇帝在儿子、儿媳、女儿、女婿的陪同下前去观看凯特琳娜出演的音乐剧，作为庆祝生日的活动。几天之后，她又出现在克雷姆泽的奥俄高峰会议的娱乐活动中。演出结束后，在沙皇亚历山大三世的坚持下，凯特琳娜和另外两位主要演员还获得了与皇帝、皇后共进晚餐的殊荣。

皇帝对一个女演员的偏爱引起了茜茜的复杂感受。她已经习惯了弗朗茨·约瑟夫对她的娇宠和迷恋，尽管他的笨拙常常使他的迎合不得要领。她知道他需要她的陪伴，但是她不可能静静地待在几乎会令人窒息的霍夫堡，陪同丈夫一起慢慢地变老，她的心灵属于自由的天空。因此，虽然会时不时地反省自己太过忽视丈夫的感受和情感需要，但是丈夫需要的那种精力充沛和善解人意的陪伴，茜茜永远无法做到，或者说已经不可能做到了。

她的偶像海涅有一位柏拉图式精神恋爱的对象，或许茜茜由此得到了启示，决心鼓励弗朗茨·约瑟夫与凯特琳娜的交往。她请皇帝喜爱的一位画家为凯特琳娜绘了一幅肖像画，感谢弗朗茨·约瑟夫赠予她赫尔梅斯别墅，更是一种无声的默许。凯特琳娜在画室里还"偶遇"前来探视进展情况的皇后和皇帝，这令她大吃一惊。茜茜走到一边，欣赏画家的作品，特意让皇帝与凯特琳娜闲聊几句。两天后，亦即赫尔梅斯别墅全面完工前三天，凯特琳娜收到了署名为"您忠诚的爱慕者"的第一封信，其后 30 多年间，皇帝寄给凯特琳娜多达 500 余封信。在繁重的国务活动之余，与凯特琳娜无拘无束的交流成了弗朗茨·约瑟夫舒缓紧张的重要渠道，而且除了打猎骑马之外，可能是唯一的渠道。

在解决巴尔干地区新危机的间隙，弗朗茨·约瑟夫与凯特琳娜在萨尔茨卡默古特度过了一个平静的夏季。凯特琳娜在皇家别墅附近租了一所房子，马车沿着波光粼粼的湖泊行走，只需一个小时，就把弗朗茨·约瑟夫带到了和蔼可亲的女主人精心布置的餐桌前。这样的早餐会一个礼拜里能有一两次，无关风月，不谈爱情，却让弗朗茨·约瑟夫体验到久已陌生的亲密无间的感觉。心底的坚冰在如沐春风的愉快交谈中暗暗消融，凯特琳娜的餐桌成了她表演的舞台。她让弗朗茨·约瑟夫发现了凡人琐事的乐趣，以至于肉体的亲密反而会降低这种感情的价值。

弗朗茨·约瑟夫与安娜的关系依然如旧，持续了 10 多年。他也确信，茜茜是他最爱的女人，但在心底里，他把凯特琳娜放在一个非常特别的位置。对她的敬爱和得到她好意的回报甚至令他有些自惭，连邀请见面都分外小心翼翼："如果能再见到你，会令我非常快乐，但是，当然只有你也因此高兴，而且如果你一切都好也有时间的话才行。"财富与荣耀不如凯特琳娜带给他的快乐多，但即使对方主动提出，弗朗茨·约瑟夫也不肯将凯特琳娜变成他的情妇。他们的关系"在将来也会保持现在的状况"，即使他的年龄不适合做一个兄长般的朋友，也请"像对待一个父辈的朋友那样对待我"，确认这一点会令他从"愚蠢的妒忌"中摆脱出来，满足于一种愉快的亲密关系。当雪花飘起，"如果我们漫步在香布仑宫，蒂罗尔花园的斜坡又会变得很滑，或许我可以荣幸地被允许挽着你的胳膊前行。"

# 第十四章
## 多事之秋：梅耶林与日内瓦

## 一、梅耶林：鲁道夫的小天地

1886 年夏天，在弗朗茨·约瑟夫与凯特琳娜的友情与日俱增的同时，巴伐利亚国王路德维希的死讯给茜茜以沉重打击。当时，路德维希已经陷于精神错乱的状态，虽然处于医生的看护之下，却在某个深夜被发现浮尸水面，茜茜的住所恰好就在出事地点的对岸。人们猜测，路德维希投水后，看护他的大夫为了救他也淹死了。有的人叹息，有的人窃喜，茜茜却开始胡思乱想。吉赛拉发现母亲随时会泪水涟涟，陷入悲痛之中，时而指责巴伐利亚当局合谋杀死了路德维希，时而怀疑路德维希纵身入水是否为了寻求住在对岸的她的帮助。

死亡成为茜茜诗作的主题。更令她担心的是，路德维希的悲剧不过是威滕斯巴赫家族怪癖的极端发展而已，自己究竟在多大程度上带有精神病的遗传呢？会不会在某种失去控制的状态下做出类似的事情？她尝试着去咨询维也纳的精神病医生，但唯有离开维也纳，一边阅读海涅和古希腊人的诗篇，一边沿着诗人的踪迹漫游全欧，才能使她的心灵稍感安慰。当弗朗茨·约瑟夫享受着凯特琳娜为他准备的早餐，听她讲剧院中钩心斗角的趣事逸闻时，茜茜在海涅曾经徜徉的海滩上伫立，诗意与灵感像海浪一样汹涌而来。在弗朗茨·约瑟夫被凯特琳娜绘声绘色的表演所吸引的时候，茜茜追逐着空灵无形的浪漫情感，忙于写下伤感的诗句。偶尔回到维也纳的时候，茜茜不无感慨地发现，弗朗茨·约瑟夫与女演员的感情发展超出了她的意料。理智告诉她，与其让一个野心勃勃的交际花占据凯特琳娜的位置，不如保持现状。但是，或许她已经在为自己的慷慨大度懊恼不已，弗朗茨·约瑟夫毫不掩饰接到凯特琳娜的问候或小礼物时那孩童般的快乐。或许是因为他想当然地认为，既然茜茜曾经鼓励过这种交往，自然也乐意看到他们友情的与日俱增。他和她都感激茜茜的宽容，茜茜却有一种被侵犯的感觉，凯特琳娜带给她丈夫的，是她永远做不到的，仅这一点就足够引起茜茜心中莫名的酸楚。女人天生的妒忌心使她在女伴面前语气尖刻地取笑凯特琳娜丰满的体形，夸张地模仿弗朗茨·约瑟夫对女演员表现出来的情感。她试图表明，凯特琳娜简朴宜人的风格只不过是一个演员的伪装罢了，但是，在弗朗茨·约瑟夫面前，她依然设法使他相信，她对他们的感情完全没有心理障碍。伪装得越成功，心底的孤独越沉重。茜茜纵然不是一个体贴入微的妻子，却也算得上通情达理。至于她自己，除了非要她出席不可的国务活动和重要家庭聚会之外，始终沉溺于浪漫的梦幻世界，旅游已经成了她的生活方式。

正如闹中取静的赫尔梅斯别墅是茜茜最爱的地方一样，梅耶林成了鲁道夫王储享受宁静安详的心灵家园。梅耶林坐落在离维也纳不到20英里的地方，林木环绕，密密匝匝。阳光透过泼墨一般浓重的绿叶，在地面上形成斑斑驳驳的画面。只有偶尔吹过的山风能够打破这里的寂静。夏日余晖把最后辉煌的金色涂抹在周围起伏的山头上。没有人能够想到，如此美丽的地方曾经有过沸腾的往昔：这里曾经是抵御土耳其入侵者的军事要塞，至今犹存的瞭望塔孤零零地伫立在山谷中。建于 15 世纪的教堂和救济院曾经两次遭到土耳其人的洗劫，恰恰在这里，鲁道夫找到了一个属于自己的小天地。他从修士们手里买下了一幢小房子，把它改造成狩猎小屋，旁边是一所安静的小教堂，颂灵的优美歌声更使这个遗世独立的地方宛如仙境。鲁道夫似乎没有理由从繁华中抽身而出，他的妻子斯蒂芬妮是个坚强而活跃的女人，结婚伊始就勇于参加某些重要的国务活动，分担长期以来令茜茜非常头痛的任务。1883 年，急切地想为哈布斯堡王朝带来继承人的斯蒂芬妮生下了一个健康活泼的小女儿，不免令她有些失望，反而是鲁道夫宽慰她来日方长。有关王储夫妇向来感情不和的传闻在鲁道夫死后传得沸沸扬扬，但是可以肯定的是，鲁道夫与斯蒂芬妮之间至少曾经存在过一种亲密和信任的关系，政治也时常会是他们热烈讨论的话题。

鲁道夫与父亲之间的关系也一如平常，平淡而疏远。虽然父子俩都喜欢打猎，但弗朗茨·约瑟夫从来没有想过去鲁道夫的梅耶林看看。他相信，儿子广泛的兴趣将使他在方方面面成为一个与自己截然不同的皇帝。而且，他在公众面前演讲时的从容、自信和真诚是大多数人难以企及的，只不过他还年轻，老被一些花里胡哨的东西迷惑。假以时日，阅历会让他变得成熟稳重，少一些自由派的天真。

时间悄悄流逝，事情却变得严重起来。斯蒂芬妮想为鲁道夫生个继承人，却始终不能受孕。更糟糕的是，在某次陪同丈夫到加利西亚访问时，她发现自己爱上了一位波兰伯爵。与小心翼翼地遮掩不被认可的恋情的人们不同，斯蒂芬妮忠于自己的感受，在长达18个月的时间里对自己的情感几乎不作任何掩饰。但是鲁道夫本来就有不忠行为，甚至有可能已从某位女友那里感染了淋病。斯蒂芬妮的这段恋情给他们的关系带来了危机，但可爱的小女儿和婚姻危机可能带来的政治后果使两人都没有走得太远。

真正的威胁还是来自鲁道夫自己。他一直没有从严重的支气管炎和风湿痛中解脱出来。为此，他先是用吗啡来缓解痛苦，戒掉吗啡之后又开始酗酒。自从童年时从树上摔下来的那次经历之后，他偶尔会出现头痛和失眠的症状，现在这种现象出现得更频繁了。

健康状况恶化的同时，鲁道夫对父亲的不满和无奈也越发明显。他总是倾向于夸大弗朗茨·约瑟夫对下属日常生活细节的了解，仿佛所有人都笼罩在他父亲无所不在的精细冷漠的目光之下，无可遁逃。他在给堂弟弗朗茨·斐迪南的信中警告他不要玩什么花样，因为"皇

梅耶林

帝对这种事无所不知"。至于他自己，为了防止发生不测，维也纳警署随时派人护卫他的安全，实际上也处于监视之下。维也纳警察对他与女人们的交往、与塞普斯等人的书信往来了如指掌，只不过多一事不如少一事，不肯把情况透露给弗朗茨·约瑟夫罢了。

因此，鲁道夫实际上空有雄心壮志，却无用武之地，甚至无法享受到普通人习以为常的健康身体和平静的家庭生活。母亲沉浸在浪漫的想象世界里，父亲天性拘谨，根本谈不上与他进行沟通，更不会理解他的政治理念和思想感情。鲁道夫不得不耐心地等待着能够施展才能的机会，但是，弗朗茨·约瑟夫的身体好得出奇，俭朴规律的生活和从不间断的体育锻炼使他看上去比实际年龄要年轻得多。鲁道夫别无选择，只能默默地等下去，在无望的等待中消磨掉青春、锐气，甚至还有健康。

鲁道夫对匈牙利人试图获得独立或者改变帝国军队结构的尝试没有好感，他那仁慈的同情心关注的是捷克人、克罗地亚人的民族要求。与弗朗茨·约瑟夫不同的是，鲁道夫认为应当加强与英、法的关系以制衡德意志。他对普鲁士素无好感，认为威廉一世以天降大任自居，却毫无顾忌地从邻国窃取土地。1888 年 3 月，威廉一世辞世，新君腓特烈三世是霍亨索伦王朝最富悲剧性的人物。他娶了维多利亚女王的女儿，熟悉并赞赏英国的立宪政府和议会制度，曾经参加过对奥地利的战争和普法战争，但是他在漫长的等待中已经感染了严重的病患，即位不久便溘然长逝。比鲁道夫还小半岁的威廉二世只在王太子位置上待了三个月就登上了王位。父亲的第一道圣谕是"致我的人民"，儿子的却是"致我的军队"，宣称"我和军队是一体。我们天生互相帮助，不管上帝的意志是要给我们和平还是风暴，我们都将站在一起，永不分离"。

鲁道夫与威廉二世在 1873 年的维也纳博览会上就已相识。他们的父母希望两位继承人之间发展成某种亲密关系，但是两个人无论脾气秉性还是政治观点都有天壤之别。威廉二世与父母关系紧张，他左臂残废，使他感到较少受到母亲的关注，更使他成为一个实质上敏感、怯懦和神经质的人物，此外他又从霍亨索伦家族的祖先那里继承了一种对浮华排场的爱好。他的母亲曾说："任何时候都不要以为我的儿子做任何事情除了虚荣心外还会有别的什么动机。"他喜欢被一群高唱赞歌的阿谀之徒围着，相信自己是天意的体现，负有神圣使命。他是一个天赋很高的人，葡萄牙大使敏锐地发现，他"身上存在着不同类型人物的胚芽，我们不能预见哪一种胚芽将来会占优势，也不知道最后有一种胚芽长大时，他究竟是以其伟大还是以其渺小使我们吃惊"。他时而一身戎装，僵硬笔挺如同一个军人国王；时而又穿上工装裤，成了个决心为无产阶级兄弟的解放而载入史册的改革帝王；当他热心俗务、浮华铺张时，俨然是一个廷臣的国王；当他滔滔不绝地歌颂 19 世纪的科学技术、文明、理性的发展时，过去仿佛是偏执顽固的黑暗时代，刹那间他又成了一位摩登国王。对他来说，没有什么做不到的事情，因为他"统率着两百万军队和全国人民，而人民只要求在哲学、伦理学和经典注释方面享有自由，只要皇帝命令他们齐步前进，他们就默默服从"。

弗朗茨·约瑟夫依然希望与普鲁士王保持一种亲密的兄弟情谊，鲁道夫则很不乐观，他认为威廉二世对奥地利，尤其对哈布斯堡王室抱有敌意。威廉二世登基后不久，便前来维也纳访问。他只待了三天，却以其傲慢、直率和热情奔放令鲁道夫大为光火，也令弗朗茨·约瑟夫颇感吃力。

## 二、帝国悲剧：梅耶林的枪声

当其时，威尔士亲王也在奥地利访问，本来兴致勃勃地打算见一下自己的外甥，却被威廉二世礼貌地回绝了，只好很没面子地暂避罗马尼亚，等外甥离开后才回到维也纳。奥皇父子陪同皇家贵宾前往新落成的宫廷剧院参加晚会，威尔士亲王在熙来攘往的人群中发现了一个长相标致的 17 岁少女，他认出她是玛丽·费采拉女男爵。"富有魅力的年轻女士，显然是维也纳最漂亮和最受爱慕的女人之一。"他向邻座的鲁道夫王储夸奖玛丽的美貌，却没有立刻得到对方的积极回应。鲁道夫还是个单身汉的时候，玛丽的母亲曾经试图接近他，应当算是熟人了，但看来他并没有与玛丽有过交往。

为鲁道夫与玛丽牵线的是个好事的亲戚——茜茜皇后长兄的女儿玛丽亚。鲁道夫的这位舅舅看上了一位女演员，为了缔结这门门户不相当的姻缘放弃了继承权益。出于好心，茜茜将这位骑术精湛、音乐才能突出的侄女任命为贴身女侍。但是，过分的自信和野心使玛丽亚一度有过不切实际的幻想，人们发现她对鲁道夫的态度非常暧昧，甚至公开调情。除此之外，皇后身边的骑师们也是她展现魅力的重要对象。茜茜一怒之下，迅速为这个不知感恩、胆大包天的丫头安排了一门婚事，对方尽管富有却是个好脾气的笨蛋，茜茜此前对她的善意于是全部付诸东流。玛丽亚心怀忌恨，虽然表面上依然是个尽职尽责的宫廷女官，但是心底积聚的怨毒将在后来的岁月中向茜茜与弗朗茨·约瑟夫发动恶意的攻击。

另一方面，总有些对上流社会的奢华尊贵十分迷恋，以至于不惜一切代价要跻身其中的人，精明能干的玛丽亚于是成了这些人达成目标的桥梁。通过安排充满幻想的妙龄少女与高贵神秘的人见面，或者在夜深人静的时候引导她们从仆人通道走进深宅大院，玛丽亚成了无所不知的通天人物。玛丽·费采拉女男爵也就这样走近了鲁道夫，也走向了梅耶林的悲剧。

早在认识玛丽之前，鲁道夫就曾经戏谑地向一位女友提议，不如陪同他前往住处附近的寺院，在阵亡烈士纪念碑前，以一种优美的姿势相互瞄准，"为了皇帝与祖国"开枪自杀，被对方笑言荒唐，弃之不顾。对于天主教徒来说，自杀是一种严重的罪名，但正如死亡曾经成为茜茜诗作的主题一样，鲁道夫似乎已经被这种骇人听闻的念头吸引住了。

人们已经无法确切地知道鲁道夫生命中的最后两个月是如何度过的。1888 年年底，他曾经从马上摔下来过，尽管他要求将此事保密，但是据说此后他一直有头痛和胃部不适的症状，思维也时常陷入混乱。弗朗茨·约瑟夫没有觉察到什么。斯蒂芬妮强烈要求与他会面，向他指出鲁道夫健康状况恶化，建议皇帝派遣他环游世界，作友好访问。但是，弗朗茨·约瑟夫虽然容忍了茜茜的无休止的外出旅行，却不想让儿子也沾染上这种多少有点逃避责任的习惯：既然他如此苍白虚弱，就最好待在维也纳，不要四处乱跑。

1889 年新年过后，父亲与儿子发生了一次激烈的争吵。起因是发表在一份流传很广的刊物上的一篇强烈反对普鲁士的文章，而鲁道夫被认为是幕后的策划者。英国、法国和俄国的外交官都对此发表评论，认为奥匈帝国未来的政策将抛弃德国、意大利，而朝向与法国、俄国的联盟。面对鲁道夫掀起的轩然大波，弗朗茨·约瑟夫不得不将他召至霍夫堡询问。没有人知道他们都说了些什么，但是鲁道夫离开时怒气冲冲，他的父亲则明显情绪低落，表现出从未有过的疲惫与沮丧。

第二天晚上，父子俩一起出席了一次招待会。英国大使夫人注意到，当弗朗茨·约瑟夫皇帝出现时，鲁道夫深深地鞠躬致意，儿子的嘴唇几乎碰到了父亲的手。或许，弗朗茨·约瑟夫将此视为和解的表示，但是没有人能够从他的表情上看出任何情绪的起伏。至于鲁道夫，他或许已经清楚地知道这将是父子间的最后一次会面，但是同样已经没有人能够确证这样的想法了。

有人发现玛丽·费采拉女男爵也出席了招待会，目不转睛地关注着鲁道夫，而对方也不时报之以深情的注视。玛丽很早就离开了，但是鲁道夫并没有随她而去，当晚他在一位女友那里一直待到凌晨3点。他已经吩咐仆人做好准备，星期一中午之前他要从霍夫堡前往梅耶林，以便在星期二进行一次狩猎活动。

正午时分，一位警察看到王储阁下的马车离开霍夫堡，向着维也纳正南方梅耶林的方向绝尘而去。没多久，皇后陛下的女侍和亲戚玛丽亚气急败坏地求见警署头头，声称她的同伴玛丽·费采拉在市中心被一辆陌生的马车拉走了。老于世故的警察熟稔这些风流大公和他们的女友们不时上演的"失踪"把戏，因此，一方面将心急如焚的玛丽亚打发走，一方面对当事人进行深入的调查。

星期二，鲁道夫没有参加家中的晚餐会，令弗朗茨·约瑟夫略略有些不安。恰在此时，斯蒂芬妮收到了发自梅耶林的电报，鲁道夫不无歉意地通知她，突如其来的高烧使他不得不卧病在床。其他人也证实，鲁道夫原定星期二与朋友进行的狩猎活动也因病取消了。没有人提起玛丽，只有阿尔贝特大公很不满意地提起，鲁道夫本来应当主持军事博物馆的一次会议的。1889 年 1 月 29 日，维也纳军事博物馆的参观名单上，奥匈帝国王储鲁道夫的名字被精心摆放在一个显著的位置，旁边的空白本来是留给他签上名字的，但是生命之弦应声而断，鲁道夫已经不可能走出梅耶林了。

鲁道夫遗容

1 月 30 日，霍夫堡内平静如常，一辆出租马车急驶而入，带给茜茜有关鲁道夫的消息：几个小时之前，他们发现王储阁下与玛丽·费采拉死于梅耶林的一间锁得紧紧的房子里。旁边的空杯子使他们相信，出于某种目的，玛丽·费采拉毒死了她的情人。

茜茜几乎立即陷于崩溃，但她还是聚集起最后的体力和勇气，向弗朗茨·约瑟夫通报了儿子和未来皇帝的结局。玛丽的母亲知道了，当天下午，维也纳人通过报纸的专刊也都知道了这个令人震惊不已的消息。有关鲁道夫之死的众多传言迅速传播开来，梅耶林既成了哈布斯堡家族最大的悲剧，也成了一个众说纷纭的神秘事件。最初的轰动过后，有关的"发现"还会时不时地成为猎奇小报的头条消息。

进一步的调查表明，鲁道夫是用手枪自杀的，之前显然已经射杀了玛丽。因此，当务之急是向教皇请求允准为他举行一个天主教徒的葬礼，因为验尸报告显示鲁道夫是在"精神失常的状态"中采取自杀行动的；其次，为了使皇家声誉受到最小的影响，有必要对新闻界和公众封锁有关玛丽·费采拉的一切消息，否则鲁道夫还会有谋杀的嫌疑。不仅帝国境内的编辑们受到控制，而且也禁止外国报纸流入（这种措施似乎更有利于外国报刊的黑市价格上扬）。另一方面，有关调查还将找出鲁道夫之死的可能责任人。

2月5日举行了鲁道夫的葬礼。茜茜已经没有气力出席了，由小女儿陪伴她待在一个密室里，为儿子祈祷。圣歌唱过之后，弗朗茨·约瑟夫走到鲁道夫的棺材旁跪下，祈祷片刻。嘉布森会的皇家墓室里寂静非常，白发人送黑发人，人生之哀痛莫大于是。

为了避免引人注目，玛丽·费采拉的尸体被悄悄埋葬，她的母亲被要求暂时离开维也纳，这使她获得了自由表达的权利。不到一个星期，慕尼黑的一家报纸就将玛丽的神秘死亡与鲁道夫联系起来了，君主国内的其他大城市也议论纷纷。但是，直到弗朗茨·约瑟夫去世，维也纳当局也不肯承认这两人之死有任何联系。

人们相信，在去梅耶林之前，鲁道夫与玛丽已经达成默契，共同赴死。考虑到鲁道夫曾经向另一位亲密女友提出过类似的建议，因此，父子之间的那次争吵应当不是造成这场悲剧的原因，但或许会坚定鲁道夫做出决定的信心。因为他给妻子、母亲和妹妹都写下了临终留言，甚至几位朋友也有份，但却没有一字一句是留给父亲的。而且，信中的内容也互相矛盾，一方面对斯蒂芬妮说他"平静赴死"，而且"这是唯一能够挽回声誉的做法"，另一方面却对妹妹说"我不是心甘情愿地去死"。鲁道夫亲手扣动了扳机，但如果默契早已达成的话，为什么他们星期一下午到达梅耶林，却一直到星期三早晨才动手？事后的调查如果说发现了什么东西的话，那也只不过使整个事件陷入一堆没有头绪的琐碎细节中，更加不得要领。活跃在各种小报上的业余侦探们动用了无数的想象力，用政治阴谋、无望的爱情、灾难性的堕胎事故等来解释这桩惨案，在一个大众传媒迅速发展的时代，逻辑知识的增长速度远远被形形色色的谣言臆想甩在了后头，人们的猎奇天性在同情心的包装下发挥得淋漓尽致。鲁道夫曾经是位浪漫王子和自由思想者的事实更增加了人们对他悲剧性结局的好奇心，他没有成为父亲所期望的接班人，却成了几代人茶余饭后感慨唏嘘的谈资。

至少有一件事情是确定无疑的，梅耶林将不复存在。弗朗茨·约瑟夫决定在原址上修建一所教堂，加尔默罗会虔敬的修女们将在这个希望陨落的地方苦修深思。这一年的万灵节，他到梅耶林聆听修女们的弥撒，儿子的生命终止在这个宁静而美丽的地方，或许是他的最后一点安慰吧。

## 三、矛盾大爆发：难以控制的危机

对于弗朗茨·约瑟夫来说，80 年代曾经是那么甜蜜和充满阳光。

它开始于 1879 年他与茜茜的银婚庆典，一个人人津津乐道的盛大节日，却戛然而止于梅耶林的枪声，弗朗茨·约瑟夫的希望和哈布斯堡王朝的希望都在震惊中破灭了。茜茜把自己藏在重重帷幕之后，更不愿意抛头露面，把自己用黑色的丧服笼罩起来，听任悲伤和悔恨吞噬生活的每个角落。蒂萨在匈牙利提出了军事法案，对二元君主国的体制提出根本挑战；维也纳当局又被卡尔·卢格博士吵吵闹闹的基督教社会运动搅得不得安宁；社会主义者也非常活跃，决心建立一个统一的社会民主党。

的确，尽管有种种进步和繁荣的表现，80 年代并非弗朗茨·约瑟夫所希望的那样通往更美好的明天。塔费执政以来积聚起来的社会矛盾已经无法被旧的制度框架所容纳了，奥匈帝国要想存在下去，各民族之间就必须达成和解。但是，这些民族之间不仅毫无忍让之意，反而发展出来相互排斥的、咄咄逼人的民族主义。

在缺乏自由主义传统的中欧和东欧地区，民族构成纷繁复杂，连续不断的压迫与反抗造成无数历史恩怨，纪律、忠诚和一致性是 80 年代各国政策的核心：在奥匈帝国东部的沙皇俄国，只有中学教育水平的亚历山大三世对境内各少数民族实行俄罗斯化，迫害非东正教的宗教团体，迫害犹太人，清除边疆省份的德意志人、波兰人和瑞典人；北邻德国结束政教斗争即所谓文化斗争之后，"泛德意志主义"虽然主要表现在对普属波兰的殖民和强制德意志化，但因普奥之间密切的联系，更是对哈布斯堡王朝的性质和"使命"提出的严重挑战。

人们总是发明出一个个美好的词语、一套套精巧的理论来为自己的欲望涂抹上一层堂皇的油彩，科学和技术的进步使人类的接触更加频繁，却只是让彼此更加厌恶。新崛起的民族要求领土、权利，原来的统治民族努力要保住地盘，却都以民族精神作为旗帜。偏见、怨恨和无限制膨胀的欲望是新一代民族主义者的营养，这正是阿道夫·希特勒（1889 年出生）、扬·安东内斯库（1882 年出生）和加夫里洛·普林西普（1894 年出生）等人成长的环境。

二元君主国非匈牙利部分的泛德意志主义与格奥尔格·冯·舍纳雷尔密不可分。舍纳雷尔的父亲是维也纳的铁路大王，留给他一大笔财产用以从事政治冒险活动。1873 年金融危机之时，舍纳雷尔作为林茨地区的代表被选入帝国议会，即采取亲普鲁士和仇视犹太人的立场，但是他直到 1882 年才作为《林茨纲领》的起草人而成为知名人士。这份文件的核心内容是加强中央集权，恢复德意志人的优势地位，使斯拉夫地区脱离奥地利帝国，因而要求把加利西亚交由波兰人管理，达尔马提亚由意大利人实行自治。如果马扎尔人支持奥地利的德意志人，则可以将加利西亚与达尔马提亚划归匈牙利。此外，还包括一些扩大公民权、征收累进税和制定保护穷人的立法等要求。

从内容上看，《林茨纲领》与 1867 年在格拉茨与维也纳建立的"自治的"德意志民族运动的纲领相似。但是，《林茨纲领》的主要力量在于它激起了反斯拉夫人的情绪。舍纳雷尔希望哈布斯堡统治下的所有曾包括在旧德意志邦联内的地区与霍亨索伦王朝控制下的新德意志帝国联合起来。因此，正像普鲁士境内的波兰人那样，波希米亚、摩拉维亚和斯洛文尼亚地区的斯拉夫居民便处于二等公民的地位。

舍纳雷尔的大德意志主义没有得到心目中的英雄——俾斯麦的支持。1871 年之后，俾斯麦就宣称，普鲁士的愿望已经得到了满足，统治包括奥地利在内的大德意志将会超出容克政治的能力。他把一个摇摇欲坠却独立存在的奥匈帝国视作欧洲势力均衡的必要条件。他的外交政策的基石是 1879 年结成的德奥联盟，而大德意志将会是英、法、俄等欧洲大国的众矢之的。因此，俾斯麦对奥政策的核心是保持奥匈帝国的基本结构，尽量削减其德意志属性。

尽管受到偶像的冷落，德意志民族主义者并没有被弃的哀怨，相反，他们把受到冷落归咎于哈布斯堡王朝微妙的结构。为了捍卫德意志人的利益和德意志民族感情的纯洁性，舍纳雷尔和他的同志们在波希米亚、摩拉维亚和斯洛文尼亚建立了一个"保卫联盟"网。在德意志中产阶级的下层及青年中赢得广泛而强大的支持力量。从 80 年代中期开始，舍纳雷尔成立了一个泛德意志主义的政党——德意志全国同盟，决心捍卫德意志人的利益。某位德意志民族主义领袖曾这样表达他的政治理想："在捷克人的波希米亚地区，就听任他们自作主张吧，但是在德意志人的波希米亚地区，就该我们说了算。"这其实已经偏离了《林茨纲领》，后者的核心目的是要建立一个德意志人占主导地位的中央集权的因而是统一的奥地利国家。

1888 年，舍纳雷尔的一次鲁莽行为使他被捕入狱。3 月 8 日，90岁高龄的威廉一世气息奄奄之际，塞普斯的《新维也纳日报》抢先发表了皇帝的讣告，这被维也纳的泛德意志主义者视为对第一位德国皇帝的大不敬。舍纳雷尔率领一帮人冲进《新维也纳日报》的编辑部，对里面的工作人员进行暴力威胁。这个行动太过张扬，以至于议会取消了舍纳雷尔的赦免权，他被判有罪，短时期失去了自由，并永久失去了预备役军官的资格。

维也纳的泛德意志主义者义愤填膺，举行街头示威，高呼口号："打倒哈布斯堡！打倒奥地利！打倒犹太记者！德意志万岁！"但是，维也纳政界显然没有打算支持舍纳雷尔。三天之后，塞普斯在鲁道夫前往柏林参加威廉一世的葬礼之前发表了王储本人的一篇措辞严厉、语气讥讽的匿名讣告，表示对普鲁士和维也纳的泛德意志主义者的轻蔑。

舍纳雷尔的暂时失败只是为卡尔·卢格博士更富于效率的政党机器让出了一条路。卢格出身工人阶级家庭，维也纳大学法律系毕业。1875年成为维也纳市议会议员，因为揭发贪污而名噪一时。1885年入选帝国议会，"漂亮的卢格"是一位懂得如何受人欢迎的天生的领袖人物，他天性幽默，风度翩翩，律师的才能使他善于用蛊惑人心的辞藻去争取支持。在规模化经济危及小资产阶级工商业者的时代，他提出了"必须帮助小人物"的口号，从而把这个忧心忡忡的阶层团结到自己周围。他的政党反对自由派，反对犹太人，反对马克思主义者，反对资本家，小心翼翼但却相当有效地把社会不满指向这些人，避免教会受到冲击。在达尔文用《物种起源》、施特劳斯用《耶稣传》击碎了千年基督神话之时，卢格却以教会为基点，争取到了虔敬的农民和小资产阶级的支持。

与声音洪亮、腹中空空的舍纳雷尔不同，卢格有一以贯之的政策体系，并表示毫无保留地忠于奥地利国家。在其宣传中，宗教信仰与经济因素共同促成了其反犹主义纲领；与后来的纳粹分子不同，他的排犹主义政治立场并未妨碍他对从前的犹太朋友表示善意与关切。他们以为，基督教社会党从底层挖掘和鼓励的仇恨和狂热，也是可以被有效控制，必要时还可以削弱的。历史将证明，这样的臆想会导致毁灭性的灾难。或许，此时的泛德意志主义者人性犹存，但是狭隘的种族仇恨已经被他们深植到年轻的德意志人中间了。

奥地利的工人多倾向社会民主党人。早在60年代末期，社会民主党人就已经初显峥嵘，一位真诚的激进派、1848 年精神的追随者维克多·阿德勒在 80 年代末期建立了统一的社会民主党之后，在下奥地利、施蒂里亚和波希米亚、摩拉维亚工业区的工人中享有广泛的群众基础。阿德勒与一位出色的奥地利历史学家弗里德容一起，享有与舍纳雷尔一样的《林茨纲领》起草者的地位。他们俩都是"自由知识分子"，也都是犹太人，却把自己视为德意志民族主义者。阿德勒有民族自豪感却并不傲慢，在泛德意志主义者走向明显的反犹主义后便远离了它。1883 年，他在旅行中结识恩格斯、倍倍尔，成为社会民主党的积极分子，并与恩格斯成为终生好友。

在阿德勒的领导下，奥地利社会民主党决定在 1890 年动员工人举行一次显示力量与团结的五一节游行，以响应前一年夏天在巴黎召开的第二国际的呼吁。由于德意志人有在这一天庆祝五月节的传统，阿德勒顺势要求各工会在这天的上午组织游行的工人列队通过普拉特公园的林荫大道，下午则自由享受美丽的春光，和平而无害地宣布五一节是劳动人民的节日。

阿德勒的行动引起了弗朗茨·约瑟夫和大臣们的极大恐慌。社会民主党人所具有的赤色分子和恐怖主义者的名声使人们确信，这些郊区来的且脾气暴躁的革命者会干出任何出格的事。各大城市的军队与警察都处于戒备状态，人们囤积食品和物资，担心暴乱会使城里的供应

维克多·阿德勒

中断。五一节当天，维也纳城内一片恐慌，普拉特地区军警林立，商店门窗紧闭，没有一辆豪华的私人马车或出租马车胆敢前往普拉特地区。但是，除了明媚的春光和孩子们无忧无虑的歌声，什么都没有发生。在飘扬的红旗下，工人们带着自己的妻小，整洁的衣装上插着一朵代表社会民主党的红色丁香花，四人一排，整整齐齐地列队前往普拉特地区。严阵以待的军警们渐渐松弛下来，当孩子们唱起校园歌曲时，双方甚至出现了一种善意和友好的姿态。

奥地利社会民主党在原则上采取了第二国际的立场，认为民族主义只不过是资本家操纵国家机器以帮助他们在对外竞争中取得胜利的工具。因此，号召工人阶级建立一个既无国家也无民族仇恨的欧洲。但是，在民族组成异常复杂的中欧地区，这样的立场就不得不亲身体验民族斗争。最终，奥地利社会民主党必须被改变成为一个各民族社会民主党的联盟。在波希米亚和摩拉维亚，阿德勒的这次和平游行的倡议就遭到了冷遇。捷克人认为，社会民主运动由德意志人占主导地位显然不符合他们的理想。

同为超民族的共同体，社会民主党面临的问题其实反映了困扰哈布斯堡君主国的主要政治问题——民族冲突。在工业化浪潮之下，传统社会可以为人们提供的保护渐渐被削弱，民族主义在一定程度上成了心存不满的人们的庇护所，甚至是迁怒于他人的借口。民族主义更为大众传媒以及同样巧舌如簧的律师们提供了名利双收的机会。刚刚会看报纸的农民接触到的便是这些蛊惑人心的宣传，他们感到自己的利益受到民族主义者眷顾的时候，便学会了仇恨他们的邻居。争讼的风气更造就了以法律为名、以私利为实的政客大显身手的时代。

捷克人与德意志人的关系之恶化日甚一日，但其过错并不全在舍纳雷尔。温和派的捷克领袖满足于实现波希米亚的行政分离，但是在工业化时代的竞争环境中成长起来的"青年捷克人"党已经对保守的"老年捷克人"党失去了耐心。他们眼看着觉醒的捷克人日渐壮大，对此前数十年间的失败全无感受，充满自信地想把全部波希米亚都置于捷克人的控制之下。

眼看着这些激进的民族主义者渐成尾大不掉之势，以里格尔为首的保守捷克人被迫与同样受激进分子威胁的德意志人进行合作。1890年，塔费主持的一个包括捷克人和德意志人的委员会最终达成了一个复杂的妥协方案，建议存在多个民族的省份根据其民族分布划分行政管辖范围，其他省级机构，如法律、行政组织等也依此原则行事。

但是塔费没有想到，里格尔已经是明日黄花了，波希米亚的社会变革之大出乎维也纳的意料。新一代捷克领袖要求保持波希米亚的完整性，不过要由捷克人进行完全控制。德意志人同样不同意分割波希米亚的行政权，其隐含的前提是，捷克人只会被当作可以容忍其存在的一个少数民族。双方的立场显然针锋相对，完全没有妥协的余地，塔费耐心等待的结果不是激进主义者的溃退，反而是对方强大到足以威胁他的存在。各民族温和的不满转而成为暴烈的愤愤不平。1891年的选举中，里格尔被敌方宣布为叛国者，"青年捷克人"党获得了引人注目的胜利，情况已经超出了塔费等人的控制。


## 四、你方唱罢我登场：走马灯式的首相

塔费政府的财政大臣斯坦因巴赫认为，民族主义是一个中产阶

级的运动，为了对抗这种足以造成君主国崩溃的各民族之间的相互敌视，应当扩大选举权，使下议院有劳工阶层的代表，以消解他们的不满，这样至少令他们稍微安分守己些。另外，乡村与小镇居民一贯忠诚于弗朗茨·约瑟夫皇帝，将他们纳入帝国政治体系有利于加强政府的力量。

但是，对于塔费来说，他没有任何政党背景，他的"铁环"依赖于利益集团——教会、地产所有者和波兰人——有条件的支持。1893年出台的几乎是普选权的建议直接使这些集团的特权受到损害。因此，如同一柄双刃剑，塔费的建议刺向敌人的同时也伤害了他的追随者。

反对塔费的联盟在很大程度上受到了卡尔诺基的鼓励。卡尔诺基以其外交成就傲视群雄。1890年，俾斯麦被德皇威廉二世毫不客气地赶下台之后，奥匈帝国在巴尔干地区的主导地位更加突出。但是，1892年格拉斯通的自由派政府执政动摇了卡尔诺基的地位。英国人从近东地区退出，对奥匈帝国极不信任。格拉斯通曾经在1880年说过一句名言："随便在地图上指出一个地方，可以说，没有哪一处是奥地利人曾经做过好事的。"因此，为了保证奥匈帝国在巴尔干地区的利益，卡尔诺基不得不在更大程度上依赖德国人，或者说，是具有1848年精神的大德意志主义者。而在柏林，俾斯麦的继任者卡普里维也在寻求德意志激进分子的支持，塔费政府面临来自内政、外交两方面的压力，摇摇欲坠。

塔费受到的致命打击来自他的朋友弗朗茨·约瑟夫皇帝。疲惫的塔费尽管即将迎来他的60岁生日，思想却依旧灵活，他认为，给公民以选举权，就会消除构成现有各党派政治生活的那些出于狭隘利益的争端。但是，弗朗茨·约瑟夫不想采取这样激烈的解决方式，它只会使摆在他面前的问题变得更加难以处理，并最终迫使他接受他一直以来刻意避免的代议制政府。另一方面，从其内心来讲，皇帝对德意志人有着复杂甚至矛盾的看法：德意志自由派一向都试图从皇帝那里争夺外交、军事领域的权力；他们又是皇帝陛下臣子中经济、文化最发达的民族，富于政治斗争经验，令弗朗茨·约瑟夫非常头痛，奥地利国内泛德意志主义也令他忧郁。1892 年，德国前首相俾斯麦的儿子与一位匈牙利贵族的女儿结婚，这位风采不减当年的老人既不在柏林，也不在阜姆，而选择维也纳为其儿子举行婚礼。结果前首相所到之处，人们都向他欢呼鼓掌，表示敬意。尽管这种敬意更多是由于威廉二世冷漠地对待这位德意志功臣的后果，但泛德意志主义者不失时机地利用他的访问大肆活动。另一方面，皇帝本身就是德意志人，并以此自豪，其中庸的气质显然是典型的德意志式的愚钝和狡猾的混合。因此，他既欢迎塔费在议会中控制德意志自由派的行动，又不想看到普选权危及德意志人在奥地利的特殊地位。在德意志自由派、捷克人、波兰人和大地主阶层共同反对普选权建议之时，塔费的"铁环"已经没有理由存在下去了。

1893 年 11 月，弗朗茨·约瑟夫解除了塔费的职务，他为奥地利带来的 14 年平静时期随之结束。这段时间本来可以有所作为的，最后却成了令人们事后嗟叹不已的、徒有其表的黄金时代。塔费的继任者、1848 年的铁腕人物温迪施格雷茨的孙子组成了一个貌似宪政政权的内阁，自由派、保守派和波兰人是他的依靠力量，但却是各怀心思的利益集团，帝国内继续着塔费时代的冲突，继任人无意也无能力达成某种和解。

对温迪施格雷茨政府施以致命一击的是预算案中的一个小问题：齐利城位于德意志人占多数的施蒂里亚省，在工业化的过程中，大量涌入城中的斯洛文尼亚居民要求满足其文化方面的需求，其中之一就是使斯洛文尼亚孩子得到用本民族语言进行的教育，结果被德意志人占多数地位的施蒂里亚议会拒绝，斯洛文尼亚人遂转而在帝国议会中争取到捷克人的支持。实际上，1888 年，塔费就在马尔堡解决过类似的问题，但是，即便马尔堡的斯洛文尼亚人如愿以偿地接受本民族语言的教育，也并不稍改马尔堡之德意志性质。但齐利城内的资产阶级却愈来愈强烈地感受到斯洛文尼亚人的威胁，他们一旦得到其民族教育，就再也不会将德语当作其文化用语了，对德意志人而言，齐利小城也就此被丢给斯拉夫人了。

齐利的情况实际上是施蒂里亚的捷克人与德意志人纷争的真切写照，与之相似的斗争在波希米亚乡村和小城镇中屡见不鲜，小城齐利便成了奥地利国内广泛存在的斯拉夫人与德意志人冲突的象征。塔费时代的妥协让步已经走到了尽头，如果齐利市的德意志中学中建立了斯洛文尼亚班级，德意志人将会退出政府以示抗议，而如果不建立的话，斯洛文尼亚人及其捷克盟友又会退出。最后，当温迪施格雷茨想要向斯洛文尼亚人兑现诺言时，德意志自由派便抛弃了他。

政治领袖们毫无责任心的争吵造成了奥地利议会制度的失败。除了极端的德意志民族主义者，其余的政治派别都认同帝国的存在，但是，他们把被任命为大臣视为谈判地位的加强，可以得到特殊的好处。议会成了各地方争吵不休的棘手问题的会集点，冲突各方各自为政。人们为了一些无关紧要却仿佛具有重要象征意义的小事争吵不休，议会便脱离了其为帝国咨政会议的本意。每一个教师、医生、收税员的任命都被视为民族斗争的信号，每一个企业都想得到政府的资助。德意志人想要保持其优势地位，捷克人则想要为他们在以前所受的不公获取补偿，奥地利虽然进行了迅速的工业化，但是政府并没有在自由市场经济的成功时期抽身而出，结果陷于琐碎的经济事务中，名义上保留了很多诱人的权力，实际上越来越无力自拔。

各党派之间以民族主义名义进行的混战持续了两年。自身除了维护特权以外没有任何理念的弗朗茨·约瑟夫对政客们借民众和理想之名行利益争夺之实的行径相当厌恶。1895 年，加利西亚总督巴德尼伯爵领导下的"强硬政府"终于如愿以偿地成立了。

巴德尼伯爵是加利西亚最富有的地主之一，虽然是贵族并忠于弗朗茨·约瑟夫，但却有自由派的名声，倾向于中央集权和温和的反教会立场。他具有波兰人的灵活性，在加利西亚总督任上的时候成就突出，却一点都不墨守成规，对新时代的种种观念相当熟悉。甫主国政，巴德尼便解除了因发生越轨行为而在布拉格实行的紧急状态，赢得了"青年捷克人"党的好感。紧接着，他设法将塔费因之倒台、温迪施格雷茨没有做到的选举改革付诸实施，其秘诀在于接受普遍选举制的原则，但小心行事以防止产生有碍现行体制的后果。他在已有的四个代表团（库里亚）之外又补充了第五个，总共 425 个议员席位中分配了 72 个给这个"总代表团"。

在外交方面，由于国际形势的变化，巴德尼政府获得了意外的好处。卡尔诺基向德国靠拢的政策由于德国政府更迭而告失败，德国转回俾斯麦时期的保守政策。而由于法俄联盟的存在，英国实际上已经放弃了对土耳其帝国的保护。这样到了 1895 年，在意大利也陷入阿比西尼亚的泥潭中之后，奥匈帝国实际上又被孤立起来了。迫不得已，卡尔诺基转向梵蒂冈寻求友谊，作为回报，他试图清除匈牙利的反教会主义，但是马扎尔沙文主义者显示了他们的力量。卡尔诺基本来就以其贵族的傲慢不容于同侪，此时，在布达佩斯的强烈反对之下，已担任外交大臣近14年的他被迫去职，接替他的是35年前负责起草《十月文告》的波兰贵族戈武霍夫斯基的儿子。与其前任一样，他政治上是个保守派，而且对匈牙利人很不信任，但却以一种令人愉快的个人魅力被众人接受。

戈武霍夫斯基的好运使他在1897年与沙皇俄国达成了一致。自梅特涅时代以后，奥地利政治家都避免与俄国接近。身为波兰人，戈武霍夫斯基自然对俄国人抱有根深蒂固的怀疑和敌意，但是，奥匈帝国的孤立地位和来自德国的压力促使他接受了俄国人的提议。维也纳与圣彼得堡同意在巴尔干地区合作，而不要在对方出现问题时趁机大做文章。换而言之，近东问题被"雪藏"起来了，以便使这个牵一发而动全身的敏感地区尽可能保持现状，推迟矛盾的爆发。

奥俄之间的谅解缓和了奥匈帝国的外在压力，却引起了其内部的长期危机。德意志人，尤其是马扎尔人都对俄国人的西进感到担心。哈布斯堡君主国本来是以保护各民族免受外来侵袭为"使命"的，现在却与俄国这个危险的庞然大物站在了一起，则它本身也成了这些主导民族反对的对象。之后，当哈布斯堡君主国遭遇到外部威胁时，来自内部的分歧便使它分外弱不禁风。

巴德尼时期，卡尔·卢格博士已经成了哈布斯堡王朝不得不密切关注的一个最重要的人。1895年，51岁的卢格带领他的基督教社会党人在维也纳市议会的选举中撼动了德意志自由派数十年来的优势地位，获得了两倍于对方的席位。他的反犹太主义宣传在很大程度上帮助他争取到了来自"街头小人物"们的支持。维也纳的股票交易所经历了自 1873 年以来最剧烈的动荡，犹太富商们对前途十分担忧。弗朗茨·约瑟夫一再拒绝任命卢格为维也纳市长，民众因此对他表现出了罕见的冷淡与敌意。他在给茜茜的信中对此甚为苦恼："反犹主义在上层人物中也成了流行病"，引起的社会骚乱将难以衡量，虽然卢格的基本信仰"本质上是好的"。

在担任加利西亚总督时，巴德尼可以不在乎民主选举，但现在他必须适应维也纳的政治规则。维也纳街头"外国人滚出去"和"滚回加利西亚"成了最流行的口号。显然，巴德尼已经是众矢之的，为了站稳脚跟，他必须争取到支持力量或者合作伙伴。

基督教社会党吸引了维也纳和农村地区居民的支持，由于它支持奥匈帝国的独立与统一，所以虽然其领导人均为德意志知识分子而不可避免地实际上具有民族性，但是在原则上否定了大众的民族主义要求，教会与社会党的密切关系也与哈布斯堡王朝利益一致。

阿德勒的社会民主党扎根于工业中心。工人数量的增加和对其自身状况的关注使社会民主党的支持力量日渐壮大。阿德勒与恩格斯、第二国际的密切联系使哈布斯堡君主国对有可能带来赤色危机的社会民主党更加警惕。

两害相权取其轻，几经斟酌之后，巴德尼与卢格进行了秘密接触。卢格表达了对奥匈帝国的忠诚，保证将约束其行为。作为回报，巴德尼设法说服弗朗茨·约瑟夫私下接见了卢格。作为安抚民心的姿态和执政能力的测试，1896 年 5 月，卢格的一位同僚被任命为维也纳市长，大政方针则由卢格在幕后一手操纵。巴德尼因此得到了基督教社会党对其选举改革的支持。1897 年，按照新的选举制度选出了帝国议会，425 名代表共来自 25 个政党。选举结束后，卢格便被正式任命为维也纳市长。次年，他便开展了意义重大的市政建设，政府接收了有轨电车、煤气和电力事业，并建成了第二个引自高山泉水的自来水工程。维也纳的城市卫生得到改进，经济稳步发展，当初被成功地煽动起来的群众的排犹主义情绪被同样成功地控制起来，一度提心吊胆的犹太人继续享有平等的权利。

成功使巴德尼进一步想解决捷克人的问题，为此，他在 1897 年 4 月先后颁发了波希米亚和摩拉维亚的两个语言法令，规定捷克语和德语同样成为这两省的通用语言（在与其他省份及中央政府交流及财政、军队、邮政等领域，德语仍然保持其排他性地位），两省所有官员都必须在此后 3 年内彻底通晓这两种语言。

尽管外表上显得公正无偏，语言法令其实是捷克人的胜利。大多数受过教育的捷克人的德语水平几乎与其母语不相上下，而德意志人罕有能够掌握捷克语者。因此，一旦双语能力成为进入省级行政机构的资格要求，捷克人自然会胜出。

语言法令在德意志人中引起轩然大波，巴德尼事先没有与德意志议员进行任何沟通。波希米亚的德意志人向全奥地利的同胞，乃至德国人发出号召，舍纳雷尔的最后一次机会到来了。

1897 年，舍纳雷尔重新被选入议会，很快便显示出了他的力量。他领导的德意志民族党人数很少，几乎全部来自波希米亚和阿尔卑斯山的边缘地区，却具有激烈的变革意识。为了建立一个在普鲁士和新教领导下的大德意志国家，必须彻底摧毁哈布斯堡君主国，而为了弥补绝对数量的不足，他们用疯狂的挑衅和野蛮的作风引起人们的侧目，而不得不发现他们的存在。舍纳雷尔利用他在青年人中的影响控制了奥地利的大学生联合会，那些大学生在大学豁免权的庇护下，经常聚众闹事，编成所谓的"大学生团"，拿着粗硬的棍棒四处挑衅，殴打学校里的斯拉夫人、犹太人或天主教徒，成了舍纳雷尔的冲锋队。舍纳雷尔的原则，即"用一小群人的恐怖行为来吓住另一些数量比他们多得多但又老实和比较能忍气吞声的大多数人"，他成了后来希特勒模仿的对象。

在国会里，德意志民族党之暴烈丝毫不弱于横行街头的大学生们。议员们无视议会规章，墨水瓶被四处乱抛，歌声与骂声同起，口沫与拳头齐飞，还有震耳欲聋的玩具喇叭伴奏。巴德尼被一个议员辱骂之后，两人进行了决斗，生气勃勃的泛德意志主义者果然身手不凡，弄伤了首相的胳臂。

语言法令激起的民族冲突在维也纳、格拉茨等地引起骚乱。卢格走上街头，领导富有而体面的维也纳市民游行，高呼："赶走巴德尼！"巴德尼束手无策，弗朗茨·约瑟夫一如往常，随时准备牺牲他的首相以恢复街头秩序。1897年11月，巴德尼成了第一位被公众赶下台的首相。

牺牲了首相之后，皇帝并不打算放弃努力，他希望保存哈布斯堡帝国，以护卫他的臣民。巴德尼的语言法令是最后一次试图打开奥地利民族冲突的死结。但是两年后，他还是撤回了法令，从而宣告改革失败。塔费内阁垮台以后，后继的一连串奥地利首相仿佛走马灯一样你方唱罢我登场，7年间换了8个政府首脑。尤其是巴德尼之后，弗朗茨·约瑟夫不得不利用宪法第十四章规定的紧急状态法，直接发布诏令进行统治。

帝国议会的议员先生们丝毫不让弗朗茨·约瑟夫省心，他伏案工作的时间更长了，不得不在夸夸其谈的豪言壮语中分辨出各党派真正的意图所在。在一个"主义""理想"满天飞的时代，弗朗茨·约瑟夫恰恰是个没有什么理念的人。这曾经使他在护卫权力时具有独特的力量，但到了19世纪末期，正是"主义""理想"这些东西创造并维持国家的存在，德意志与意大利正是两个最典型的例子。当哈布斯堡王朝的臣子们摆脱愚昧和被奴役的状态时，却没有一个完整的、有吸引力的"奥地利人"的概念来团结他们。相反，政客们不负责任的行动只是为了党派利益，民族、宗教的差异被政治、经济的争夺夸大并固定下来。人们心胸狭隘、互相仇恨，这种四分五裂的局面最终使君主国嘎吱作响的国家机器陷于崩溃。

## 五、千年纪念：必然的分离倾向

繁忙的公务之余，弗朗茨·约瑟夫抽空享受骑马打猎的乐趣。凯特琳娜的友谊使他有机会了解到凡人小事的乐趣，据说她试图在外交方面发挥影响力，但并无可靠证据。梅耶林的悲剧发生之后，茜茜长达两年没有公开露面。作为一个韶华已逝的妇人、一个不理解自己儿子的母亲，同时（在并非谴责她的意义上来讲）也是一个无法为丈夫提供安定的家庭生活的妻子，她顺从地听任余生被悔恨与自责笼罩在阴影中。她曾经使维也纳的宫廷成为欧洲上流社会最光彩夺目的地方，现在却总是穿着浓黑的丧服，清瘦苍白，像是沉浸在往事中的幽灵。

但是，脆弱的外表下蕴藏着一颗丰富的心灵。茜茜一方面不愿意抛头露面，另一方面却有意无意地把痛苦表现得淋漓尽致。她的不安来自多种因素。医生的解剖证明，鲁道夫死前已经陷于某种精神失常。茜茜有些绝望地发现，自己带给鲁道夫的威滕斯巴赫家族的遗传或许是罪魁祸首。她有些犯罪感，又有些恐惧：不知道什么时候，这种挥之不去的疯狂的基因会向她讨要生命或者理智。她的美貌曾经使她像每一个天真的妇人那样自负，但那个时代为妇女设置的种种障碍使浪漫热情只能转向想象的空间。弗朗茨·约瑟夫并非善解人意的丈夫，茜茜在大部分时间都与他分居。正如她不能带给他平凡夫妻的快乐一样，他也不能使她善变的心灵有一个最后的和有包容性的港湾。鲁道夫的悲剧使她直接面对生命中的悲剧、生活中的不幸与丑陋。弗朗茨·约瑟夫缺乏想象力的关心不仅未能安慰她，反而更深刻地显示出生命的本质原来是恒久的孤独。她已经是个50多岁的女人，却无法摆脱灵魂的不安。痛苦是她唯一的装饰品，她不加掩饰地自虐，引起弗朗茨·约瑟夫和女儿们的不安，或许也会带来一些剧痛后的松弛感。

小女儿静悄悄的婚礼举行过以后，茜茜一度中止的旅行生活又一发不可收拾。她的行程不仅包括巴伐利亚和科孚这些"旧爱"，风格迥异的瑞士、里维埃拉和北非又成了她的"新欢"。当有人向她介绍塔斯马尼亚的美丽风光时，她甚至打算弄条船来进行一次环球航行。茜茜在外旅行的时候，弗朗茨·约瑟夫与她就只有书信联系。1890年9月至1898年9月期间，弗朗茨·约瑟夫写给茜茜的信保留至今的在474封以上。内容则不是叙述天气的变化、国宴的细节，就是汇报鲁道夫的小女儿的近况以及与凯特琳娜的交往、维也纳的新剧。

弗朗茨·约瑟夫偶尔也会被蒙特卡罗的赌场、里维埃拉的公园所吸引，陪同茜茜在欧洲富有的上流社会集聚的地方游玩，只不过双方的行程很难契合。1896 年 3 月，长寿的维多利亚女王生平第一次"同时见到了奥地利皇帝与皇后阁下"，有这样殊荣的还有法兰西第三共和国的新任总统福莱，而且这还是弗朗茨·约瑟夫生平第一次接见一位共和国的政府首脑。其他的贵宾包括奥地利王室的亲戚罗曼诺夫大公、威尔士亲王和弗朗茨·约瑟夫的老相识——前法国皇后欧仁妮。

1896 年是马扎尔人来到多瑙河地区的千年纪念，布达佩斯的庆祝活动从春天一直持续到秋天。作为热情的马扎尔人衷心爱戴的王后，茜茜与弗朗茨·约瑟夫一起参加了欢腾的庆典。5 月，匈牙利首都召开了千年成就展，农业国以吉卜赛音乐和五彩缤纷的民族服装为特色的形象已经被焕然一新的工商业城市布达佩斯所取代。模仿 1873 年维也纳的普拉特万国博览会，匈牙利人在城市公园中搭建起一座汇集各种建筑风格的富于"匈牙利特色"的城堡。更足以使布达佩斯人骄傲的是，他们在市中心最繁华的安德拉西大街地下建成了有 8 个停靠站的地铁，除了伦敦以外，欧洲各国还没有哪个城市享受过这种时髦的交通工具。

千年成就展的主要成就是鼓励了马扎尔民族主义情绪的泛滥。与帝国的另一半一样，匈牙利的民族斗争也表现在争夺官僚体制中的职位上，但不一样的是，马扎尔人预先就获得了斗争的胜利。

人数众多的匈牙利"绅士"阶层在 1867 年之后成了"巴赫轻骑兵"带进来的官僚体制的主要成员。19 世纪初期，他们还主要是些没文化的农民，除了离得最近的镇子以外再不会去别的什么地方。当然，如果他了解些法律的话，就有可能会被选入匈牙利议会而到布雷斯特拉发见见世面。然而到了这个世纪之末，这个国家的乡绅阶层顶多还在乡下有一幢祖屋，他们自己则居住在繁华而拥挤的布达佩斯，在政府中从事文职工作。这时，拥有土地成了一桩多少有些奢侈的事情，除非他的工资和"外快"能够弥补收益无多的地产上的损失。

面对境内斯拉夫人占多数的局面，马扎尔人并没有刻意地致力于本民族的发展，而更关注于压制斯洛伐克或罗马尼亚中产阶级的形成。斯洛伐克中等学校到 1874 年就被关闭了。1883 年，马扎尔语成为所有学校的通用语言，这一政策发展到最后，是 1907 年通过的教育法令，要求所有学校教师宣誓效忠，如果不能让孩子们掌握马扎尔语的话，他们就会被开除。到 20 世纪初，匈牙利九成以上的官员、医生和法官都是马扎尔人，八成以上的报纸是马扎尔文的。境内的德意志人仍然在工商业界占有优势，但也越来越带有马扎尔特色。犹太人在"同化"政策之下已经渐渐融入匈牙利社会，特别在文学和艺术方面弥补了质朴的马扎尔乡绅的不足。

其本民族文化在匈牙利得不到发展的斯洛伐克人和乌克兰人在北美找到了新的家园。他们漂洋过海，在一个生气勃勃的国家里占有了一席之地，成了给留在欧洲的穷亲戚们带来希望的"美国表兄"。他们的民族传统在美国得以保存，最后他们甚至影响了美国的政治立场：除了追求自由以外，美国政治家理解并接受了民族自决原则，并导致 1917 年美国对战争的干涉和哈布斯堡君主国的覆亡。

罗马尼亚人曾经蒙蒂萨之恩准成立了一个罗马尼亚民族党，后来的匈牙利领导人连这也不能容忍。当罗马尼亚族领袖企图向弗朗茨·约瑟夫皇帝递交一份民族苦难陈情表时，竟遭到叛国罪一般的对待，于 1894 年以"煽动反对马扎尔民族"的罪名被捕，在科洛兹瓦尔日交由一个由马扎尔人组成的陪审团审判，获罪入狱，罗马尼亚民族党也被解散。科洛兹瓦尔审判成为欧洲自由主义人士心目中为争取民族权利而斗争的象征。

克罗地亚与布达佩斯的宪法关系比较特殊，享有较大的活动空间。但是，国家行政权力掌握在马扎尔人手里，克罗地亚议会对此束手无策。通过巧妙地煽动塞尔维亚人与克罗地亚人之间的民族敌对情绪，马扎尔人得以避开"南斯拉夫"理想的锋芒。而除非塞尔维亚人与克罗地亚人进行合作，否则这样的理想就无法实现。斯特罗斯迈尔主教试图寻求斯拉夫民族的共同文化与历史，史前史学家和民族志专家也被用来培养出一种南斯拉夫人的共同感情。萨格勒布遂成为南斯拉夫运动的中心，但同时因为克罗地亚人与塞尔维亚人的冲突，又同时成为反对和分化这种理想的中心。总的来说，克罗地亚人仍然忠于哈布斯堡王朝，相信维也纳最后会设法将他们从马扎尔人的专横统治下解救出来。

在很大程度上，奥匈帝国二元君主制的微妙之处不为欧洲其他国家所了解，结果是奥地利人为匈牙利人粗暴专横的民族政策承担了责任。戈武霍夫斯基时期达成的奥俄默契意味着近东的一个重大威胁被解除了，马扎尔人的爱国主义遂将目标转而针对哈布斯堡王朝。弗朗茨·约瑟夫原本是"皇帝—国王"，一人兼二职，1889 年以后改为"皇帝和国王"，成了两个人，并随之引起了匈牙利在关税、货币发行，甚至军队方面提出独立的要求，这预示着某种不可避免的分离倾向。

人群之中倍觉孤单，布达佩斯的欢腾场面让茜茜想起与少年鲁道夫在这里度过的岁月，使她情绪更加低落。她的身体状况也好不到哪里去，尽管她骨瘦如柴，虚弱苍白，但对发胖的恐惧已经形成习惯，使她摆脱不了节食的诱惑。有时候她一整天总共只吃五六个橙子，还要进行一丝不苟的身体锻炼。1896 年 8 月，茜茜出席了欢迎亚历山大三世及其皇后的晚会之后，她的医生以身体原因要求她处于完全的退休状态。从此，奥地利宫廷再也没有为她的自然之美闪耀过。

1897 年 5 月，又一个家庭悲剧给茜茜以沉重打击。她最小的妹妹在巴黎的一次慈善活动中，被无情袭来的大火夺去了生命，同时遇难的还有两百余人。记者们闻声而动，大量火灾的详细报道把现场的惨状呈现在惊愕的世人面前，令人不胜唏嘘，同时也给遇难者的家属带来久久难安的痛苦。旧伤新痛一齐发作，茜茜像逃跑一样踏上旅程，试图让自我放逐平息不安的灵魂。

1898 年是弗朗茨·约瑟夫即位 50 周年，但也容易让激进分子利用来纪念 1848 年革命。为此，维也纳市长卢格打算从春天就举办一系列活动，让欢庆的气氛遮过伤痛的记忆。普拉特游乐园里建起了日后非常著名的大转盘，弗朗茨·约瑟夫与卢格并肩而立，与数千维也纳人共同见证了它的第一次缓缓转动。5 月 7 日，皇帝亲自在普拉特为庆典拉开帷幕，善于寻欢作乐的维也纳再一次成了音乐与鲜花的海洋。

紧接着明媚的春天的是愉快的夏季。弗朗茨·约瑟夫与茜茜在美丽绝伦的阿尔卑斯山会合。这是 46 年前他们爱情开始的地方，昔日的少年伴侣已经是白发夫妻，激情已不再，但却有更持久、更平稳的柔情。两周以后，茜茜又要去往别处，弗朗茨·约瑟夫则决定待在原地，直到 8 月底。两人各奔东西，不料从此人间幽冥，天各一方，从此生命里无梦亦无歌。

9 月初，弗朗茨·约瑟夫回到维也纳，在冷清的香布仑宫和寂寞的霍夫堡周而复始地度过每一天，主要是伏案工作和写信，向茜茜报告他刻板的生活，向凯特琳娜提到茜茜已经到达瑞士，享受灵秀动人的湖光山色。9月10日，一封电报打破了霍夫堡的平静生活——茜茜在日内瓦"受伤"了。弗朗茨·约瑟夫既吃惊又迷惑，如果茜茜有什么问题的话，应该只会是生病，"伤"从何而来？

几分钟后，第二封电报解答了他的问题：伊丽莎白皇后在日内瓦湖畔成了一个意大利无政府主义者卢切尼毫无意义的暗杀牺牲品。她是在从旅馆出来的路上遇到他的，那个笨伯是用刀子刺死她的。

没有再多的细节了，但一切对于弗朗茨·约瑟夫而言都已没有意义，痛也无知觉。"在这世上我已一无所有！"沉默良久，他的声音变得轻柔，"没有人知道我们对彼此的爱！"

# 第十五章
## 世纪之交：不幸与有幸

## 一、斐迪南：不受欢迎的新皇储

十年之内，丧子丧妻，即将迈入新世纪门槛的弗朗茨·约瑟夫年近七旬，却依然要受到命运如此残酷的捉弄。从此以后，对生活已经完全不抱希望的弗朗茨·约瑟夫只想平稳度过余生，就像维也纳新建的电车一样四平八稳地驶向预定的终点，不受颠簸动荡之苦。

新的皇位继承人、弗朗茨·约瑟夫的侄子弗朗茨·斐迪南大公并不受人欢迎。大公外表粗壮，却从早逝的母亲那里遗传了肺病，以至于1885年他才22岁的时候就请病假到埃及过冬。他在军队里的表现令严厉的阿尔贝特大公非常不满，连皇帝都时有耳闻。大公的私人生活也不令人满意，早年，他便为了继承摩德纳公爵的一笔财产而轻率地在自己的姓氏前加上了公爵的姓；在成为皇位继承人之后，他又声称自己早已爱上出身波希米亚伯爵之家的苏菲·肖台克。肖台克虽然是忠诚的贵族，苏菲的父亲还曾经是驻布鲁塞尔的外交官，帮助安排过鲁道夫与斯蒂芬妮的婚姻，但根据哈布斯堡皇族400年的家法，肖台克并不是门当户对的联姻对象，但是弗朗茨·斐迪南的固执超出了人们的预料，无论是霍夫堡的严厉训斥还是其他大公的苦口婆心都不能撼动他的决心。最后，弗朗茨·约瑟夫做出让步，同意弗朗茨·斐迪南与他32岁的爱人在波希米亚成婚，但是这桩门第不相当的婚姻所生出来的孩子将永远不可能成为皇位的继承人。

弗朗茨·斐迪南终于可以与心爱的苏菲居住在美丽的贝尔维德宫了。这是除圣史蒂芬大教堂以外维也纳最具标志性的建筑，是为了奥地利历史上最成功的一位将军——萨伏伊的欧根王子修建的。在18世纪伟大的建筑师希德布兰特的精心设计之下，贝尔维德宫既富功能性，又相当宏伟。不过，尽管弗朗茨·约瑟夫对侄子侄媳表现出了善意和友好，宫廷的傲慢和其他大公及其夫人的嫉妒却使夫妇俩不得不随时面对严苛的禁忌，弗朗茨·斐迪南以皇储身份在贝尔维德宫举办的招待会，苏菲却不能出席。当皇储阁下乘坐镶金马车出行时，他的

斐迪南大公与妻子苏菲

妻子和孩子们只能坐在另一辆普通马车上。"她没有这个权利，因为这是个门户不相当的婚姻"，每一次公开露面都不得不被彬彬有礼的人们无声地提醒，尽管他们看得出来，弗朗茨·斐迪南与妻子情投意合。

如何能够指望一个每天都要面对如此蛮横现实的人会以平和的心境、温和的笑容回馈维也纳人呢？何况，正像他坚持己见要娶一个不合规范的女人那样。9岁丧母的弗朗茨·斐迪南固执己见，不是那种讨人喜欢、善于与别人打成一片的性格。由于几乎没有希望继承皇位，成年之前他并没有得到皇储应当接受的教育，只勉强会说一点捷克语，复杂拗口的马扎尔语对他而言无异于天外之音。当他被委任为一支匈牙利轻骑兵的指挥官时，已经习惯于哈布斯堡家族惊人的语言能力的匈牙利军官没有想到，他会因为手下人在他面前用马扎尔语说话而暴跳如雷。弗朗茨·斐迪南是个固执、暴躁而又保守的人，近乎疯狂地要捍卫哈布斯堡王朝的权力，却娶了一位不合规范的女人。专制的因子使他藐视规则，但如果不妨碍他的利益的话，他倒宁愿用规则去统治别人。他准备与基督教社会党合作，对抗德意志中产阶级，与斯洛伐克、罗马尼亚农民合作，对抗傲慢的马扎尔人（自从他在匈牙利轻骑兵团那里受到轻视以后，马扎尔人就被他当作随时会叛变的暴民）。对境内弱小民族而言，他成了他们的恩主和希望，但是，一切群众性的民族运动，只要发展出对民主的要求来，就马上被具有保守贵族天性的弗朗茨·斐迪南抛弃。他的叔叔从一开始就没有真心喜爱过他，后来，贝尔维德宫成了某些趋炎附势的政治力量的集结之地，时不时地对政策指手画脚，更令弗朗茨·约瑟夫对侄子丧失信心。

## 二、上帝选民：风口浪尖的犹太人

巴德尼的倒台和匈牙利对共同军队的异议标志着 1867 年以来德意志中产阶级与马扎尔人合作的结束。纷至沓来的继任者们只不过变换着花样，徒劳地想把巴德尼时期留下来的碎片拼凑起来。任何试图解决问题的大臣都会招致不是德意志人就是捷克人的反对，谁想组织一次认真的谈判，谁就会挑起新的斗争，他本人也会有背上民族叛徒罪名的危险。

各民族集团不仅因为党派之争，而且由于地区差异而分开。波兰人想要扩大在西里西亚的少数民族权利，并想在加利西亚维持霸权，继续压制小俄罗斯人；的里雅斯特、伊斯特里亚、达尔马提亚的意大利人坚持其历史权利，韦尔施蒂罗尔人则无动于衷。纷争的程度也各地不一，"国和王国军队"曾经被当作一个超民族的组织，军官团由离开本民族地区的军官组成，以德语为统一的语言。到了 1881 年，就任奥地利总参谋长的贝克为了提高部队的动员速度，不惜冒军队"地区化"的风险，其结果是到 1890 年，奥地利军队集结兵力所需时间从 45 天缩短到 19 天，但是复杂的内部管理和士兵中间缺少效忠国家的精神，军事文件承认可使用德语以外的 11 种语言，就是一个颇有表现力的例子。

教会是另一个具有超民族的组织，但在波兰人、捷克人，尤其是斯洛文尼亚人那里，教士往往是民族运动的领袖。因此，德意志人怀疑这些民族的天主教教士是些靠不住的民族主义者。但是，大多数温和的德意志中产阶级并不赞同舍纳雷尔和他的暴力小集团。舍纳雷尔已经公开与哈布斯堡王朝为敌，与之有关的一切事物都成了他反对的对象。他叫嚣着要把哈布斯堡君主国四分五裂，罗马天主教也难逃一劫。舍纳雷尔的"脱离罗马"运动虽然未获成功，但却使7万人改信新教或旧天主教。

互相冲突的民族主义集团在排犹问题上却大都持一致态度。哈布斯堡的皇帝们历来对犹太人较为友善，弗朗茨·约瑟夫对排犹主义非常反感，他认为犹太人是些勇敢的爱国者，乐意为祖国奥地利和皇帝冒险战斗，鲁道夫王储生前也被人抨击为与犹太佬交往密切。但是，多民族帝国哈布斯堡君主国在一个民族主义呼声甚嚣尘上的时代已不合时宜，一个排犹浪潮正在全欧形成。工业时代的危机和不满最后都集中到了这个灾难深重的民族身上。法国尽管是第一个给予犹太人公民权的国家，却在1894年为转移内政危机制造了德雷福斯案。出身于犹太中产阶级的军官德雷福斯被诬出卖军事机密给德国，而他之所以成了一个替罪羊，只是因为人们已经习惯性地把犹太人看作是叛徒、唯利是图的人，是要为城市生活中的罪恶负责的人。在俄国和罗马尼亚，成千上万个犹太家庭被迫背井离乡，逃往稍可容身的国度，其中很大一部分人就来到奥地利寻求避难所。在这里，舍纳雷尔充满恶意与仇恨地宣称："犹太种族是最下流肮脏的。"好在温和的德意志人并不打算走得太远，犹太人在维也纳继续享受平静生活，尽管孩子们的教育和就业会有些限制，但总的来说还不算太糟。

19世纪末20世纪初，维也纳的犹太人比西欧任何一个首都中的同胞人数都多，实力也是最强的。维也纳人口中约有1/10是犹太人，既包括富有的上层人士，也包括来自加利西亚或布科维纳的小商小贩。维也纳第二区是犹太人聚居区，犹太学校、教堂和商店林立。

但是，犹太人之所以如此引人注目并非仅仅因为财富。犹太富商是维也纳艺术和文化的赞助人，犹太知识分子更决定性地影响了奥地利和匈牙利文学、艺术与科学的发展。在当时的维也纳，174个报纸编辑的位置有123个被犹太人占据，这也就是舍纳雷尔袭击报馆行动的背景。茨威格在其回忆录中曾经指出："发财致富对犹太人来说只是一个过渡阶段，是达到真正目的的一种手段，而根本不是他们的内在目标。一个犹太人的真正愿望，他潜在的理想，是提高自己的精神文明，使自己进入更高的文化层次。这种把精神视为高于纯粹物质利益之上的意愿……这种对知识者的尊重，在犹太人各阶层中都是一致的。"

在世纪之交，马勒和荀伯格使维也纳音乐达到了新的水准，奥斯卡·施特劳斯、莱奥·法尔繁荣了圆舞曲和轻歌剧。阿图尔·施尼茨勒在其小说、剧本中描述了犹太知识分子的生活世界，淡淡的忧郁、超然的幽默，对摇摇欲坠的哈布斯堡君主国里的犹太人作了一番精彩的心理分析。阿尔滕贝格、霍夫曼斯塔尔等人的文学，索嫩塔尔的演技都使维也纳的艺术为欧洲所瞩目。居住在伯格大街19号第5公寓的西格蒙德·弗洛伊德像每个典型的维也纳人一样，经常玩一种叫塔洛克的游戏，去兰德曼咖啡屋闲谈，而且每天在环城大道上健行一周。像个典型的维也纳犹太

西格蒙德·弗洛伊德

人一样，他选择了既体面又不太受种族歧视影响的医学行业，并终于在 1902 年成为维也纳大学教授。

弗洛伊德代表着归化了的犹太人的生活方式，而住在他对面 6 号公寓里的便是犹太复国运动的倡导人特奥多尔·赫茨尔。他在巴黎目睹了德雷福斯受审的情况，深为审判之不公而愤慨：犹太民族因为没有祖国而蒙受苦难，那么就该建立一个祖国！于是他出版了一本小册子《犹太国》，宣称同化或忍让都无济于事，犹太人只有在故乡巴勒斯坦建立新国家，才会有希望。1897 年，赫茨尔在巴塞尔召开的第一届犹太复国主义大会上宣布，50 年之后将建成犹太国，当时被人们传为笑谈。1948 年，比赫茨尔预言的晚一年，以色列国成立，虽然人类的灾难并没有因此减少，但某些犹太人至少有了一个地上的家园。

赫茨尔的理想可以看作是舍纳雷尔的极端德意志民族主义刺激下的产物，他在维也纳犹太人中只有少数追随者，其余人均持同化思想。在千年的奔波中，犹太人几乎没有能够这样稳定体面地生活过，辛勤带来财富，谨慎俭朴又可使它稳定增长，科技进步使人类享受到不久前还闻所未闻的便利，享受清洁、健康、安全的生活，他们的语言是德语，而不是希伯来语，他们的祖国是奥地利，而不是遥远的巴勒斯坦，他们的理想是跻身于主流社会，在哈布斯堡王朝仁慈的老皇帝弗朗茨·约瑟夫领导下的千年帝国里据有一席之地。

## 三、剪不断、理还乱：纷繁复杂的民族矛盾

德意志中产阶级尽管也是热情的民族主义者，但并不认为舍纳雷

尔式的极端和暴力方式可以代表自己的意见，因此，他们在 1899 年提出新的纲领，表示对帝国的忠诚和加强帝国力量的愿望。两个德意志人占少数的省份——加利西亚和达尔马提亚将使用波兰语和意大利语作为省内的通用语言。至于其他地区，各民族可以在处理当地事务时使用其民族语言，原来的"官方语言"现在被称为"便利语言"，显示出德意志人已经不再寻求把本民族文化凌驾于其他民族之上的优势地位了。

但是，捷克人已经把巴德尼法令带来的好处视为当然的事实，他们需要的只是进一步的确认。因此，当巴德尼法令最终被撤销，德意志人打算与他们商谈时，捷克人处处设置障碍，并使出德意志人自己的招数。议会大厅充满了愤怒的叫嚷声，如果不喜欢台上人的发言，人们就敲钹吹号，迫使对方住口，墨水瓶再一次充当了混战的武器，被勇敢的人们掷往敌对阵营。在布拉格，衣着体面的捷克人走向街头，举行示威游行。弗朗茨·约瑟夫对一位捷克议员抱怨"我们成了全世界的笑料"，他似乎相信，民族主义是那些衣食无忧、多愁善感的有知识的中产阶级放任自流地鼓捣出来的玩意儿，而与沉默的大众无干，所以，他需要找到一个头脑灵活、无党无派的首相，可以通过增进物质利益减少社会不满，并逐步推进看来已经不可避免的男性公民普选权。

的确，在这样一个交织着复杂民族和信仰冲突多样化的大帝国，共同的经济利益固然无法克服民族主义，但却能够缓和民族冲突，避免尖锐的民族斗争。1900 年 1 月，克贝尔内阁上台，他立即制订了大规模的经济计划，致力于公共交通网的建设，提出修建新的公路、铁路和运河，同时还出台了社会福利项目、放松书刊审查制度等。各地尝到了经济规划的甜头，敌对的态势稍有缓和，议会则成了一个无足轻重的开会的地方，克贝尔在这里与各党派的头头讨价还价。议会本身对政策没有影响力，其成员也只满足于永远保持无所作为的反对派姿态。克贝尔继续进行与匈牙利的预算和关税谈判，议员们为了逃避责任，不仅不提出赞同，而且连反对意见都不表达。拖沓了几年之后，终于在 1902 年结束了谈判，签订了协议。

克贝尔的力量来自皇帝，但是两人的关系并不见得很好，而且，对他的敌意不久就从捷克人、波兰人扩大到德意志人，匈牙利人对他尤其不欢迎，因此克贝尔于 1904 年的圣诞节辞职。

20 世纪初，哈布斯堡君主国的两个半壁河山又发生尖锐的冲突。弗朗茨·约瑟夫被迫更改尊号就已经预示着进一步的妥协。1903 年，坚持科苏特传统的独立党提出建立一支匈牙利自己的军队，服从布达佩斯而非维也纳的命令，拒绝驻扎到匈牙利王国以外的地区，并以马扎尔语为其指挥用语。因此，一支共同的军队无疑是他们的眼中钉，而增加军队限额的要求便遭到了独立党及保守分子的猛烈攻击。弗朗茨·约瑟夫皇帝以著名的赫洛皮军令做出了回应："朕之军队仍应一如现在这样，既是共同的，又是统一的。"皇帝的军官们提出了以军事手段解决争端的强硬对策，但是弗朗茨·约瑟夫不愿意冒内战的危险，而宁肯与前自由派首相的儿子伊斯特万·蒂萨合作。

面对鲁莽的马扎尔民族沙文主义者日益增长的影响，1905 年 1 月，蒂萨举行了一次选举，试图击败独立党。结果，忠于哈布斯堡王朝的伊斯特万和他的党失利，独立党成为匈牙利"民族党派联盟"中最大的一派，随即提出一个毫不妥协的纲领，伊斯特万不得不辞职。

弗朗茨·约瑟夫接受了这一挑战，与独立党反对共同军队的立场针锋相对，他任命了一位费耶瓦里将军组织内阁。但这还不足以造成对方的妥协，联盟派依旧把建立一支马扎尔军队作为先决条件。费耶瓦里将军的内政大臣建议实行普遍选举制来彻底改变匈牙利人民代表机构中的多数比例制。1906 年 2 月，匈牙利议会被解散，由一群军人负责腾清议会大厅。这样经过 40 年的宪政实践，匈牙利回转到了巴赫与施默林时代的专制主义。

匈牙利民族派没有再提出异议。实行普选制对人口不占优势的马扎尔人来说，意味着在议会中优势地位的丧失，特别是匈牙利境内的克罗地亚人与塞尔维亚人已经出现了明确的和解趋势。弗兰诺·苏皮洛是港口城市阜姆的一份克罗地亚文报纸的编辑，又是南斯拉夫理想的坚定信仰者。1905 年 10 月，他在阜姆主持一次会议，会上 40 位克罗地亚代表通过了一项决议，要在哈布斯堡君主国境内恢复古老的克罗地亚、达尔马提亚和斯洛文尼亚王国。不久之后，苏皮洛说服一个塞尔维亚代表团接受阜姆的决议，并庄严宣布："克罗地亚人与塞尔维亚人在血统和语言上同属一民族。"由此，匈牙利境内的克罗地亚人与塞尔维亚人被马扎尔人挑起的民族仇恨基本上得到缓和，他们的力量联合起来，就能够牵制马扎尔人的行动。

但是，哈布斯堡王朝不愿意走得太远，因此没有与克罗地亚人进行认真的联系，这显然是个严重的错误。马扎尔大产业主既不想让自己的特权地位受到来自本民族下层民众的挑战，更不想让斯拉夫人分享政治权利，民族派便放弃了关于在军队里使用马扎尔语的要求，普选权的建议成了弗朗茨·约瑟夫成功的政治讹诈工具。为了掩盖他们对哈布斯堡帝国的让步，马扎尔爱国者将其民族主义建立在对少数民族权利的忽视上，以向马扎尔人提供更多政府职位为条件，保证了本民族的利益。克罗地亚人和罗马尼亚人看到维也纳对他们的疾苦充耳不闻，不禁深感失望，塞尔维亚人则由于传奇人物卡拉乔治的孙子彼得在贝尔格莱德就任王位而重新树立起民族自信心。在未来的危机中，二元君主制将无法应付这些重重叠叠的民族矛盾与冲突。

1905 年匈牙利危机对帝国的奥地利部分也造成了不良影响。

这一年，沙皇统治下的俄国爆发了不成功的革命，在其刺激之下，俄国推行了普遍选举制度，成立了人民代表机构"杜马"。俄国的变化影响到了哈布斯堡王朝，尤其是弗朗茨·约瑟夫的态度。1906年，奥地利提出选举权方案，之后，在能干而富于耐心的马克斯·贝克男爵的内阁上台以后得以贯彻执行。德意志人和意大利人希望选举方案能够考虑到他们缴纳了较高的赋税，斯拉夫人则仅希望以人数为原则。妥协的结果是，负担内莱塔尼亚地区赋税 60% 以上的德意志人，人口占 35%，取得席位的 43%。1907 年，第一次按照普遍、平等、直接和秘密的选举权选出了议会。基督教社会党及保守派拥有 96个议席，社会民主党人选出了 87 个议员，属于德意志民族联盟的各个流派的 90 个议席多为温和派成员，舍纳雷尔落选，从一个方面显示出了民族谅解的成就。

但是，哈布斯堡王朝由此处于一个矛盾的境地：它不得不在帝国的这一半推行普选制，同时又反对在另一半实现它。在匈牙利，弗朗茨·约瑟夫可算是"农民的国王"，普选权可以当作一种威胁手段，而在奥地利，无论工人还是农民，都已经具有一定政治观点和经验了。因此，与其听任自由主义和社会主义鼓吹更激烈的社会运动，不如通过普选权动员较为恪守天主教传统和忠于哈布斯堡王朝的下层民众。其结果是，民主成了弗朗茨·约瑟夫用以反对自由主义和民族主义的武器，为他赢得了更多的行动自由。

民族谅解取得重大成就的是摩拉维亚地区。1905 年，《摩拉维亚协议》签订，邦议会的选举就以选民地籍册为基础，按照民族选举团制来举行，德意志和捷克议员人数固定为 40 个和 73 个。使用这种方法固然造成一个德意志人只能选德意志人，一个捷克人只能选捷克人的情况，但是选举成了各民族内部对固定名额的竞争，从而结束了摩拉维亚各民族之间的冲突，虽然并不能彻底解决彼此对历史权利的要求，却显示出不同民族的人民可以在同一个省里和平相处。因此，《摩拉维亚协议》成为帝国其他民族地区效仿的对象。偏远的布科维纳省内，罗马尼亚人、小俄罗斯人、德意志人和波兰人接受了协议的原则，蒂罗尔的意大利人和德意志人也有类似的安排。

1907 年选举之后，贝克内阁在与匈牙利的谈判、奥地利的预算、征兵方案和北方铁路国有化等方面都取得进展。但是，贝克以前的恩主——王储弗朗茨·斐迪南大公无法原谅贝克成为皇帝首相的变节行为，他认为普选制会为社会主义大开方便之门，又由于他对匈牙利人根深蒂固的仇恨，他把贝克与匈牙利人达成的协议看作是怯懦的让步。而且在国内天主教会与自由派人士的争执中，贝克及教育大臣以妥协来解决问题，受到教权主义者的猛烈攻击。弗朗茨·约瑟夫丧失了对他的信心，1908 年 11 月，贝克辞职，标志着哈布斯堡帝国"自上而下的革命"已被公开放弃。此时，君主国正处于严重的外交危机之中，弗朗茨·约瑟夫再一次转向依靠军队的政策，只有军队才能够在外来危机面前保卫这个内部已经四分五裂的帝国。

## 四、国家不幸诗家幸：辉煌的奥地利文明

然而，在弗朗茨·约瑟夫的帝国一步步走向崩溃之时，奥地利文明之花却绽放得愈加灿烂。印象主义、分离派、青春派、心理分析学派、新乐派在挥之不去的失落感和没有归宿的惆怅中谱写出了古老王国最辉煌的乐章。一方面是君主国无休止的政治实验，徒劳地与社会潮流相抗衡，却只看到决裂、背叛、不负责任的争吵和愚蠢的过火行为，一方面是与巴黎、柏林几乎同速的经济发展和意义深刻的文化繁荣。维也纳的现代乐章在它的最强音时戛然而止，弗朗茨·约瑟夫时代的悲剧性、矛盾性由此一览无余。

19世纪，西方世界充满对进步、繁荣的信心，伦敦、巴黎、柏林这些历史城市都焕发出了新的光彩，仿佛人类积聚许久的聪明、才干、勇敢都在这个时代爆发出来了一样。一位乐观的巴黎综合工业学校的教师奥古斯特·孔德向他的信徒们预言了和平。他认为战争已经成功地使懒散的人学会了劳动并建成了一些辽阔的国家，财富取决于科学地组织生产劳动，所以从此以后的社会将是劳动至上、劳动价值至上的社会，战争将不复存在。但是，这个世纪恰恰是对人类进步的信心日见其大，而人们的同情心却日见其小，偏执、仇恨数次使欧洲陷入战火之中。到了这个世纪末年，欧洲人相信一个富于创造性的伟大时代即将结束，人类将迎来无可救药的衰退和最终的毁灭，生命是一个伟大的失望，自由主义和无所不在的理性受到质疑。法文中的"世纪末"从戏剧、小说和艺术作品中进入人们的日常语言，它所

代表的倦怠、陌生、颓废、衰落成为一种弥漫甚广的情绪，甚至变得流行起来。维也纳的沃土接纳了来自西方的观念，1900年的维也纳经历了一个所谓的"自由主义自我的危机与消解"。但是在法、德这些欧陆强国，尽管有种种情绪的烦扰，巴黎依然是强大的，柏林甚至还处在上升之中，而二元君主国的没落与分离已是历史的趋势，自由知识分子的价值观、理性观弱化。因此，不同于其西方版本的肤浅、做作或游戏文字，"世纪末"所具有的浓重阴影在维也纳获得了真实的体现。

物理学家、心理学家兼科学哲学家恩斯特·马赫以奥地利人的开放和内省为现代物理学、心理学及艺术设定了基本的原则，包括物理和心理现象的相对性、现实与表象之间知识论边界的消失等，建立了一种新的阐释方式。所有知识乃是感官经验或观察材料的概念综合，除非是从经验上可以证明的，否则自然科学中的任何陈述都不能采纳。19世纪的科学家发现了"看不见的光、听不见的声音、闻不见的气味、摸不着的领域"。这使人们可以对原来的绝对时间、空间、情感、事物与物理现象进行新的解释，一个物体的运动，只有在相对于宇宙中其他物体时来描述才是有意义的，而不是以绝对空间的观念来描述；一个过程动作的时间，只能与时钟上时针、分针的运转圈数来比较，而非绝对时间。因此，物体的惯性来源于该物体与宇宙中所有其他物质的相互关系。这一原理被爱因斯坦视为对相对论的重要启示。马赫还认为，人类的思维和自然界的物体都由所谓的"元素"构成，心理学元素是"感觉"，物理学元素是事物的构成分子，这样，所有的科学便可以统一了。作为一位科学家，马赫的世界完全不同于牛顿物理学的均匀、对称、肯定和乐观。据说他在幼年时体质衰弱，不与人交往，心智发育迟缓。正如爱因斯坦在评论马赫时所说的那样，"心理发展的迟钝或对社会化的抗拒会得到科学上的补偿"，在物理学、生理学和心理学交叉的地方，马赫做出了独到的成就。后来，他在布拉格任教的 28 年间又亲身经历了捷克人与德意志人之间的激烈冲突，这些或许也帮他建立了一个相对的宇宙和一个统一的科学体系。

19 世纪下半叶，与君主国保守的气氛相适应，造型艺术的特点集中体现在建筑历史主义上，建筑物的功能与风格取得一种历史性的对应，环城大道旁的新建筑把有史以来所有重要的艺术风格一一表现出来，其实是一种"无风格"。1897 年，一些青年艺术家因对维也纳学院派艺术风格的保守与霸道感到不满，于是脱离维也纳艺术家协会，形成所谓的"分离派"。其座右铭"每一个时代都应拥有其艺术，而每一种艺术均应享有其自由"表现出其对个性与自由的追求。次年，在退休的奥地利钢铁大亨卡尔·维特根斯坦的资助之下，分离派的方

维也纳分离派艺术馆

块塔状且无窗的大楼建成，由玻璃屋顶提供光线，最有特色的涂金圆顶是由无数月桂叶组成的，被维也纳人称为"金黄甘蓝菜"。分离派画家的代表人物克林姆引起了最大的轰动，他曾经协助马卡尔特装饰茜茜皇后的赫尔梅斯别墅，以历史绘画起家，他的略带色情意味、色彩明快的手法擅于将东西方风格结合起来，以象征传达意境，在维也纳保守的艺术氛围中不时引起激烈的争论，他为维也纳大学的新建筑设计的象征哲学、法学和医学的比喻画就被退回了。

成名很早的诗人兼剧作家霍夫曼斯塔尔是新浪漫主义文学运动的领导者，与他的"青年维也纳"小团体一起，声称自己是伟大传统的继承者而非革新者。他的作品的中心主题是对生命中美的体认，表现了维也纳知识分子"高贵而受压抑的生活方式"。自然主义者关注物理存在，而维也纳的"现代派"开发了人类的心理存在，艺术作品所创造的世界就是现实的存在，霍夫曼斯塔尔宣称，人应当解剖和研究自己的心理或梦想，在弗洛伊德之前，歇斯底里、神经质和梦就已经是他们喜爱的题材。霍夫曼斯塔尔还与理查德·施特劳斯合作，撰写了一些歌剧作品，如《埃列克特拉》《蔷薇骑士》等。

不过，年轻的维也纳音乐家继续在向轻歌剧进军，他们中最出色的是弗朗茨·莱哈尔和他的《快乐寡妇》《拉辛堡的伯爵》。莱哈尔的父母来自摩拉维亚，父亲是军乐团的指挥，他的家庭随着他四处旅行。莱哈尔很早便显示出了音乐才能，痴迷于德沃夏克，后来像他的父亲一样成为军乐团的头头达 12 年之久。这个职位要求他对古老帝国的所有音乐元素都了如指掌，熟悉维也纳的音乐气氛和民间艺术。莱哈尔的音乐天赋在挑战之下更加突出，对听众变幻无常又随波逐流的口味也相当敏感。《快乐寡妇》描述了一个虚拟的巴尔干小国（实际上影射门的内哥罗——黑山环绕的自然环境、国主的父亲和儿子名字都叫丹尼诺）的一次严肃的外交行动。美丽的寡妇汉娜富可敌国，可怜的大使受命要不惜一切代价把她弄回祖国的怀抱，这样财富就不会流失，国家庶几免于破产。任务最终落在英俊的使馆随员丹尼诺头上，小伙子很怕被这项爱国任务骗去个人幸福，汉娜则担心上了那些不爱美人爱嫁妆者的贼船。故事由此展开，充满激情的决裂之后是同样激情洋溢的和解与最富激情的拥抱，小伙子得到了他的爱人而国家也因此得救。《快乐寡妇》开创了维也纳轻歌剧的新风格，故事情节简单却富于创新，风格明快的都市幽默讽刺性地展现了布尔乔亚的道德、婚姻和有趣的外交技巧。随着故事情节的变化，莱哈尔配以不同的音乐元素，马祖卡、华尔兹、波尔卡和巴黎的康康舞曲，大胆而缜密地把各自分离的城市文化重新组合起来，旋律中流动着欲望、激情、灵感、爱与拥抱。这是一种新时代的都市文化，老于世故的冷嘲热讽取代了甜蜜哀伤的多愁善感。汉娜出场时感叹："我们寡妇们如今很有市场……而可怜的寡妇们如果又很富有的话，价钱可就翻了倍。"丹尼诺则认为，刚开始，婚姻就像是二元联盟，"但是很快就成了三国同盟……女士们可太容易采纳门户开放政策了！"即使是神圣的祖国也成了打趣的对象，"香槟如水流，康康舞跳不停，抚摸、亲吻，如此撩人的女人！……她们让我忘记了那亲爱的祖国！"

新一代奥地利文化先锋在 20 世纪的第一个十年内获得一席之地，他们出生在危机重重的 80 年代，反对分离派、青春派纳喀索斯式的对美的迷恋与歌颂。其实，走向成熟的分离派和青春派在苦涩的经验中体会到了末世的哀痛，霍夫曼斯塔尔声称已经丧失了对语言（尤其是道德、美学、宗教和情感语言）力量的信心，担心言语不仅不再是交流的工具，而且正在成为撒谎和空谈的工具，"话语在事物面前拼命地自我推销……我们陷入恐怖的过程，在这个过程中，思想完全被概念所窒息"。情况已经很清楚，不是艺术的美与欢愉渗透到生活体验，而是生活长驱直入到了艺术当中。维也纳花园受到越来越强大的内在紧张的压力，先锋派最终使这个花园"爆炸"了。

在造型艺术中，"保守的革命家"阿道夫·洛斯推崇比德迈时期讲求实用的风格和 1800 年的古典主义，反对欧洲新艺术派和美国的新古典主义。他在 1898 年宣布放弃一切在建筑结构中丝毫不起作用的装潢，并首先在瑞士实践了他的建筑艺术。1910 年，维也纳人在米夏埃尔广场的一角见识了洛斯设计的新住宅，外立面少量的古典风格细部与光洁的大面积大理石墙面形成对比。这种没有窗框和外部装饰的"没眉毛的房子"受到了一阵激烈的抗议，住在对面霍夫堡内的皇帝陛下的审美口味受到了严重挑战，但见多识广的老人未置一词，只是吩咐手下人"把窗帘拉上"。

洛斯在 1908 年结识了既是画家又是作家的科柯施卡，两人成为志同道合的密友。科柯施卡决心要推翻一切布尔乔亚艺术的原则，在工艺美术学校任教时就违背校方旨意，给学生以人体艺术的训练。其肖像画以大笔触的混合色彩配以浓烈的轮廓线，风景画则以激情流畅的线条和富于表现力的色彩表现出注重景物内在情调的追求，因而使他的表现主义不同于印象派画家，后者力图呈现眼中赤裸裸的、未经道德观念过滤的世界。1910 年，科柯施卡在柏林举办了画展，1916年便离开了维也纳，1933 年曾稍做停留，但维也纳的政治气氛已经没有他和他的艺术的容身之地了。

正统的维也纳音乐口味向来以保守著称，但是，迷人的轻快风格只能暂时掩盖艺术家们在音乐创作中才情的渐渐枯竭，一场革命便在这个注重传统的音乐之都形成了。这一派曾经部分地受到过马勒的影响，1909 年，荀伯格写出了第一支彻底的"无调"音乐，令维也纳的音乐神经受到了考验。更令人大跌眼镜的是，1913 年，在荀伯格的一场音乐会上，主张和反对现代主义的两派人马竟然像淘气的学童一样大打出手。

穆西尔未完成的《没有品格的人》是维也纳人在 20 世纪 20、30 年代对君主国末期的社会现象的追忆与分析，他把那个永远消失的时代描写得趣味横生，颇有风致。而他的小说和理论作品的中心主题便是人们的身份危机，他指出他的同时代人为了逃避这种危机甚至不惜追逐不可知的东西，无论它是多么无理性，只要表现出来就行。同时，身份的丧失并非完全就是坏事，在一个处于传统和禁忌的重重压力之下的社会，反而有利于消解这些压力。

从各种艺术和文学的发展来看，维也纳的现代主义更像伦敦或巴黎的"后现代主义"。先锋派尤其对整体——概念、制度、价值体系——的分裂异常敏感，幻象与现实、可能与不可能的区分成为相对的了，这个世界越发荒唐，想象中的城堡君临一切，家、学校犹如监狱，"每一样东西都在错误的旗帜下航行，没有一句话能说出真相"，冲出牢笼、逃跑、飞翔是先锋派常见的主题。艺术则是心理事实、欲望、恐惧和煎熬的表达，前辈们精心装饰的美与痛现在让位于变形、倒错和荒唐。

这个荒唐的世界里，充满丧失自我和归宿的空空落落的感觉。一切不可思议的地下游戏都被认可，一切都成为可能，"那个他曾经以为是唯一的、光明的世界有一道门，通往另一个发霉的、无穷无尽的、激情迸发的、赤裸裸的、毁灭性的世界"，门这边的世界井井有条，透明而光亮，门那边则是无尽的黑暗、血腥、肮脏和淫荡，两边靠得如此之近，以至于人们随时可能跨过去，荒唐便成了现实：战争、侵略、鲜血最终会把这个充满欲望的世界淹没。

这个孤独、脆弱和不稳定的时代产生了一些以激烈的个人主义构建其身份的创新人物。有的依然很悲惨，如奇异的天才奥托·魏宁格，1902年从维也纳大学毕业后便皈依了基督教，次年出版的《性别与性格》是他唯一的著作，用阴和阳区别事物的价值与道德水准，阳性的是正面的、光明的，阴性的则与之对立。身为富裕的犹太手艺人之子，他却无法正视犹太身份，在书中斥责犹太教是阴性的、非道德性的。书出版后他便自杀了，时年仅23岁。魏宁格的书成了反犹宣传家的原始资料，他本人的生命悲剧却体现了19世纪后30年里奥地利犹太知识分子的困境。另一位知名的报人和文学界泰斗、渴望完全同化于德意志文化的卡尔·克劳斯则抓住每一个机会抨击海涅，对任何一个对犹太人归化怀有疑虑的人都进行激烈反对，鼓吹犹太复国主义的赫茨尔更被他讽刺为"锡安山上的国王"，即使他参与了反对德雷福斯审判的那一方，但是他也不遗余力地要显示并不存在所谓的"犹太人的团结"。从某种略带夸张的意义上讲，赫茨尔的内心深处可能会有一种所谓的"犹太人的自我仇恨"，至少是为融入主流而奋斗时的一种惆怅。

来自1848年理想的"同化"犹太人的观点认为，犹太人可以而且应该逐渐融入维也纳的社会与文化中去，这也是许多犹太人来到维也纳时的梦想，他们积累财富，让孩子们受到最好的教育，试图最终能够如水无痕地汇入主流社会。这个梦想首次受到打击是在1873

年，犹太金融家被认为要对过于大胆的经济冒险行动负责。此后更受到欧洲排犹思想的影响，神学家们对《圣经》研究的新成果也将犹太人置于不利地位。80年代以后，更多的犹太人来到维也纳，迎接他们的是更加猛烈的反犹主义。另一方面，犹太人所受到的教育完全是德意志式的，从而与其传统的犹太教基本上失去了关联。因此，这些犹太人处于一个非常无奈的境地，像走出埃及一样，他们已不能回到传统中去，但又不被新的环境所接纳。俄国或罗马尼亚的犹太人过着被压迫的生活，但却强烈地意识到自己的犹太身份和神圣使命。维也纳犹太人已经被同化了一大半，而且希望被完全同化到德意志社会文化中去，他们的祖先和在东欧的兄弟们在浪迹天涯时还有一个心灵的家园，但是，他们却把这两者都失去了。反犹主义者和与之针锋相对的犹太复国主义者迫使他们重新审视自己的犹太人身份及其意义，维也纳世纪之交的身份危机便在这些犹太知识分子中间得到了最突出的表现，一个不容忽视的人便是西格蒙德·弗洛伊德。

无论你认为弗洛伊德是个心术不正的权威，还是个难得一见的天才，他的观念都深深地影响了他身后的时代，至于他本人，则是一个再好不过的心理分析的对象。终其一生，弗洛伊德都是在夹缝中生存，在民族与民族之间，在宗教与宗教之间，在奥匈帝国复杂的社会、文化的情境中间。他天资聪颖，自视甚高，却不得不为争取学术地位长期斗争，像每一个雄心勃勃的犹太青年一样与专横霸道的反犹太主义者斗争。无论孩童期还是成人以后，他都有一种遗世独立的性格，最终他以一种边缘人的心态面对个人生活和社会环境中的许多次创伤。他像每一个典型的维也纳人一样生活、工作，却始终在心里保持一种"他者"的自省。这并非完全是件坏事，作为犹太人，他可免于受到一些偏见的束缚，运用其几乎无边无际的想象力，从而同时获得犹太教思想与基督教文化的滋养。后人认为，弗洛伊德"本身是布尔乔亚文化的产物"，但却不与其认同。"他具有布尔乔亚的品位和革命者的幻觉，尊重布尔乔亚的规范，在他试图与古老的预言家竞争时却又引起了深刻的革命"，"他的心理分析便是这种自相矛盾的产物"。

因此，弗洛伊德并不排斥自己身为犹太人之事实。而青年弗洛伊德充满建功立业的雄心，他的偶像是汉尼拔与克伦威尔，他渴望自己也成为一个强有力的人、一个有影响力的政治家，却因为犹太人身份，不得不成为一位医生。最终，他的雄心与天资使他没有成为一个安分守己的医师，而成了一个新的心理学派别的创始人和一个半宗教色彩的预言家。

实际上，弗洛伊德所研究的心理现象对当时人来说并不陌生，无意识的存在、性的象征意义及其重要性、儿童期的性意识及其现象及对梦境的分析，都已经进入人们的视野或研究领域。弗洛伊德的"解析"所具有的意义在于，他寻着了存在于意识与无意识之间的交流路径，发现了所谓健康的与有病症的心理的统一规则，即正常与变态性行为的同一性、记忆与遗忘、焦虑与补偿的基本机制。换而言之，光明、清洁的世界与黑暗、肮脏的世界原来不只靠得很近，荒唐与现实原本就是一回事。

另一个重要意义在于，弗洛伊德试图弥合犹太教与基督教文化，从而使两个世界取得和解。他对自己犹太人身份的确认并不意味着回归犹太教宗教传统，他的心理分析作品也涉足了哲学、人类学、文学等领域，他试图以其丰富的想象力将自己在严格的学术研究中发现的东西扩展到古代和现代的人类历史中去。弗洛伊德因此成了一位雄心

弗洛伊德的诊疗室

勃勃地要为整个人类自身把脉诊疗的医生，在此过程中他充分地，甚至是过分地强调了性的动机、欲望和情结的普适性，使他遭到了许多抨击与不满。在进行这些工作的时候，弗洛伊德自身便带有一种通灵者、预言家的色彩，他的最后一部作品《摩西与一神教》中，摩西可以看作是弗洛伊德所认为的自己。

这个经历身份危机的世界也是一个传统上的男性至尊的社会，危机使原来处于劣势的人群开始有了自己的声音，除了犹太人以外，寻求自身解放的妇女们在世纪之交异常活跃起来。在传统崩溃之际，一切都在激烈的震荡之中，施尼茨勒认为，恰恰是妇女和犹太人成了现代生活中困难的，有时候甚至是悲哀的英雄。

第一代奥地利妇女运动领袖都是"奥地利妇女普遍联盟"的成员，尽管投入妇女运动的具体原因各不相同，但都以一种宗教热忱献身于这一富于使命意义的终生工作中去，解放、自由、个性与爱是她们共同的追求。奥古斯蒂·费科特在少女时代曾经迷恋宫廷剧院的舞台，尤其对富含解放主题的席勒的作品情有独钟，那是一个男人应该而且必须成为的样子——"他是最高主宰者的手自由创造的作品，并被置于这个世界，用他的自由精神来统治他。用他取之不尽的思想与行为，他可以达到最高境界，他必须打破那些把他限制在底层的束缚，从捆绑他的绳索中解放他的精神"。因此，她的爱人也应当是这样一个能够重新塑造她、提升她的精神的席勒式的男人。

然而，不仅这样的爱人无处可寻，而且那种至高至强的男性幻觉不久也告落空。费科特的梦想曾经是在宫廷剧院的舞台上重现男人们的伟大思想，把人类解放的理想传播给后来者。但是，她的舞台已经超越了男性社会的剧场，爱不再是个人的欢愉，而关注集体的拯救。

费科特的生活经历影响了她对妇女运动的看法。她来自一个下层中产阶级家庭，父亲去世后便不得不承担起供养家人的责任，而一个受过教育的女性在那个年代所能从事的唯一职业便是教师。实际上，早期妇女运动的主要支持者都来自女教师这个阶层，她们从所受教育和职业中获得的自信与自我意识的觉醒恰恰与冷酷的社会现实发生激烈冲突。另外，女教师们能够毫不畏惧地在公众面前发表演说，参加政治活动的时间也有保证（当时在下奥地利，女教师如果结婚的话，就意味着自动辞职）也是这个群体中最早发生妇女运动的重要原因。

奥地利妇女运动的温和派领导人玛丽安妮·海利希是一个工厂主的妻子和一个后来成为奥地利共和国第一任总统的男孩的母亲，她并不把妇女运动视为对父权制社会的激烈反叛，更小心翼翼地不去碰某些更敏感的问题，如性道德或质疑家庭的神圣性。她认为，家庭之于妇女就像防御工事之于国家，一个具有自我意识、独立的女人应当通过提高自我的能力学会保护自己，比如接受教育、训练技能等，参与政治和妇女运动不应当使女人丧失其作为女人应当享有的感情和家庭的幸福。

　　1900 年前后的维也纳便是这样一个危机四伏又激荡着种种理想、追求的世界。但是在表面上，这个城市一如往常，享受着属于它的愉快旋律。咖啡屋在这个时代非常盛行，当时的作家与艺术家们把自己钟爱的咖啡屋当作工作场所、银行、邮箱，人们在这里阅读、写作、下棋、打扑克、做白日梦或争论一个转眼就忘掉的问题。希望独处的人来到这里，寻找同伴的人也来到这里，咖啡屋是维也纳人"生活的舞台"。德梅尔咖啡屋继承了皇家传统，哈韦卡咖啡屋却随时拥挤不堪，挤满了波希米亚人、文学界人士和习惯于夜生活的人。这个时代最具幽默与机智的维也纳生活记录者、诗人阿尔滕贝格把中央咖啡馆当作自己的家，作家茨威格喜欢把这里作为与朋友聚会的地方，来自俄国的流亡者托洛茨基也是他的朋友和中央咖啡馆的客人之一。格里昂同样是著名作家的聚会场所，施尼茨勒、霍夫曼斯塔尔、布洛赫和克劳斯常常会来到这里，音乐家沃尔夫、荀伯格、建筑师洛斯也不时光顾，他们在这里常常谈到如何重建世界，实际上，而且幸亏只是一种"咖啡馆革命"。而当这些人之间发生矛盾时，咖啡馆又成了谣言与反谣言的传播网络，通过这个功效非凡的网络，一个人说的话被迅速传到对方耳朵中去，另一个人也会迅速做出回应。如此几番下来，两个当事人可以从不见面，却对事态的发展一清二楚，而他们所需要做的，只不过是在某家咖啡馆稍做停留，和熟人寒暄几句，似乎不经意地冒出几个字，却知道对方马上会把这几个要紧的字传到他力所能及的范围中去。

这是典型的维也纳生活方式，一切都那么彬彬有礼、循规蹈矩，个中微妙之处不是初来乍到者所能体会得到的。人们不停地为一些事情争吵，但却依旧保持君子风度，仿佛一切争执都可以被容纳到维也纳愉快、轻松又体面的生活方式中去。有时候会有些离经叛道的行为引起人们的关注，比如，他们会抱怨妇女们中新的流行病——学骑自行车，以至于时常有人摔得青青紫紫，为什么她们不能像母亲、祖母、曾祖母那样安分呢？但是，在维也纳一切都是那么惬意，不是吗？连风都忍不住要来这里盘旋低回，不肯稍离。

一个不得志的青年人郁闷而愤怒地看着神清气爽的维也纳人，这位林茨青年自以为艺术将是他为之献身的事业，却在 1907 年、1908 年两度被艺术学院拒绝录取，在花光了父母的遗产之后，不得不流落在维也纳街头达 4 年之久，靠偶尔画几张明信片度日。20 岁出头的阿道夫·希特勒尽管贫穷，前途也没有保障，但却从没有把自己等同于身边那些普通大众，他痛恨维也纳街头的富人，又鄙视那些他不得不与之为伍的穷人，他相信自己将是这些浑浑噩噩的人的主宰者。维也纳令他感到厌恶，这里不像是一座德意志人的城市，反而到处都是波希米亚人、斯拉夫人、塞尔维亚人、土耳其人。占人口 1/10 的犹太人尤其是希特勒发泄怒火的直接对象，通过阅读大量反犹的文学作品，他开始把犹太人视作贫穷、犯罪、色情和卖淫这些罪恶行为的渊薮。也是在这座城市，希特勒学会了用少数人的恐怖行为威吓沉默和不想惹是生非的大多数人。30 年代的奥地利的悲剧、欧洲的悲剧正在这个世界的第一个十年中酝酿发生。

# 第十六章
## 暴力的终结：战争与灭亡

### 一、静极思动：两位硬汉的动作

弗朗茨·约瑟夫的长寿使哈布斯堡帝国具有一种长治久安的假象。这位坚强的老人在经历了多次家族灾难之后，依旧寂寞而尽职尽责地活着，奥地利人已经习惯了霍夫堡的老皇帝，就像习惯了每天太阳升起又落下一样。1906年，弗朗茨·约瑟夫的臣民们远离战争已达40年之久了，议会大厅里应声而落的墨水瓶是他们熟悉的斗争武器，却似乎不足以发泄数十年间蓄积起来的锐气，维也纳人中间普遍存在着对"行动"的渴望。弗朗茨·约瑟夫所代表的哈布斯堡君主国力量的衰退已是不争的事实，但是，在和平时期成长起来的新一代政治家相信所谓的"奥地利的使命"，是在东南欧地区推动文化发展和提高生活水准。这一年，弗朗茨·约瑟夫相继任了两位生性较为专横、热衷于恢复帝国日渐衰落的威望的强硬派人士：一位是已担任驻俄大使达7年之久的爱伦塔尔，他接替了行事谨慎的波兰人戈武霍夫斯基担任外交大臣，另一位是康拉德·霍普道夫，被任命为帝国和王国军队的总参谋长。看来，这些活力充沛的新人会让暮气已深的哈布斯堡王朝静极思动，而且，针对匈牙利人的行动可以说是雷声大雨点小，要取得突破性进展就得在外交领域做文章。

无论何时，康拉德总是在宣传他的所谓"预防性战争"，他反对意大利，反对塞尔维亚，在一定意义上可以说是反对任何人。他认为，解决君主国内的南斯拉夫问题，不能指望安抚境内的斯拉夫人的消极办法，而只能用更为积极的方式，即兼并波斯尼亚 - 黑塞哥维那两省及塞尔维亚王国。兼并可以解决这两省始终无法确定的法律地位，又会给"大南斯拉夫王国"这个颇具煽动性的梦想造成一个无法逾越的障碍，使塞尔维亚王国受到打击甚至消失。奥匈帝国境内的塞尔维亚人与克罗地亚人没有指望了，叛乱自然会平息。弗朗茨·约瑟夫从往昔的痛苦经验中已经学会了谨慎从事，自然不会听任康拉德自行其是，后来，他甚至被迫离开总参谋长之职达一年之久。

爱伦塔尔则成了对外政策的领导人。这位毫无疑问具有非凡才干的人自信而傲慢，是在狭隘的外交界而非政界成长起来的，对国内事务知之甚少，对安德拉西以后的外交大臣都嗤之以鼻，相信自己将恢复奥地利在柏林会议时的大国地位。在圣彼得堡的 7 年中，他与俄国人过从甚密，出任外交大臣以后，便打算恢复三帝同盟，如果可能的话，甚至要恢复梅特涅时期的神圣同盟，他相信，只有与俄国团结起来，才能灭一灭德国的气焰。至于俄国人，他们已经在日俄战争中败给了那些短小精悍、胆量极大的日本人，颜面丢尽，由于英国的牵制又不能向小亚细亚和印度扩张，兼以发生了国内革命，因此再一次转向巴尔干各国，迫切需要在这个地区捞回一点损失。

1906 年，奥地利与塞尔维亚发生"猪战"，双方矛盾达到尖锐状态。

　　1903 年以后就任塞尔维亚国王的彼得虽然年近七十，却是一位明智通达的统治者，曾经在 1870 年的战争中为法国作战，又在 1876 年援助过波斯尼亚的造反者，他的上台改变了塞尔维亚过分依赖奥匈帝国的局面。执政的激进党领袖帕西奇是一个令人敬畏的老练政治家，他的亲俄倾向在塞尔维亚政治生活中占据了优势，塞尔维亚向俄国靠拢，并设法改善与保加利亚的关系，令奥地利人大为恐慌。

　　两国之间的商约到期的时候，塞尔维亚人拒绝再与波希米亚的工厂续约，改向法国军火商购买武器，甚至考虑与保加利亚之间正式实行关税同盟。于是，奥地利人便对所有过境的塞尔维亚牲畜（猪是其中数额最大的一项）征收抑制性关税。由于九成以上的塞尔维亚出口商品是运往或通过奥匈帝国的，因此这项政策看上去非常严厉。匈牙利地主们对此当然很欢迎，但是，"猪战"反而使塞尔维亚得到了好处：它从法国弄到了资金，出口商品从土耳其领土经过萨洛尼卡运到西欧，德国虽然对巴尔干半岛仿佛置身事外，却有意无意地给塞尔维亚提供了一个比奥匈帝国还要广大的市场，奥地利农产品的出口相应地变得困难起来。因此，这场经济战使君主国封锁了自己的市场，却为塞尔维亚打开了新的市场。爱伦塔尔试图改变对塞尔维亚的经济政策时，又遭到了帝国议会和匈牙利国会的反对。塞尔维亚人虽然并没有吃什么亏，却由此点燃了其对可恶的奥地利人和更可恶的匈牙利人的仇恨之火，两国关系迅速恶化。

　　和解政策既然行不通，爱伦塔尔便着手采取强硬措施，试图以击败"南斯拉夫阴谋"来解决掉哈布斯堡帝国的内外问题。1908 年年初，他宣布奥地利将修建一条新铁路，穿过新帕扎尔地区，通往土耳其境内的米特罗维扎，其后果将把塞尔维亚同门的内哥罗分割开来，以此表示对塞尔维亚的警告。这在俄国引起了震动，几乎与爱伦塔尔一起上台的俄国外长伊兹沃尔斯基成了爱伦塔尔在巴尔干问题上的重要对手，俄国人随之提出了另一条反对建议，双方似乎打算借着铁路建设来进行巴尔干半岛的竞争了。

但是爱伦塔尔的实际目标是要兼并波斯尼亚与黑塞哥维那两省。自从 30 年前占领波黑地区以来，奥匈帝国政府已经大大促进了两省的物质繁荣，但基本上仍然是一种殖民政策，没有先进的医疗服务和标准的铁路轨道，当地人没有管理本地事务的权力，即使在村庄一级也不能进行自治，文职官员都由帝国边远地区调入两省落户，两省的居民则被招入帝国军队里服役。在维也纳，人们把波黑地区发展经济与文化的失败归咎于没有完全占领这两省，如果波黑真正成了奥匈帝国的一部分，这里就会有议会、学校、工会、土地改革和道路建设。

1908 年 7 月，先后在萨洛尼卡、君士坦丁堡发生"青年土耳其党"要求脱离德国、争取民族独立的革命，波黑问题可能会随之发生新的变化。两省人口中占大多数的塞尔维亚人可能会要求派代表出席拟议中的土耳其国会，而新兴的土耳其民族主义亦可能要求对这两个省份恢复完全的主权，这对于维也纳而言，是万万不可接受的。而兼并这两省将是奥匈帝国外交政策的一次重大革命，安德拉西曾经把土耳其帝国的存在作为外交方针的一个必要条件，因为只有让这个"病夫"病而不死，东南欧地区才能保持原状，也就不会破坏奥匈帝国内部微妙而脆弱的民族平衡。因此，波黑两省只能占有，不能进行兼并。爱伦塔尔则不把土耳其当作一回事，直接与俄国讨价还价。

爱伦塔尔与伊兹沃尔斯基在摩拉维亚的布赫劳进行谈判，俄国人需要一次迅速的成功以确立沙皇的威望，因此他同意爱伦塔尔的兼并计划，作为回报，爱伦塔尔应当支持博斯普鲁斯海峡和达达尼尔海峡对俄国战舰开放。这样，两个衰落中的帝国徒劳地进行了最后一次求得独立外交地位的努力，爱伦塔尔认为他已经解决了与俄国在巴尔干的争端，伊兹沃尔斯基认为君士坦丁堡已经落入沙皇陛下的控制之中。但是，双方没有留下文字记录，对于会议内容的事后追述也差异很大，爱伦塔尔大约要比对方聪明一些，一旦认为已经获得了俄国的默许，便在当年 10 月宣布两省并入奥地利，而作为补偿，奥地利卫戍部队将撤离新帕扎尔州，而且，在此前一天，保加利亚的王子在与爱伦塔尔串通好的情况下，宣布保加利亚脱离土耳其，成为独立的保加利亚王国。

欧洲各国对此的反应超出了爱伦塔尔和伊兹沃尔斯基的预料。英国与法国对奥地利这一单方面撕毁《柏林条约》的行为表示不满，更无意在开放海峡问题上做出任何让步。德国对爱伦塔尔自行其是的行动有些不快，土耳其地位受损也是威廉二世所不乐意见到的，但德国又不能同奥地利这个唯一坚定的盟国争吵。引起危机的是俄国的反应，首相斯托雷平坚称，俄国对黑海海峡的兴趣不大，它只关注巴尔干的斯拉夫人民。伊兹沃尔斯基一方面感到受了爱伦塔尔的欺骗，另一方面又被沙皇和斯托雷平当作闹剧里的笨伯，满腔怒火遂全部撒到奥地利人身上。这就结束了奥俄自 1897 年以来在巴尔干半岛的合作，两国外长之间的个人仇恨更给欧洲各国关系带来了严重的后果。

沙皇与首相虽然乐意把伊兹沃尔斯基抛开，但却不能摒弃他的政策。爱伦塔尔对波黑两省的兼并被认为是对塞尔维亚国家的侮辱，塞尔维亚王国本来并没有对奥匈帝国甚至波黑两省的塞尔维亚族人产生什么亲密感情，却像是被爱伦塔尔的行动提醒了一样，开始赋予自己以解放同胞的责任，俄国本土的泛斯拉夫主义者再掀高潮，鼓吹俄罗斯是斯拉夫人的救星，不能听任哈布斯堡帝国统治这两个斯拉夫人的行省。因此，爱伦塔尔本意是要解决南部斯拉夫问题，最终却制造出了这么一个"南斯拉夫问题"，波斯尼亚危机没有削弱塞尔维亚，或者使它受辱，奥匈帝国将自己降到了与塞尔维亚人同等的水平上，自取其辱。

而且，爱伦塔尔似乎是要恢复奥匈帝国的强国地位，实际上却不得不仰仗德国的支持。俄国坚持要召开新的国际会议，讨论巴尔干出现的新局面，康拉德再一次摩拳擦掌地要对塞尔维亚进行一次"预防性战争"，先发制人。两国军队都进行了动员，战争似乎一触即发，但是，一切其实取决于俄国与德国，无论贝尔格莱德街头如何群情激愤，如果没有俄国人提供支持的确切保证，塞尔维亚人是断然不会与奥地利人发生冲突的；除了康拉德和他的军官们以外，奥地利人也不想贸然发动战争；德国更不可能让塞尔维亚所指望的俄国的支援成为现实。1909 年 3 月，德国以首相比洛的名义发给圣彼得堡一封电报，只要求俄国人回答，是否认可奥匈帝国对波黑的兼并。这个相当于最后通牒的东西把俄国人自日俄战争以来竭力想挽回的面子剥得一干二净。在塞尔维亚仰仗俄国支援的时候，俄国不仅无法伸出援手，而且还被迫在自己没有得到任何补偿（如开放海峡）的情况下接受奥地利人对波黑两省的兼并。塞尔维亚只好做出让步，土耳其也获得大约 240 万英镑的补偿，爱伦塔尔获得了完全的胜利。但是，爱伦塔尔的政策愈是执行得成功，哈布斯堡王朝便愈是受到致命影响。威廉二世支持奥地利的结果是迫使俄国与西方大国合作，波斯尼亚危机最终催生了针对德奥的英、法、俄三国协约，而且奥地利在巴尔干半岛的胜利引起意大利的警觉，使意、俄两国签订了秘密条约，将奥地利视为共同的敌人。奥地利在政治上再一次陷于孤立，同时，由于有德国的无条件支持，奥地利的激进政治家们有恃无恐，相信自己的冒险活动会得到德国的支持，尽管弗朗茨·约瑟夫对威廉二世神气活现的保护人姿态感到不快，并在普鲁士国王、德意志皇帝"卖弄德意志之剑的锐利锋芒"的作秀中嗅到了某种危险的味道。奥地利人虽然要依靠普鲁士人的保护，却把自己变成了一个"主动的配角"，牵制盟友的行动。未来的不祥因素已暗暗隐藏在其解决波斯尼亚危机的趾高气扬的方案中。

奥地利对波黑地区的兼并单方面撕毁了《柏林条约》，是对国际道义的一次无情打击。在危机期间，匈牙利政府把克罗地亚的几十名塞尔维亚—克罗地亚支持者关入监狱，罪名是图谋叛国，理由是据说他们与塞尔维亚当局有秘密联系，证据则是一些伪造的称赞塞尔维亚王国享有较大的民主自由的西里尔文信件。在萨格勒布举行的审判由一位听话的克罗地亚法官主持，结果当然有利于匈牙利当局。尽管弗朗茨·约瑟夫立即赦免了那些所谓的叛国者，但是这次审判在欧洲轰动一时，通过公然践踏法治，奥匈帝国把自己降到了同落后的俄国、奥斯曼帝国一样的位置上，失去了因其人文气息而获得的文明国家的名声。同时，匈牙利人的这一举动向西方世界透露出君主国内存在一个具有共同理想的南斯拉夫集团的信息，并将在第一次世界大战期间和战后决定解决方案时产生重大影响。

波斯尼亚危机造成的最大影响是使塞尔维亚与奥地利的关系恶化。反对奥地利人成了塞尔维亚对外政策的基调，奥匈帝国更成为塞尔维亚民族主义者的眼中钉。还在危机初起的日子里，一个名叫"国防"的泛塞尔维亚组织已在贝尔格莱德建立起来，准备一旦战争爆发就打游击战，或者前往波黑两省，煽动当地人发动起义。事实已经说明，奥地利试图用对波黑两省的兼并打击塞尔维亚，使自己降低到被保护国和公理正义的践踏者的地位，不是别人，正是爱伦塔尔教这些塞尔维亚人把巴尔干地区的同族人视为息息相关的同胞。

## 二、老调重弹：鲜有改观的内政

奥地利内政也鲜有改观。贝克垮台之后，组成了比纳特男爵领导下的内阁，在他的任期内，帝国议会总是阻挠预算方案的通过，在首相动用了紧急状态法之后，又听任议案成为事实。捷克与德意志人的关系继续成为热点问题，不停地有新方案被提出、讨论、修改，然后被彻底抛弃，所取得的成果只是堆积如山的文件又增加了几分，在波希米亚取得德捷协议的尝试再度失败，只通过了一些经济提案。经过1911年春天的议会选举之后，施蒂尔克在次年成为新的内阁首相，他使德捷协议又再次举行，并声称，现在这两个民族之间只隔着一堵"薄得像纸一样的墙"。但是这堵墙却无法穿透，墙的两边是两个有自己历史权利的民族，仅此就足以使他们被长久地隔在这堵墙的两边了，何况，由于有普鲁士人撑腰，奥地利的德意志人正处在一个相当志得意满的时期，捷克人发现他们必须支持斯拉夫人反对德意志人。结果，先是波希米亚议会在1913年夏天被迫休会，次年，帝国议会因为小俄罗斯人的问题爆发激烈冲突，便也被宣布休会，由施蒂尔克进行没有帝国代表会议的统治，弗朗茨·约瑟夫的王朝到了最后又回到了其统治初期的专制状态。

在匈牙利，马扎尔极端主义者为了保住他们在克罗地亚的职位，坚持把所有的克罗地亚人都称为叛国者，1912 年，克罗地亚议会被宣布休会，布达佩斯任命的总督成了由一帮马扎尔人簇拥着的独裁者。1913 年出任匈牙利政府首脑的伊斯特万·蒂萨宣布："我国使用非马扎尔语的公民必须首先习惯于这样的事实，即他们属于一个民族国家的社会一分子，而这个国家并非不同民族的联合体。"而对继续抨击共同军队的马扎尔地产所有者，政府与国会也发生了冲突，伊斯特万强行通过了军事议案，采取拖延手段的反对派被警察驱逐出国会，匈牙利政府由此获得了对境内其他民族随意行事的权力，选举法案不停地被提出，政府也在许诺要扩大选举权，但最终总是能找到理由把非马扎尔民族和马扎尔下层民众排除于政治领域之外。

尽管哈布斯堡王朝的宪政实践在 1914 年的时候已经宣告全面失败，而且在和平时期的最后一刻，显得如此不合时宜和摇摇欲坠，但是奥匈帝国内外的各种政治势力却突然间发现有必要使这个千年王朝恢复活力：社会主义者因帝国的"超民族"特性而赞美它；德意志人因帝国的德意志文化特色而颂扬它；法国人因帝国的存在阻止了德国在中欧形成霸权而讴歌它；英国人、军官、天主教会等，都发现这个帝国的虚弱及其内部复杂的民族权力斗争，但却毫无例外地希望实行"联邦制"，为帝国注入新的活力，以防止欧洲出现动乱。

已经举行过的选举表明，弗朗茨·约瑟夫的臣民们多数是斯拉夫人，其中以波希米亚和摩拉维亚的捷克人最为活跃，实行联邦制意味着斯拉夫人将是帝国政治生活的主角，德意志人与马扎尔人则是被吸纳进来的少数民族。德意志人感到高兴的是，联邦制会使马扎尔人从目前的傲慢地位一下子跌落下来，因为他们人口既不占优势，文化又鲜有影响力。对英国和法国这样的旁观者而言，联邦制可以避免由哈布斯堡王朝的失败而带来的欧洲大战。弗朗茨·斐迪南被指望在老皇帝死后能够推行新的"解决"方案，他对马扎尔人毫不掩饰的厌恶之情使克罗地亚人对他抱有希望，但却只不过意味着恢复克罗地亚王国和建立维也纳与它之间的直接联系，由所谓"三元制"取代二元君主国，他断然不敢将匈牙利的塞尔维亚人地区与克罗地亚合并起来，因为那恰恰等于承认了"南部斯拉夫"的理想。故而，弗朗茨·斐迪南的联邦制计划只不过是 1860 年《十月文告》的老调重弹，丝毫无助于解决哈布斯堡王朝的根本问题，即一位哈布斯堡皇帝如何能够成为"农民的皇帝"？

## 三、巴尔干战争：世界崩溃的前奏

在外交方面，正如安德拉西曾经担心的那样，土耳其帝国衰弱以至崩溃的命运很快使奥匈帝国裸露在民族仇恨和斗争的强烈冲击之下。1911 年，意大利以莫须有的借口在利比亚发动了一场针对土耳其的殖民战争，君士坦丁堡的陆军部却由于私仇和政治冲突而四分五裂，对巴尔干各族人民来说，似乎是天赐良机要让他们摆脱土耳其人的统治。这一次，巴尔干问题的中心是在马其顿，这一地区没有明确界线，民族构成也五花八门，以至于巴黎的一种水果色拉就被命名为"马其顿"。但是，这里却拥有令人热血沸腾的历史，科索沃、奥赫里德、斯拉普里和萨洛尼卡一次次成为各国争夺土地和人民的斗争焦点。由于苏丹政府应允的改革从未实现过，马其顿的非土耳其人开始要求自治。在萨洛尼卡声势最大的"马其顿内部革命组织"的目的是团结土耳其统治下的欧洲各族人民反对君士坦丁堡，但是保加利亚政府支持马其顿流亡者又成立了"马其顿最高委员会"，企图接管"马其顿内部革命组织"，向他们提供武器，被苏丹政府发现后实行血腥镇压，最高委员会又绑架了一位身为美国公民的女传教士，以勒索赎金。在国际势力进行干涉之时，马其顿各地的民族仇恨已经发展到自相残杀的地步，塞尔维亚的"切特尼克"与保加利亚的"科米塔吉"互相攻击。希腊的"安达提斯"又深入山区袭击阿尔巴尼亚人，摧毁农村中的清真寺和隶属于保加利亚督主教区的学校。于是，巴尔干各国利用土耳其的困难局面推行其民族扩张政策。1912 年 3 月，塞尔维亚人与保加利亚人达成秘密协议，在保全各自领土和利益之外，规定如果共同打败土耳其人，则马其顿北部将归塞尔维亚，剩余的绝大部分将归保加利亚，并且约定，对任何"也想占领土耳其地区的"大国实行共同讨伐，最后这一条无疑是针对奥匈帝国的。这年春天，盟约扩大到希腊与门的内哥罗。"巴尔干四国同盟"在很大程度上是违背了列强的意愿而形成的，显示出新兴国家政治上的成熟和独立性的增加，但却是地区安全的一个不祥之兆。

在维也纳，爱伦塔尔已经死于白血病，继任的贝希托尔德伯爵建议大国进行干预，一方面使土耳其在各省实行分权自治，另一方面警告巴尔干各国要保持和平，表明列强不会同意改变巴尔干领土的现状。奥地利与俄国成为执行列强保持现状计划的代表，但是，这种合作没有对事态产生什么影响。1912 年 10 月，门的内哥罗、塞尔维亚、保加利亚、希腊相继对土耳其发动战争，四面楚歌的土耳其军队全面败退。12 月 3 日，巴尔干联盟与战败国土耳其签订停战协定，并在伦敦进行和平谈判，设法划定新的边界，主要是创造一个独立的阿尔巴尼亚国家，以制止巴尔干诸邦任意瓜分土耳其欧洲领土的行为。

与此同时，土耳其政府发生政权更迭，好战的青年军官掌握了政权。由于担心对方因此恢复敌对行动，塞尔维亚与保加利亚重启衅端，土耳其人在第二次战争中继续遭到失败。但是，巴尔干同盟内部出现了围绕土地分配的争端，塞尔维亚要求在马其顿地区占更大的份额，保加利亚人对希腊人抢走萨洛尼卡非常愤慨，一直袖手旁观的罗马尼亚人也要求保加利亚人让出多布罗加。在重重压力之下，索菲亚的公众怀疑政府过于软弱，军方和"马其顿内部革命组织"的一帮人则有发生暴动的可能。于是，保加利亚国王冒险对以前的盟国发动突袭，其结果是一败涂地，蒙羞受辱，在最后的《布加勒斯特条约》中，塞尔维亚和门的内哥罗都成功地把领土扩大了一倍，希腊得到了色雷斯的西部，保加利亚人只获得了微不足道的报偿，而且还要把南多布罗加让给罗马尼亚。

对奥匈帝国来说，塞尔维亚的胜利和扩张损害了哈布斯堡王朝的威望和安全，而且，在阿尔巴尼亚建国之后，它的边界依然遭到塞尔维亚人与门的内哥罗人的侵犯，这成为奥、俄两国之间的一大难题。塞尔维亚从阿尔巴尼亚北部撤军的速度很慢，扬言要对边界进行修改，甚至在有争议地区加派驻军。维也纳发表了一系列语气越来越严重的警告，但是对方不予理睬。于是，弗朗茨·约瑟夫授权贝希托尔德在 10 月 18 日发表了要求塞尔维亚在 8 天之内从阿尔巴尼亚领土上撤军的最后通牒，直至最后通牒发出前的最后一刻，才知会德国方面。塞尔维亚人马上就撤军了，但是却是在俄国与法国方面的劝告以及德国对奥地利的支持之下才让步的。最后通牒的作用只在于使塞尔维亚对奥匈帝国的仇恨和敌意更加严重，而且使维也纳的外交部对这种外交恫吓手段的作用深信不疑。

塞尔维亚对于巴尔干地区新的解决方案并不是很满意，因为它没有获得一个入海口。更重要的是，在巴尔干战争前后，狭隘的塞尔维亚民族主义者建立了一些秘密的军事组织，将对未来历史发生重大影响。由于其永不妥协的特点，这些秘密军事组织甚至能够对塞尔维亚政府提出挑战，其中最重要的是一个成立于1911年的名叫"要么联合要么死亡"的秘密组织，以促进奥地利、土耳其帝国境内的塞尔维亚人及本土同胞们的团结为目的，亦称"黑手"。其首领是塞尔维亚军事情报部门的头子及弑君者迪米特里耶维奇上校（别号"阿皮斯"），他行动诡秘阴险，对成员约束极其严格，因此，直至大战爆发，国外对其活动几乎一无所知。

"黑手"与帕西奇的激进党政府既有一致之处，又关系紧张。双方都认为塞尔维亚应当是南部斯拉夫人民族复兴的核心，但是，"黑手"希望以塞尔维亚解放者为首，建立一个统一的"南斯拉夫"国家；帕西奇较为保守，以"大塞尔维亚"为目标，即以东正教为分界线，与信奉天主教的克罗地亚分开。由于巴尔干战争中获得的胜利，军方的力量大大增强，"黑手"希望将新获得的马其顿领土置于军方统治之下，向奥地利保护下的阿尔巴尼亚的一部分领土出兵正是在"黑手"怂恿下进行的。由于俄国不支持这一行动，"黑手"和军方受挫，帕西奇的文官政府获得胜利。但是，双方继续在1914年春夏之间发生重大的争执，国王任命不信任阿皮斯等军方人员的儿子亚历山大为摄政王，自己归隐乡村，帕西奇取得斗争的胜利。

# 四、萨拉热窝：斐迪南的不归路

1914 年，欧洲经历了和平时期最后一个明媚的春天，仇恨与猜忌的暗流已危险地浮动在繁荣和自信之上。从新大陆来到这里的美国总统的私人使节豪斯上校看到："形势非同寻常，好战情绪简直到了疯狂的程度。除非有人能够做出不同的理解，否则这里总有一天要发生可怕的灾难。仇恨太多了，猜忌太多了。"

谣言在贝尔格莱德、波斯尼亚和维也纳秘密流传，似乎有一些训练有素的狂热青年在策划冷酷的谋杀。弗朗茨·斐迪南大公将在塞尔维亚国庆节这一天访问波斯尼亚首都萨拉热窝的消息一经公布，便被塞尔维亚人视作肆无忌惮的侮辱。帕西奇发现，阿皮斯上校的情报部门与"青年波斯尼亚党"的大学生们联络过于频繁，并已在 6 月初将年轻的加夫里洛·普林西普及其两个同伙偷偷地送过国境，返回波斯尼亚。但是，由于塞尔维亚大选即将进行，帕西奇或许不想过于关注一次爱国行动，如果他表现出知道过多细节，身为政府首脑的他就必须谴责这种极端行动，及时缉捕这些青年人，并可能要将他们交给奥地利当局处理，但是，那种做法将会严重影响他的党在选举中的成绩，军方和反对派则可趁机用"民族荣誉"之类充满激情和煽动性的词语赢得政治资本。只有驻维也纳的塞尔维亚大使极力主张取消这次访问，但并未说出个所以然，奥匈帝国驻波斯尼亚的行政机构以其低下的工作效率给塞尔维亚人以可乘之机。

在谣言纷纷的情况下，弗朗茨·斐迪南向叔父征询意见。弗朗茨·约瑟夫自己曾经数次成为暗杀的目标，1910年，在他刚刚结束对萨拉热窝的访问之后，便发生了对波斯尼亚总督的未遂暗杀。凶手一直跟踪弗朗茨·约瑟夫，在火车站时几乎与奥皇擦肩而过，却因为大学生的不够老练而一时之间丧失了勇气。自责之余，波斯尼亚总督便成为他证明自己勇气和实现理想的目标，虽然未能成功，但他饮弹自尽后便成为"青年波斯尼亚党"的狂热分子们的英雄。暗杀似乎成了这些爱国青年试图迅速解决重大问题的灵丹妙药，另外，这种需要勇气和决心的行动大概也是性急的年轻人升华自己生命的一种手段。因此，暗杀和革命恐怖主义在一段时间内成了全球流行病，凡是久经压抑、民气不畅的国家，都有郁闷而激进的往往是无政府主义者的青年

萨拉热窝事件

把刀子或手枪对准旧势力的代表人物。但是，哈布斯堡家族有自己的骄傲，根深蒂固的使命感使弗朗茨·约瑟夫准备迎接一切挑战，因此，他能够告诉弗朗茨·斐迪南的，就是"做你想做的事情"。随后，弗朗茨·斐迪南和妻子苏菲便踏上了不归之途。偶然出现的事件导致了一场悲剧的发生。由于没有想到会临时变更路线，行政当局的笨拙和粗心竟迫使大公和大公夫人的汽车停在离普林西普仅有几码远的地方。枪声响起之后，奥匈帝国未来的统治者及其夫人伤重毙命，以联邦制之类的政治实验挽救哈布斯堡帝国的梦想宣告落空，古老欧洲的命运也从此改观。

萨拉热窝的枪声震惊了欧洲各个宫廷。威廉二世中止了他的海军巡航，并令舰船降半旗以示哀悼；比利时的阿尔伯特一世决定亲自前往维也纳参加大公的葬礼。反而是奥匈帝国内部对弗朗茨·斐迪南的死亡显得漠不关心，普拉特的音乐声照旧响起，舞步依然轻快。弗朗茨·斐迪南并不是维也纳人喜欢的那种随和亲切的人，他那阴冷的目光看上去令人怪不舒服的。人们对不幸的老皇帝倒是有些同情，但由于他已经经历了太多可怕的事件，显然也会从这件事中恢复过来，继续他的似乎不会中止的统治。在布达佩斯，这位出了名的仇视一切马扎尔事物的大公的死令人们大松一口气，淡漠的情绪因而更显突出。

弗朗茨·斐迪南夫妇俩的遗体到达维也纳之后，皇家的傲慢甚至连死人都不放过，出身寒微的苏菲显然是不能享受哈布斯堡皇族规格的葬礼的，他们被葬在大公的产业上，而非嘉布森会的皇家墓地，维也纳的致哀活动也仅持续了24小时而已。

## 五、世界大战：奥匈帝国的解体

从莺歌燕舞的维也纳却传出来好战分子磨刀霍霍的声音，康拉德依然企图发动一场先发制人的、摧毁南部斯拉夫理想的战争，因此，他把这桩悲剧看作是"上天的恩赐，或者是来自战神的礼物"。实际上，尽管除了克罗地亚人以外，很少有人会对死去的大公报以深切的同情，但战争的热情却随处可见。奥地利德意志人认为战争会恢复他们已经衰落的霸权，马扎尔人愿意看到德意志人进行一场反对斯拉夫人的斗争，加利西亚的波兰人希望对俄国人施以打击，克罗地亚人则除了少数秉承斯特罗斯迈尔的南部斯拉夫统一理想的知识分子之外，都盼望着发动对塞尔维亚的战争，甚至斯洛文尼亚人也因为这场战争会针对意大利而拥护它。唯一保持沉默的是捷克人，但是，他们也曾欢迎对波黑两省的兼并。无论如何，战争是一种行动方式，它会带来变化，甚至会引起改革。

但是，蒂萨却反对战争，除非奥匈帝国不向塞尔维亚提出任何领土要求。巴尔干战争表现出新兴民族国家的虎虎生气，而德国作为欧洲最强大的民族国家，在战争结束之后也有意把一个向塞尔维亚和罗马尼亚和解的政策加诸奥匈帝国。在德国人所规划的民族主义欧洲的新地图中，匈牙利将被缩减到与马扎尔人实际分布区相符合的大小，而哈布斯堡王朝控制下的其余领土将成为德意志帝国的一部分。这种设想是"大匈牙利"所不能接受的，因此蒂萨的参战条件就是奥匈帝国的惩罚性军事活动不能以瓜分塞尔维亚为目的。换而言之，奥匈帝国发动这场战争却没有任何实质性的目的，战争本身就是目的。

大战在即，各国却令人吃惊地缺乏长期作战的政治和思想准备。弗朗茨·约瑟夫向德皇提交了一份简短的备忘录，指出"决不能让在贝尔格莱德的祸乱根源不受惩罚地存在下去"，但却避免使用"战争"一词，之后，奥皇便退隐阿尔卑斯山间的皇家别墅，继续他的夏季休假，从而在欧洲风云变幻的几个星期内将制定政策的权力交给了好战的大臣们。德皇威廉二世认为俄国还没有做好战争准备，没有研究英国人的态度便轻率地对奥地利人表示支持。俄国沙皇的优柔寡断、计划不周更加重了德皇行事鲁莽所带来的后果，法、俄两国挑衅性的行为，英国的让人捉摸不透的中立态度以及肇事方塞尔维亚人不加节制的报纸攻势和帕西奇政府缺乏有力措施压制"黑手"及其他极端分子的过激行为，都使冲突发展到无可挽回的地步。

7月23日下午，奥匈帝国致塞尔维亚的最后通牒送到了贝尔格莱德，提出的要求相当于让塞尔维亚自掴其面，甚至丧失独立。丘吉尔认为，这是一份"绝对不可能会出现在现代社会的最后通牒"，不过，奥地利人可不认为这会即刻使俄国人卷进来，只会让他们接受战争的风险。

帕西奇政府的答复用词甚为谦恭，也接受了主要的要求，只是拒绝让奥地利官员在塞尔维亚领土上进行暗杀阴谋的调查。对弗朗茨·约瑟夫的大臣们来说，这就足够向塞尔维亚宣战了。7月31日，全世界都在等待着奥匈帝国与塞尔维亚之间的新动向的时候，奥匈帝国的外交部长贝希托尔德在普拉特游乐园的一角游逛，那里正是为人不齿的男妓们聚集的地方。在贝希托尔德与他的新朋友将要离开的时候，卖报的小贩冲向人群，高喊："奥地利入侵塞尔维亚！向塞尔维亚人宣战了！"一场由贝希托尔德等人掀起的世界大战开始了。

塞尔维亚向俄国求援，俄国下令总动员，德国要求俄国停止一切战争准备，俄国拒绝后，德国即于 8 月 1 日宣战，两个星期之内，欧洲的五个大国和两个小国便相继投入了一次人们事先还认为不大可能发生的大战中。

在德国，几乎全体人民都兴高采烈地欢迎战争的到来。响应威廉二世"全民皆兄弟"和"停止党争"的号召，国会在批准了军事拨款后便宣布休会了，仅有少数清醒着的人看到了厄运的到来。拉特瑙把骤然爆发的兴奋和狂喜看作是走向毁灭的序幕，是"死亡舞蹈"。他指着勃兰登堡门对比洛亲王说："难道像威廉二世皇帝这样一个具有如此引人注目的个性的君主，一个如此富于魅力和通情达理的人，一个完全不适合当统治者的人，再加上贝特曼这样一个糟糕透顶的宰相和像法尔肯海因这样一个轻浮的总参谋长，能指望他们通过那道拱门凯旋吗？如果他们能做到，历史将毫无意义。"

德国所处的两面作战的地位迫使它采用一种速战速决的方针，德军总参谋部认为，东线的俄国虽然在军队装备、指挥和士兵素质方面一塌糊涂，但却拥有无穷无尽的人力资源和交通不便、气候寒冷的广袤国土，一旦陷进去就难以迅速脱身。相反，如果能够集中兵力在短期内打败法国，俄国财政就会崩溃，东线自然不战而胜。这种战略思想在 20 世纪初形成了一个著名的六个星期内打败法国的史里芬计划。史里芬伯爵的继任者毛奇对这一计划稍加修改便予以实施，德军在东部边境只部署了少量的象征性的部队，协助奥地利人拖住俄国人，在打垮法国之后，再腾出手来消灭俄国佬。

第一次世界大战中的奥匈帝国士兵

奥匈帝国的军队总的来说缺少足够的新式装备，机关枪、大炮、飞机等武器数量远远少于其他国家，而且没有在战争过程中得到增加。但是，军队的士气极其高昂，他们被欢呼的人群送上离家的火车，梦想着光荣地凯旋，不仅德意志和马扎尔部队如此，而且斯拉夫人和罗马尼亚人也作战勇猛。所谓的"1914年精神"在奥匈帝国就像在其他地方一样所向披靡，士兵用刀枪、文人用笔墨，把仇恨的子弹和无休止的谩骂对准假想的敌人。

英、法、比三国军队虽然受到重大挫折，但是并未被摧毁。史里芬计划由于指挥官们一直在犯错误而面目全非了。9月份，德军被迫从马恩河撤军，毛奇也被法金汉接替，史里芬计划宣告失败，但是，将近 1/10 的法国领土，尤其是富含煤铁资源的地区掌握在德国人手中。

东线战场有三个战区，一个战区是在东普鲁士的漫长边界上，德国人在坦仑堡和马祖里湖战役中取得出色胜利，俄国人已经筋疲力尽，损失了大量给养，但是奥地利人在塞尔维亚的欠佳表现却抵消了德军胜利的意义。他们低估了塞尔维亚人，两次入侵都被对方驱逐出境，第三次虽然获得短暂胜利，却在不到两个星期的时间内又被对方逐出。只是由于塞尔维亚随后既缺装备，又兼以斑疹伤寒肆虐，才使奥地利人暂时免受塞尔维亚人的侮辱。

在加利西亚，奥地利人陷入更大的灾难。他们动用了两个集团军入侵波兰，招来俄军猛击其力量薄弱的右翼。奥地利靠骑兵侦察敌人行动，效果甚微，对俄军的部署和兵力情报模糊不清，在对方的反攻之下，不得不一再后撤。奥匈皇家军队作战勇猛，但伤亡极多，损失最严重的恰恰是精锐部队和受过正规训练的中下级军官，无论是对士气的影响还是其长期后果都是难以弥补的。直到 1917 年俄国爆发"十月革命"，奥地利也未能收复东加利西亚，双方在布科维纳的拉锯战更是持续了三年之久。

开战以后，同盟国与协约国都在力争使意大利站到自己的立场上。贝希托尔德对塞尔维亚采取的行动并未得到罗马的赞同，政府明显具有亲协约国立场，只是要等待事态发生某些有利变化之后，才肯决定是否参战。主张参战的"干涉派"的党羽包括那位后来名声大噪的墨索里尼，罗马街头充满了这些人怒气冲冲的叫嚷，主张不干涉的人便退却了。同盟国希望以割地让权换得意大利不参战，但是协约国出价更高。1915 年 4 月，意大利表示要参加协约国一方作战，《伦敦条约》于是慷慨地把奥地利的南蒂罗尔、格尔茨、的里雅斯特、伊斯特里亚、达尔马提亚的北部划给意大利，阿尔巴尼亚地区被作为受其保护的领地。此外，它还得到发罗拉地区和亚得里亚海除两个较大岛屿之外的所有海岛。5月，意大利正式参战。为保护家园，奥地利人的抵抗精神再一次猛烈迸发，从1915年6月至1917年10月，奥、意两军的十二次伊松佐战役造成极大的人员伤亡和物资消耗，没有哪一方获得决定性的胜利。

另一个被收买到协约国一方的是罗马尼亚。由于被保证可以得到匈牙利的特兰西瓦尼亚地区，罗马尼亚人于1916年8月参战，他们对德意志人是否主宰中欧并不感兴趣，倒是相当警惕俄国人势力的渗透，只要得到特兰西瓦尼亚，他们就会马上转回反俄的立场上去。

但是，同盟国一方也获得了土耳其和保加利亚的加入。1915年秋天，塞尔维亚被征服，不久，门的内哥罗和阿尔巴尼亚北部被占领，同盟国与土耳其、保加利亚建立了陆上联系。罗马尼亚的60万军队在1916年的秋季战役中一败涂地，德国、奥地利、保加利亚和土耳其的军队占领了罗马尼亚大部分领土。此时，从布鲁塞尔直至巴格达的广大地区建立了以德国为首的一个军政统一体，唯一例外的罗马尼亚表面上保持中立和独立，也免不了将其大部分谷物供应同盟国。德国和奥地利都有人希望把实现多瑙河流域和巴尔干各国的经济统一看作是战争本身的目的，以实现中欧的政治经济一体化。德国神学家和社会分析家瑙曼在1915年出版《中欧》一书，认为在一种给予民族、语言、教育等方面的自主权以宪法保证的制度结构内，霍亨索伦王朝与哈布斯堡王朝将联系在一起，建立一个联邦主义的、统一的中欧。

战争爆发以来，最受打击的莫过于南部斯拉夫理想。协约国准备进行的领土转让意味着"大匈牙利"被意大利人的霸权所取代，而且承认了"大匈牙利"将继续存在。对失望的南部斯拉夫人——克罗地亚人、斯洛文尼亚人来说，他们依然没有可以依赖的盟友，只能靠着哈布斯堡王朝而存在。实际上，协约国并未有意要摧毁哈布斯堡帝国，英国只关注对德作战，而把奥匈帝国视为需要从德国人控制下拯救出来的国家，法国也把奥匈帝国的存在当作制衡德国的一种手段，哈布斯堡帝国遭受到的损失看来只不过是割地让权，而这是它已经不止一次地做出过的妥协。

敲响哈布斯堡王朝丧钟的是捷克人。这些讲求实际的人在1848年支持哈布斯堡王朝，在1879年实现了与塔费政府的和解，在大战爆发之前是联邦制的真诚支持者，大力鼓吹恢复奥匈帝国的强国地位。战争爆发时，在狂热的作战激情中，他们的态度较为消极，但是，哈布斯堡王朝已经沦为德国的卫星国，当局又拒不召开议会，不给他们表达政见的机会，捷克人就开始谋求其他方面的出路。俄国人一度以在"罗曼诺夫王冠的光辉照耀下"闪闪发光的"自由、独立的圣文采斯拉斯王冠"来诱惑捷克人中的亲俄分子，但是大多数捷克人都对沙皇不感兴趣，他们的真正领袖、正直的哲学教授和现实主义者马萨利克痛恨泛斯拉夫主义的虚伪，他也同样痛恨捷克人传统上用来作为斗争武器的所谓波希米亚的历史以来的"国家权力"，他愿意献身于民族解放的事业，但他相信，捷克人只有在真实的基础之上才可以获得自由，甚至哈布斯堡王朝本身也可以在诚实和民意支持之下重新获得生命力。大战爆发后，奥匈帝国表现出依然是一个自私的、善于玩弄阴谋诡计和花招的政治机构，马萨利克便只有一个目标，即尝试建设一个民主的，即尊重人权和实行法治的国家来代替它。他在 1914 年 9 月间就开始谋求与英国人的联系，12 月离开布拉格，流亡国外，辗转来到伦敦。在这里，《泰晤士报》的国外新闻版编辑斯蒂德的友谊使他获得了一个很有影响力的讲坛，逃亡到巴黎的爱德华·贝奈斯则成了马萨利克在那里的代言人。1916 年 2 月成立了捷克斯洛伐克民族委员会，马萨利克与贝奈斯分任主席与书记，10 月出版了《新欧洲》周刊，鼓吹实现东欧各民族的民族自由。

马萨利克清醒地认识到，国家的权力是要靠实力来争取的，他谋求的是一个可行的政治计划，而非教授的纸上谈兵。另外，作为一个斯洛伐克人，他却来自摩拉维亚，对自己的民族所知甚少。生活在马扎尔人阴影之下的斯洛伐克人最多只要求一种文化上的自主权利，但是，马萨利克很清楚，哈布斯堡王朝的覆灭必然使"大匈牙利"遭到同样的命运，因此必须为他的 200 万政治上不成熟的斯洛伐克同胞规划一个未来。虽然斯洛伐克人与捷克人之间既无经济联系，也无文化沟通，他的努力最终使两个民族在寻求自由与解放的过程中走到了一起，显示了一个正直善良的人如何能够以其伟大的人格使看上去不可能的事情最终实现。

战争进行到第三年的时候，各国社会都悄悄地发生了变化。人们曾经把希望寄托在将领和军人身上，政府官员们认为，他们的任务就是为军事领袖提供取得决定性胜利所需的资源，政府的宣传更使普通大众对军人和军事生涯产生不适当的美化，而忘记了战争只是政治以另外一种方式的继续，连柔弱文人也要投笔从戎，生怕这空虚的躯壳，终将毫无意义地毁于泥尘。但是，将领们并没有如愿以偿地取得决定性的胜利，后方的人们却不得不为战争付出越来越高的代价，他们的兄弟子侄在遥远的异乡非死即伤，他们自己还要节制悲哀就像节制消费一样，衣服、食品和燃料奇缺，各国在开战之初突然迸发出来的热情在持续的拉锯战中消耗殆尽。

弗朗茨·约瑟夫一生中经历过的战争从来没有带给他光荣，这一次也不例外。虽然他早已不主动过问政事，但却依旧勤奋工作，他一向不喜欢威廉二世，更不愿意看到奥匈帝国被德国战车拖向灭亡之路。1916年，他已经是个86岁的老人，历尽沧桑，对生活已不抱任何幻想，他希望哈布斯堡帝国能够脱离德国人的控制，但却已经无力再作任何努力了。社会的变化也超出老皇帝的预料，10月26日下午，首相施蒂尔克正在维也纳新市场的一家饭馆中用餐时，社会民主党领袖维克多·阿德勒的儿子弗里德里希走近他，突然掏出一把手枪，对准施蒂尔克的头部连射三下，使他当场毙命。前任外长爱伦塔尔的兄弟急忙将弗里德里希拿下，这个原本性格温和的青年被送往警察局时一路高呼："打倒专制！我们要和平！"

弗朗茨·约瑟夫已经不能理解，为什么这样一个前程远大的青年会认为有必要用如此暴烈的手段结束一个如果不能说是无能，至少也资质平平的政客的生命，为此而不惜牺牲自己的名誉甚至生命？施蒂尔克拒绝召开维也纳议会，连将议会大厅作为伤兵医院的建议也不接受，使他成为专制与暴政的象征，引致杀身之祸。更重要的是，人们已经厌倦了在祖国利益的名义下，政府采取的种种自私自利的措施，宣传与欺瞒已经被事实真相无声而有力地否定了，人民对战争与政府都产生了无比的憎恨。

弗朗茨·约瑟夫是这个国家唯一受人尊敬的政治人物和维系各民族的最后一条纽带，由于他的长寿，哈布斯堡君主国才具有一种稳定的假象。但是，连这仅有的一点优势也很快丢失了，1916年11月21

日，距他登基 68 周年纪念日还有 11 天的时候，86 岁的奥地利皇帝和匈牙利国王弗朗茨·约瑟夫去世，随之而去的是哈布斯堡王朝最后一点坚实的核心。据说，在老皇帝临终之时，人们看到哈布斯堡的白衣圣女显灵。之后，霍夫堡便成了一个空洞的政治中心，古老王朝幽灵般的喘息也只能持续不过两年的时间了，虽然它没有血色的手还在竭力挣扎，试图从灭亡的泥潭中脱身。

新君卡尔是弗朗茨·约瑟夫的侄孙，他是一位善良的 29 岁的年轻人，在王朝步履维艰的年代里长大，命运给了他过多的灾难，却不肯赋予他解决问题的机会和才能。哈布斯堡帝国最有活力的人都已经抛弃了王朝的理想，往昔的幽灵徘徊在霍夫堡，不切实际的幻想家把过时的政治方案奉为灵丹妙药，卡尔身边聚集了一群以拉德茨基元帅为偶像的军人和弗朗茨·斐迪南残存的党羽，皇后齐塔来自一个消失已半个世纪的王朝，更不可能带给丈夫一些新的启示。卡尔集团能够应用的还是哈布斯堡王朝的老伎俩——谈判与妥协。

厌战情绪在这个饥饿、寒冷的冬天迅速蔓延开来。以一种较轻的程度，卡尔与其叔叔弗朗茨·斐迪南一样反感马扎尔人，但是，和平期间摒弃二元体制就殊为困难，战时就更不可能。卡尔试图推迟加冕为匈牙利国王，以避免宣誓遵守匈牙利宪法和保

末代皇帝卡尔一世

护"圣史蒂芬王室领土"的完整，遭到了蒂萨的坚决反对。匈牙利的友好是至关重要的，因为维也纳及工业地区基本上完全仰仗匈牙利农民供应的粮食才能过活，卡尔不得不屈从于现实的压力，加冕典礼及时地于 12 月 30 日举行。延续千年的传统已经成了空洞的表演，但马扎尔人获得了奥地利人不情愿的支持，以便拒绝各从属民族所要求的权利。

卡尔希望能够安抚民心，他任命一心求和的切尔宁为外交大臣，又撤换了不得人心的总参谋长康拉德，之前以叛国罪被投入监狱的捷克领袖也被赦免释放。1917 年 5 月，他召开了奥地利议会，自战争爆发以来，议会第一次为人们提供了发表政见的机会，也是各族人民的代表最后一次在哈布斯堡王朝的政治框架中陈述自己的设想。德意志人满足于将奥地利合并于德意志帝国，从而回到 1848 年；波兰人希望得到军事帮助以恢复战争爆发以来加利西亚损失的土地，因此也赞同保存奥地利，只不过加利西亚将不包括在内，后者要成为一个独立的国家；像往常一样，捷克人对主导民族的计划提出了挑战，他们要求所有捷克人与斯洛伐克人联合在"一个单一、民主的波希米亚国家"之内，从而对匈牙利的领土表示了权利要求；斯洛文尼亚人与来自达尔马提亚的一部分克罗地亚人要求"联合君主国内斯洛文尼亚人、克罗地亚人和塞尔维亚人居住的所有土地为一个独立的、不受任何外国主宰的实体"。

这样，无论是捷克人还是南部斯拉夫人都试图以民族主义的诉求使匈牙利和奥地利历史以来的国家解体，却同时为自己找来历史根据，要求恢复历史上一度存在过的波希米亚和克罗地亚。卡尔皇帝无法满足其中的任何要求，只能用并无任何实际意义的谈判来应对。

在国外，同盟国取得了一系列的胜利：罗马尼亚 3/4 的领土掌握在同盟国手中，其中包括盛产粮食的最肥沃的地区；罗曼诺夫王朝在 1917 年 3 月彻底垮台，一个主张共和制的资产阶级政府取而代之，继续进行战争，遂使它失去民众的支持；意大利人则在这个秋季大败于卡波里托，1918 年年初，鲁登道夫已经开始他对法国的最后一次攻势。

所有这些胜利都无助于奥匈帝国摆脱政治与经济的灾难，通过齐塔皇后的哥哥，卡尔设法与英国、法国进行接触，秘密外交几乎持续到君主的覆灭。但是，哈布斯堡王朝已经无力脱离德国了，它的军队听从德国人的指挥，它的经济与塞尔维亚、保加利亚、土耳其的一样，都与德国经济捆绑在一起。因此，德国的胜利只会使奥匈帝国更加依靠它，德国的失败则意味着奥匈帝国单独求和的不可能。美国的参战更使同盟国面临一场注定会把自己拖垮的长期战争。后来，秘密接触被克雷孟梭公之于众，德意志人与马扎尔人极为不快，两个主导民族与哈布斯堡皇室的分歧彻底形成，除了坐以待毙，已经没有什么事情可做了。

1917 年 12 月进行的布列斯特—立托夫斯克的和平谈判是哈布斯堡王朝在世界历史上的最后一次亮相。冬宫的新主人渴望与同盟国实现和平，维也纳咖啡馆的常客托洛茨基率领的俄国代表团与德国及其卫星国奥匈帝国坐在了谈判桌前。切尔宁与托洛茨基就民族自决原则是否应当应用于奥匈帝国展开了争论，但是，他最关心的是为饥饿的维也纳弄到俄国的粮食，因此当一个"乌克兰"共和国出现时，他迅速与之联络，并在次年 2 月单独与其签订了合约。不过这一行动只部分地解决了维也纳的粮荒，反而又制造出了新的问题：波兰人对突然

第一次世界大战期间奥匈帝国募集第八次战争贷款的海报

间冒出来的这么一个乌克兰非常恼火，因为他们希望建立一个大波兰国家，急于讨好乌克兰人的切尔宁反而同意割让霍尔姆地区给对方。因此，一贯忠诚的波兰人断然拒绝继续支持哈布斯堡王朝，而这对垂危的帝国而言无异于灾难性的打击，同盟国的波兰军团解散，从此以后波兰人就把一切希望寄托在协约国的许诺上。

末世已至，中欧经济陷入灾难，皇家机构几近瘫痪，开小差的人在乡间游荡，货币贬值，工厂停工，没有食品，没有煤，没有方向，一切都失控了。从俄国战俘营归来的人带回来了布尔什维克革命的火种，于是连社会民主党人也抛弃了哈布斯堡王朝，代之以民族自决的呼吁。

结束哈布斯堡王朝的是布拉格大学前哲学教授马萨利克和普林斯顿前政治学教授伍德罗·威尔逊。马萨利克在大洋彼岸的美国发现了一些斯洛伐克人与小俄罗斯人的社区，马扎尔人专横的民族政策迫使他们离开了匈牙利北部的家园，在新大陆获得新的人生机遇——自由、财富、自信与民族自觉，马萨利克使他们对捷克人产生了一种在欧洲不可能具备的同仇敌忾的感觉，进而使威尔逊总统相信捷克人忠于协约国的事业。波希米亚和摩拉维亚的罢工浪潮似乎也表现出奥匈帝国境内的各"被压迫民族"的独立意愿。1918 年 9 月 3 日，马萨利克的理想终于实现，美利坚合众国正式承认巴黎的捷克斯洛伐克民族委员会为参战友邦的政府，此前，英国也已经承认该委员会是"日后的捷克斯洛伐克政府目前的受委托人"，五个星期后法国也做出了相同的表态。

捷克斯洛伐克开了头，南斯拉夫国家也获得了相应的成就。1917年 7 月，帕西奇与达尔马提亚的塞尔维亚领袖特伦比奇在科孚岛所订立的协议规定：塞尔维亚人、克罗地亚人和斯洛文尼亚人在卡拉乔治维奇的统治下联合起来，享有语言和宗教信仰方面的种种保障。奥匈帝国在卡波里托获得的最后一次军事胜利给意大利以重创的同时，迫使意大利向南斯拉夫的理想让步。1918年4月，在罗马召开了"被压迫民族代表大会"，大会发表宣言，主张在战争结束时建立"一些完全独立的民族国家"。

捷克斯洛伐克与南斯拉夫在国际社会中获得的成就最终决定了哈布斯堡王朝的命运。与此同时，军事方面的危机也变得严重起来。这年8月，英军突入德军的西线。9月，法军、英军和塞尔维亚、希腊、意大利军队共同发起马其顿攻势，保加利亚人请求停战，29日至30日夜间在萨洛尼卡签订停战协定。10月18日，在英军的猛烈攻势下，土耳其也请求停战。

哈布斯堡帝国的内部动乱也达到极致，失败与失望、饥馑和敌人的宣传使人民的分离倾向更加显著。10月4日，奥匈帝国宣布接受威尔逊总统的十四点和平原则。16日，卡尔皇帝宣布在内莱塔尼亚地区实行联邦制，但是，即使此时，他也不得不屈服于马扎尔人的威胁，把匈牙利排除在联邦制体制之外。

10月21日，威尔逊总统对哈布斯堡王朝做出最后的答复：由于已经承认了捷克斯洛伐克政府和南部斯拉夫人的权利要求，他将不能接受"自治"为和平的条件，这些民族将自行决定采取何种方式达到他们的愿望。同一天，巴黎的捷克斯洛伐克政府发表独立宣言，28日，布拉格发生革命，捷克民族委员会接管了政权。29日，南斯拉夫国家在萨格勒布宣告成立。10月31日，卡尔皇帝通过电话任命卡罗利组织政府，但却不能阻止马扎尔人脱离奥地利。卡罗利尽管同样是一个高尚诚实的爱国者，却不能像马萨利克那样在他的同胞中一呼百应，旧匈牙利的代表伊斯特万·蒂萨死于暗杀。

奥地利的另一个主导民族——德意志人也关注起自己的利益，特别是防止波希米亚的德意志人被划入捷克斯洛伐克的治辖范围。他们曾经极力反对社会民主党人的民族自决要求，现在却发现民族自决成了他们的救星。10月30日，德意志民族委员会宣布成立"德意志—奥地利"国家，既无国界，亦无定义，理应包括君主国内一切德意志人及其他从属地区。在四处涌现民族委员会的情况下，这已经成了一个没有实际意义和可操作性的剩余概念，其政府中主要是些代表"被压迫者"的社会主义分子。

繁华已落尽，1918年10月，帝国的所有民族都已经抛弃了哈布斯堡王朝，建立了自己的国家，只有奥匈帝国的皇家军队仍在为帝国而战。10月24日，以意大利军队为主的盟国军队沿着皮亚韦河转入进攻，高涨的民族情绪席卷各民族兵团，克罗地亚人宣布效忠于南斯拉夫国家，捷克人则一心向往新的捷克斯洛伐克，因而拒绝服从指挥。经过一个星期的浴血奋战，奥军防线最终被突破，卡罗利批示匈牙利兵团撤回国内，11月3日签订了停战协定。

在停战协定已签署但尚未生效的情况下，意大利人从法国人、英国人背后钻了出来，俘虏了几十万既无武装又不抵抗的奥地利军队，这个事件从此被宣传为一次大捷，而且实际上也确实是很少尝到胜利果实的意大利军队的罕见的成就。奥匈帝国的军队像哈布斯堡王朝一样随风而逝，幸存的士兵都尽其可能走向返乡之路，国家已满目疮痍，前途依旧暗淡。路德维希·维特根斯坦骑在大炮上，用口哨吹着贝多芬《第七交响乐》第二乐章，在特伦特被意大利军队俘虏，而此前几天，他的哥哥库尔特命令部队放弃阵地，然后举枪自杀。衰落、死亡像噩梦一样折磨着奥地利饱受痛苦的灵魂。

第一次世界大战在虚张声势的外交威慑中开始，欧洲群情激愤。19世纪以来科学技术的发展为战争提供了坦克、摩托车、飞机、毒气等机动工具和进攻武器，却最终以一个满目疮痍、元气大伤的欧洲而告终。最初人们并不知道这将是一场"世界大战"，战争的一个重要后果是欧洲在国际社会中的重要性降低了，欧洲的前殖民地和启蒙思想的实践者——美国成了欧洲战争和欧洲命运的裁决人。此外，古老欧洲的另一部分影响被新兴的苏俄国家所抵消，社会主义的理想与实践将在未来岁月中传播到世界的各个地方。1914年前的欧洲在怀旧人们的心目中被视为一个古老美好的黄金时代，自此以后，人的价值、人的尊严都有了一些新的阐释，政府对个人自由加以新的、在战前难以想象的限制，被蓄意煽动起来的民族仇恨在群众中间造成严重影响，一些人变得益发狭隘、敏感和仇视异端，另一些人则更加珍视并大声呼吁和平、尊重和宽容。

从法律意义上来说，卡尔皇帝从未退位。他没有像威廉二世那样出逃荷兰，而是暂时留在国内，他与他的政府成了哈布斯堡王朝最后的遗迹。1918年11月11日，卡尔发表了一项声明，表示不再参与任何政务，但他拒绝退位，他将与他的王朝站在一起，哪怕它已经成为幽灵或梦想。11月12日，临时国民议会一致宣布德意志奥地利共和国成立，卡尔离开维也纳，继而离开奥地利，开始他的流亡生涯，哈布斯堡王朝的最后一点痕迹在多瑙河边的这座城市和它的国家中消失。

但是，哈布斯堡王朝本身的消失并没有解决中欧地区的各种问题，甚至使它们更显尖锐了。新兴国家不得不在民族自决的原则之外，对外确保国家安全，对内寻找国家权威的道德与情感基础。德国虽然遭受重创，但依然是中欧唯一强国，哈布斯堡王朝曾经抗拒过它强大的扩张力量，却在大战爆发时以顺从于德国认可了自己的失败。第一次世界大战结束后的 30 年间，中欧这些新兴国家将不得不面临来自德国的同样的挑战，抗争的失败带来了 20 世纪更大的一次灾难。世界从此变样，但中欧的问题依旧存在，民族自决原则一旦落地生根，便毫不犹豫地要走向其逻辑结论。但是，人们在为想象中的权利争讼不休的时候，总是会付出实际的、严重得多的代价，民族冲突的实际情况已经证明，机会总是来得太晚，去得又太早，妥协总是对方付出太少，知识分子的原则一旦转变成大规模的社会运动，相同的标签下总是遮掩着不同的阐释。在努力使中欧摆脱其固有的束缚的过程中，哈布斯堡王朝的旋律却不时响起，一次次希望与失败、挑战与应对的过程中，来自东方与西方的力量在这里汇合、冲突，梦想或幻觉继续在刀光剑影中演绎出新的传奇。

# 后 记

奥匈帝国不是一个善于征伐的国家，那片风情迥异的土地是我们所熟知却并不了解的，在本书所涉及的历史阶段中，美、英、德等现代化强国的身影可能会遮住中欧为自由主义、民族主义理想而做出的努力。两次世界大战之后，欧洲的光彩暗淡了下去，两大阵营的对峙使中欧这个概念一度消失，直到 20 世纪 90 年代才又重新恢复。由是之故，对"中欧"历史文化的研究也明显滞后，本书应该是第一部由中国人撰写的奥匈帝国史，内容、体例等方面粗陋之处难免，但如能起到激发兴趣、抛砖引玉之功效，作者将倍感欣慰。

尽管有种种外表形态（或可称"国情"）上的不同，但作者相信，一旦有了深入的了解，世界各地的文化在本质上其实是一致的，了解是达至宽容的必由之路，应当尝试在他者的世界中观照自我。奥匈帝国在面临现代化、民族主义的挑战时所经历的彷徨、郁闷和不懈努力，使它的结局更具有浓重的悲剧色彩。面对同样的历史任务，了解一点中欧历史或许会令我们更多几分理智与从容，少一点喧嚣与盲目。

作者的导师、北京大学社会学系刘世定先生的言传身教使作者受益匪浅，他的关注与鼓励使本书的写作成为一个单纯而愉快的过程。

在搜集资料、酝酿思考的阶段，新加坡 TSM 资源股份有限公司总裁陈昌成先生及夫人蔡婵辉女士给予作者以善意而热诚的帮助。

最后，谨以此书献给我的父母和我的丈夫，他们使我的存在有了意义。

# 参考书目

1. TAYLOR A J P. The Habsburg Monarchy 1815-1918：A History of the Austrian Empire and Austria-Hungary［M］. London：Macmillan Publishers Ltd., 1941.

2. PALMER A. Twilight of the Habsburgs：The life and times of Emperor Francis Joseph［M］. London：Phoenix Giant, 1994.

3. TIMMS E, ROBERTSON R . Vienna 1900：From Altenberg to Wittgenstein, Austrian Studies 1［M］. Edinburgh :Edinburgh University Press, 1990.

4. HANAK P. The Garden and the Workshop：essays on the cultural history of Vienna and Budapest［M］. New Jersey：Princeton University Press, 1998.

5. 埃里希·策尔纳. 奥地利史：从开端至现代［M］. 李澎卯，杜文棠，林荣远，译. 北京：商务印书馆，1981.

6. 艾伦·帕尔默. 夹缝中的六国——维也纳会议以来的中东欧历史［M］. 于亚伦，王守义，王爵鸾，冯世则，张蓉燕，赵振远，译. 北京：商务印书馆，1997.

7. G.R. 波特，主编. 新编剑桥世界近代史［M］. 中国社会科学院世界历史研究所组，译. 北京：中国社会科学出版社，1987.

8. 科佩尔·S. 平森. 德国近现代史：它的历史和文化（上、下册）［M］. 范德一，林瑞斌，何田，译. 北京：商务印书馆，1987.

9. 斯蒂芬·茨威格. 昨日的世界：一个欧洲人的回忆［M］. 舒昌善，译. 北京：生活·读书·新知三联书店，1991.

10. 艾伦·帕尔默. 俾斯麦传［M］. 高年生，张连根，译. 北京：商务印书馆，1982.

11. 巴特利. 维特根斯坦传［M］. 杜丽燕，译. 上海：东方出版中心，2000.

12. 周健. 国际反犹主义之探讨［M］. 台湾：台湾商务印书馆，1988.

## 图书在版编目（CIP）数据

奥匈帝国：霸占中东欧的纸老虎 / 何蓉著. —北京：中国国际广播
出版社，2022.1（2023.2重印）
（世界帝国史话）
ISBN 978-7-5078-4994-3

Ⅰ.①奥… Ⅱ.①何… Ⅲ.①奥匈帝国-历史 Ⅳ.①K521.41

中国版本图书馆CIP数据核字（2021）第185631号

## 奥匈帝国：霸占中东欧的纸老虎

| | | |
|---|---|---|
| 著　　者 | 何　蓉 | |
| 责任编辑 | 笑学婧 | |
| 校　　对 | 张　娜 | |
| 设　　计 | 国广设计室 | |

| | | |
|---|---|---|
| 出版发行 | 中国国际广播出版社有限公司［010-89508207（传真）］ | |
| 社　　址 | 北京市丰台区榴乡路88号石榴中心2号楼1701 | |
| | 邮编：100079 | |
| 印　　刷 | 北京九天鸿程印刷有限责任公司 | |

| | | |
|---|---|---|
| 开　　本 | 710×1000　1/16 | |
| 字　　数 | 340千字 | |
| 印　　张 | 26 | |
| 版　　次 | 2022 年 1 月 北京第一版 | |
| 印　　次 | 2023 年 2 月 第二次印刷 | |
| 定　　价 | 54.00 元 | |